신우성 기자의 '미국·일본 교육 현장' 생생 탐방기

미국
글쓰기
교육

신우성 저

일본
책읽기
교육

어문학사

우리나라 교육정책, 글쓰기와 독서에 좀더 초점 맞춰야 합니다

이 책은 미국 글쓰기 교육과 일본 독서교육을 소개한 것입니다. 저는 '미국의 글쓰기 교육, 그 현장을 찾아서'란 주제로 2007년 9월과 10월에 미국 보스턴, 앰허스트, 뉴욕에서 미국 글쓰기 교육 현황을 취재했습니다. 또 2008년 4월과 10월에는 '일본에 부는 활자문화부흥운동'이란 주제로 일본 도쿄와 이바라키 현 등에서 일본의 독서교육을 취재했습니다.

이 같은 취재는 연세대학교 석사학위(저널리즘) 논문 '신문 글의 구성과 단락 전개에 관한 연구'를 작성하면서 아이디어를 얻은 것입니다. 연세대 언론홍보대학원에서 '커뮤니케이션론'과 '저널리즘' 등을 공부하면서 글을 쓰고, 글을 읽는 일은 인류 역사 발전에 무척 중요한 의미가 있다는 점을 깨달았습니다. 그래서 미국에서는 어떻게 글쓰기 교육을 하고, 일본에서는 어떤 방식으로 글읽기교육을 하는지 탐사한 것입니다. 제가 취재한 내용은 우리나라 교육계에서도 참고할 사항이 많다고 봅니다. 교육정책 관계자들과 일선 교육 현장의 교수·교사들은 물론 중·고등학생 자녀를 둔 학부모들께서도 읽어 보시면 유익할 것입니다. 특히 이 책을 통해 우리나라 교육 방향을 어디에 두어야 할지 판단할 수 있는 계기가 되리라 봅니다.

제1부에선 미국 글쓰기 교육을 소개했습니다. 하버드대학교와 MIT대학

교, 그리고 UMASS대학교의 글쓰기 본부(Writing Center)를 방문하여 미국 대학교들의 글쓰기 교육을 살펴봤습니다. 뉴욕대학교 글쓰기 본부의 글쓰기 도우미로 활약했던 라성일 선생님과 미국 캘리포니아 주에서 고교 영어 교사로 일했던 김문희 선생님에게서도 귀중한 정보를 얻었습니다. 또 보스턴에 있는 베이커스쿨과 부르클라인 고등학교에서 어린이·청소년들에게 적용하는 글쓰기 교육 과정을 조사했습니다.

제2부에선 일본의 활자문화부흥운동을 실었습니다. 일본은 청소년들이 책과 신문읽기를 멀리하는 '활자이탈 현상'이 발생하자 2005년에 '활자문화진흥법'을 제정했습니다. 자국이 세계 2위의 경제대국에 오른 원동력이 국민들의 왕성한 독서력에 있다고 보는 일본 정치인들은 책과 신문읽기를 활성화하기 위해 문자문화부흥운동을 대대적으로 벌인 것입니다. 문자문화부흥운동에는 '아침독서운동', '집안독서운동', '독서마을 조성', '북 스타트 운동' 등이 있습니다. 우리나라에서도 적자투성이인 '영어마을'만 만들려고 하지 말고, 일본처럼 '독서마을'을 만들면 어떨까 합니다.

바쁜 시간을 쪼개 면접 취재를 허락해 주신 미국과 일본의 취재원들에게 깊이 감사드립니다. 아울러, 저의 글쓰기 인생에 큰 영향을 미치신 민경회 선생님과 고 서정수 선생님, 그리고 언론계 선배들과 동료, 후배들에게도 고마움을 전합니다. 제 기사를 좀 더 많은 독자들이 볼 수 있도록 연재코너까지 만들어 주신 오마이뉴스 관계자분들과 이 책의 출간을 결정해 주신 어문학사 윤석전 사장님께도 감사드립니다.

2013년 12월 24일
신우성

제4장 미국 초·중·고 글쓰기 교육 현황

제2부 | 일본 활자문화부흥운동

제1장 '문자부흥운동'으로 제2도약 꿈꾸는 일본

제1부

'미국 글쓰기 교육'
그 현장을 찾아서

제1장

하버드대학교

논증적 글쓰기 강좌(Expos)

교수가 학생의 글쓰기 과정에 적극 동참하는 방식으로, 1:1 대면첨삭 수업

　미국 보스턴에 있는 하버드대학교는 전 세계 최고의 인재 집단으로 평가 받는다. 그런데 하버드대는 신입생들을 '글쓰기 초보자'로 간주하고 혹독하리만치 철저하게 글쓰기를 교육한다. 고교 때까지 이미 실력이 검증된 영재들에게 의무로 글쓰기 과정을 철저하게 이수하게 하는 이유는 뭘까. 하버드대의 글쓰기 훈련 프로그램은 다른 교육기관과 어떻게 다를까. 하버드대 글쓰기 수업의 성과는 무엇일까.

　궁금증을 억누르기 힘들던 기자는 하버드대를 현장탐방 취재하기로 결정했다. 한 달 넘게 전화와 이메일로 취재 협조를 요청한 끝에 어렵사리 '승낙' 사인을 받았다. 2007년 9월 말, 하버드대 글쓰기 프로그램을 맡은 교수 2명과 글쓰기 본부(Writing Center) 소장이 직접 나

··· 하버드대 글쓰기 교육 '삼총사' 하버드대학교 '논증적 글쓰기 수업'을 총괄 지휘하는 토마스 젠 교수(오른쪽)와 글쓰기 지도 교수인 제임스 헤론 교수(가운데), 그리고 하버드대 글쓰기 본부의 제인 로젠츠와이그 소장(왼쪽).

와 기자의 궁금증을 하나하나 풀어줬다. 1차 면접 취재(오전) 뒤 자리를 옮겨 점심 식사를 함께 하고, 2차 면접 취재(오후)까지 하면서 '하버드대 글쓰기 교육'의 모든 것을 설명했다. 이들은 "왜 우리 학교의 글쓰기 교육에 그토록 관심을 기울이냐"면서 하버드대 글쓰기 교육 과정 자료와 영상물도 듬뿍 안겨 줬다. 당연하게 진행하는 글쓰기 교육을 취재하겠다며 태평양을 건너온 기자가 신기하다는 표정도 엿보였다.

기자도 한국 홍삼 엑기스를 선물했다. "인삼 중에서 가장 좋은 게 홍삼인데 인종과 체질에 상관없이 건강에 도움이 된다"고 하자 무척 기뻐했다. 하버드대 교수들도 한국 인삼이 건강에 좋다는 점은 다 아는 듯했다. 일부는 한 나라가 '대한민국'과 '조선민주주의인민공화국'으로 분단된 상황에 관해서도 궁금해 했다.

··· 아름다운 하버드대 교정 하버드대 학생들은 신입생 때부터 철저하게 글쓰기 교육을 받는다. 사진은 하버드대 교정을 거닐고 있는 학생들.

먼저, 하버드대 토마스 젠(Thomas jehn) 교수의 이야기를 들어봤다. 젠 교수는 2007년 8월부터 신입생들이 의무로 수강해야 하는 '논증적 글쓰기 수업(Expos:Expository Writing Program)'을 총괄 지휘한다.

"하버드대는 신입생 1,600명에게 한 학기 동안 '논증적 글쓰기 수업'을 듣게 한다. 입학할 때 테스트를 거쳐 입문 단계인 '논증적 글쓰기 10'과 고급 단계인 '논증적 글쓰기 20' 중 어느 강좌를 수강해야 할지 결정한다. '논증적 글쓰기 10'을 마친 학생들은 다음 학기에 '논증적 글쓰기 20'을 수강할 수 있다. 교수들은 학기당 15명으로 구성한 반 두 개를 맡는다. 꼼꼼하게 지도하기 위해 한 반 수강생을 15명으로 제한한다. 한 학기 동안 최소 글 3편을 쓰고, 교수와 학생이 적어도 세 차례 1:1로 토론한다. 글을 쓸 때마다 초안과 고쳐 쓴 글을 함께 제출해야 한다."

··· 하버드대 글쓰기 교육 '총책임자' 토마스 젠 교수는 2007년 8월부터 하버드대 '논증적 글쓰기 수업'을 총괄 지휘하고 있는 글쓰기 전문가다.

··· 하버드대 설립자 동상 하버드대 유니버시티 홀 정면에 있는 하버드대 설립자 존 하버드의 동상. 하버드 칼리지는 1636년 미국 매사추세츠 베이 식민지 총독부의 표결에 의해 설립되었다.

여기서 토마스 젠 교수가 말하는 논증적 글쓰기 수업은 정확히 말하면 '대학 학술 작문(Academic Writing)'이다. 그런데 이것을 '논증적 글쓰기 수업'이라고 부르는 이유는 무엇일까. '설명(Exposition)'은 서술(narration), 기술(description), 논쟁(argumentation)과 함께 문장 서술 방식 중 하나다. 그런데 대학에서 작성하는 글은 대부분 '설명'을 사용하는 경우가 가장 많다. 글 한 편을 쓰는 과정에서 학생들은 여러 가지 표현 방식을 동원한다. 예를 들어, 글의 도입부는 '설명'과 '기술'을 주로 사용하고, 본문은 주로 '설명'과 '논쟁'을, 결론은 '서술'과 '논쟁' 그리고 '설명'이라는 표현 방식에 의존한다. 따라서 글 한 편

(학술적인 글을 포함한 다양한 글의 갈래)을 작성하는 과정에서 가장 많이 사용하는 서술 방식이 바로 '설명'인 것이다. 그래서 하버드대뿐만 아니라 미국 대학의 대부분은 학부생 글쓰기 수업을 '논증적 글쓰기'라고 부른다.

하버드대 학부 글쓰기가 '설명'을 전면에 내세우는 또 다른 이유가 있다. 고등학교까지는 주로 표현 위주의 작문 교육을 한다. 그런데 그 서술 방식은 주로 서술이나 기술 혹은 간단한 논증 구성을 차용하는 논쟁에 중점을 둔다. 하지만 대학 수준의 글쓰기에서는 깊이 있게 독서한 뒤에 그 내용을 인용하는 과정이 필요하다. 이때 필자(글을 쓰는 학생)가 인용하는 원문과 필자 생각을 구분할 필요가 있다. 그런데 필자가 인용하는 원문을 정확히 그리고 독창적으로 해석해야 한다. 바로 여기서 창의적인 해석을 할 때 필요한 표현 기법이 '설명'이다.

'논증적 글쓰기 수업'을 창안한 주인공은 낸시 서머스(Nancy Sommers) 교수다. 2007년 7월까지 하버드대에서 이 프로그램을 총괄

글쓴이 주

철학자 화이트 헤드는 "서양 철학은 플라톤의 주석사"라고 말했다. 플라톤 사상을 독창적으로 해석하는 과정에서 철학이 발전했다는 것이다. 흔히 '설명'으로 번역하는 'exposition'에 해당하는 글을 쓰다보면 타자의 목소리를 자신의 목소리와 구별하여 설명할 수 있어야 한다.

대학에서는 원문을 인용할 때, 직접 인용이 아닌 간접 인용을 사용하라고 한다. 바로 이 간접 인용이 원문을 정확히 그리고 독창적으로 해석하는 중요한 연습 과정인데, 이는 인용문에 관한 글쓴이의 정확하고 독창적인 해석을 반영한다. 이 점에서 'exposition'이라는 서술 방식이 활용된다.

지휘했으며, 지금은 안식년을 맞았다. 서머스 교수는 교육 방법에는 다소 변화가 있었지만, 15년 이상 이 프로그램을 관리하면서 학생들이 자신의 전공 분야에 활용할 수 있는 최상의 글쓰기 교육을 받도록 이끌었다. 특히 90년대 중반에 지금처럼 별도의 건물에 논증적 글쓰기 수업을 담당하는 공간을 두고 글쓰기 수업을 발전시켰다.

그럼 하버드대의 '논증적 글쓰기 수업'에서 가장 역점을 두는 부분은 무엇일까. 바로 교수들이 학생들의 글을 자세하게 첨삭하는 점이다. 하지만 이것은 우리가 보통 생각하는 첨삭과는 거리가 멀다. 일부 학교는 학생 글을 짧게 평하고 부분 수정해 주는 데 그치지만, 하버드대는 교수가 학생의 글쓰기 과정에 적극 동참하는 방식을 취한다. 이를테면 단어 몇 개를 고치는 형식적인 수준의 첨삭이 아니라, 학생들과 1:1로 대화하면서 상세하게 점검하는 방식을 쓴다. 문장과 글의 구성만 봐 주는 게 아니라 학생들의 생각을 바로 잡아주고, 계속 다시 고쳐 쓰게 하면서 한 단계 높은 수준의 글이 나오게 하는 것이다. 다시 쓰는 과정에서 좀 더 창의적인 생각을 떠올려 더욱 좋은 글을 쓰게 이끈다고 할 수 있다.

글쓴이 주
하버드대가 글쓰기 교육을 시작한 시점은 1872년으로 거슬러 올라간다. 당시 하버드대는 미국 최초로 신입생 작문 과목(Freshmen English)을 도입했다. 하버드대 수사학과 학과장인 W. Channing이 수사학의 성격을 웅변에서 작문으로 전환한 것이다. 그는 당시 학부생들의 글쓰기 교육을 관장하는 최초의 교수였다.

"교수와 대학원생들이 신입생들 글을 첨삭한다. 대개 교수가 글쓰기 수업을 진행하고, 대학원생들은 후배들의 글을 세부적으로 봐 준다. 교수와 학생이 자주 개별적으로 만나 토론하기도 하는데 4시간을 넘기는 경우도 있다. 그 뒤에도 언제든지 교수와 학생이 다시 만나 고쳐 쓴 글을 놓고 토론할 수 있다. 글쓰기 지도 교수들은 일주일에 보통 40시간 이상 일한다. 학생들이 고쳐 쓴 글을 가져오는 주에는 60시간 정도로 초과 근무를 하기도 한다."

토마스 젠 교수는 '논증적 글쓰기 수업'이 전공과목 공부에 도움이 되도록 연계하는 데에도 무척 신경을 쓴다고 한다. 신입생 때 배운 글쓰기를 전공에 필요한 글을 쓰는 데 요긴하게 활용하도록 한다는 말이다. 흔히 이것을 '학제 간 글쓰기(WAC:Writing Across the Curriculum)'라고 한다. 실제로, 경제학, 심리학, 역사학, 영문학 등 전

··· 하버드대 논증적 글쓰기 수업 '총본부' 토마스 젠 교수가 하버드대 논증적 글쓰기 수업의 행정업무를 담당하는 건물 앞에서 환하게 웃고 있다. 젠 교수 뒤에 'Expository Writing Program(논증적 글쓰기 수업)' 표지판이 보인다.

공 수업에서 요구하는 글은 각기 서로 다른 구성과 전략을 사용한다. 그래서 하버드대는 이와 같은 전공별 글쓰기의 차이점을 염두에 두고 논증적 글쓰기 수업을 한다는 것이다. 예를 들어, 영문학 전공자는 독창적인 논지 전개에 신경 쓰면서 보고서를 작성해야 하지만, 전자공학 전공자는 당연히 실험 결과의 정확성을 중시한 실험 보고서를 써야 한다. 논증적 글쓰기 수업에서는 신입생들이 상급 학년에 올라가 전공에 필요할 글쓰기를 할 때에 얼마든지 응용할 수 있도록 작문 지도를 하는 것이다.

하버드대는 '학제 간 글쓰기'를 하기 위해 '논증적 글쓰기 수업'을 하는 교수들이 전공과목 교수들과 대학원생들, 그리고 학생들과 대화를 많이 한다. 전공과목 교수들과 학생들이 원하는 바가 무엇인지를 파악하고, 그에 맞는 글쓰기 교육을 하기 위해서다. 과거에는 교수들이 잡지나 신문기사, 논픽션 등을 활용하여 수업하기도 했지만, 현재는 전공 수업에 맞춘 글쓰기를 하는 데 초점을 맞추고 있다. 새 학기 전에 어떤 종류의 글쓰기가 필요한지 파악해 두는 것은 기본이다. 하버드대 글쓰기 교육의 성과에 관해 젠 교수는 "논증적 글쓰기 수업을 학제 간 글쓰기로 연결하기 때문에 신입생들이 고학년이 되면 좀 더 사려깊게 생각하여 글을 쓰는 습관을 기를 수 있다. 학생들이 대학원에 진학하거나 다른 전문적인 학업을 할 때 필요한 사고법을 배웠다고 느낀다면 우리 수업은 성공한 것"이라고 말했다.

하버드대 학생들은 학교 측의 노력에 화답하듯 글쓰기에 열심히 참여하여 교수들을 흐뭇하게 한다. 학생들은 보통 수업 전날 밤 과제를 하는 경향이 있는데, 새벽 4시에 좋은 생각이 떠올랐다며 (교수가 깨어 있을 것으로 보고) 전화를 걸거나 전자우편을 보내는 경우도 있다. 하버드대는 학생들이 글을 써내야 하는 분량이 많기로도 유명하다. 통계에 따르면 학생 6명이 4년 동안 제출한 글이 600파운드(273kg)를 넘을 정도다. 전공과목 대부분을 글쓰기로 평가하기 때문이다.

면접 취재 끝 무렵 "글쓰기공부를 제대로 하면 논리적으로 생각하는 능력을 기를 수 있다고 단언하느냐"는 다소 공격적인 질문을 던져봤다. 이에 젠 교수는 "100% 그렇다. 글쓰기를 하면 생각을 명석하게 정리하고, 그것을 표현하는 능력을 키울 수 있다. 자신의 추측과 주장을 너무 보편적으로 믿는 것은 아닌지, 반대 의견은 없는지 등은 글을 쓰는 과정에서 검증할 수 있다. 머리로만 생각해서는 윤곽이 보이지 않는다"고 말했다. 증거를 충분히 뒷받침하지 않은 주장에 관해서 글을 쓰면서 서로 의견을 나누고 고칠 수 있는 기회를 얻을 수 있다는 설명이다. 취재를 마친 기자와 기념사진을 촬영한 토마스 젠 교수는 "글쓰기 분야에 같은 관심이 있는 분과 함께 이야기를 나눠 즐겁고 유익했다"며 환하게 웃었다.

"글쓰기 첨삭에 중점…다시 고쳐쓰기는 필수"

"아주 혹독하게 글쓰기 교육…끊임없이 고쳐 쓰게 하면서 좋은 글로 완성"

다음은 하버드대 논증적 글쓰기 수업 담당자인 토마스 젠 교수와 나눈 일문일답이다.

논증적 글쓰기 수업은 어떤 방식으로 진행하는가.

"나는 2007년 8월부터 이 프로그램을 맡았다. 하버드대학교는 논증적 글쓰기 수업이 학생들의 전공 공부에 도움이 되도록 노력하고 있다. 이 수업은 어느 정도 고립해 있기도 하다. 학생들이 이 프로그램을 한 학기 수강한 뒤 다음 학기에 전공과목 수업을 듣기 때문이다. 그때에도 글쓰기를 해야 하는데 신입생 때 배운 글쓰기를 활용하도록 도와주는 게 바로 논증적 글쓰기 수업이다."

그렇게 하기 위해서는 준비가 필요할 텐데.
"이를 위해 글쓰기 프로그램에 참여하는 교수들이 다양한 전공과목의 교수, 대학원생들과 만날 예정이다. 그들은 학생들에게 어떤 종류의 글쓰기가 필요한지 토론할 것이다."

글쓰기에서 가장 중요한 것은 무엇인가.
"학생 글을 자세하게 첨삭해 주는 것에 중점을 둔다. 그런데 한 번 글을 쓰고 첨삭하는 데 그치는 게 아니라 지적받은 내용을 바탕으로 고쳐 쓰게 한 뒤에 또 첨삭한다. 다시 고쳐쓰기가 무척 중요하다는 말이다.

고등학교를 갓 졸업한 학생들은 대학교에서 요구하는 글쓰기가 무엇인지 잘 모른다. 그래서 우리는 잘 쓴 전문적인 글과 학부생이 쓴 어설픈 글을 보여주며 비교해 준다. 전문적인 글에서 필자가 어떻게 주장을 시작하고, 어떻게 그 주장을 뒷받침하는 논거를 사용하는지에 관한 것들을 보여준다."

다시 고쳐쓰기가 왜 중요한가.
"다시쓰기를 하면 또 다른 생각을 찾을 수 있어 처음보다 수준 높은 글을 쓸 수 있다. 주제를 좀 더 사려 깊게 생각하고, 자신들의 주장과 반대인 의견도 생각할 수 있기 때문이다. 또 다른 사람들에게 조언도 받아가면서 글을 좀 더 좋게 다듬을 수 있다."

그것이 중요하다고 할 수 있는 증거가 있나.

"여러 해 동안 진행한 어느 실험연구에서 확인한 게 있다. 어떠한 주제에 관해 글을 한 번 쓰는 데서 그치고, 고쳐쓰기를 하지 않으면 그들의 생각은 그다지 효과적이지 않다는 점이다. 전문 작가들은 항상 고쳐쓰기를 한다. 맨 처음에 쓴 글을 제출하는 게 아니라 고쳐쓰기 과정을 거쳐 완성한 글을 낸다."

하버드대 논증적 글쓰기 수업이 혹독한 프로그램이라고 들었다. 학생들 반응은 어떤가.

"이 수업은 아주 힘들다. 학생들이 쓸 수 있는 수준보다 높은 수준의 글쓰기를 요구하기 때문이다. 우리는 학생들에게 밤늦게까지 공부할 것을 요구한다. 신입생들에게는 이것이 충격으로 다가오기도 한다. 어떤 학생들은 이 수업이 '단지 필수 수강 과목이기 때문에 어쩔 수 없이 듣는다'면서 불만을 나타내기도 한다. 차라리 다른 수업을 듣고 싶어하기도 한다. 학생들이 제출한 수업 평가서에서 이런 반응을 알 수 있다."

논증적 글쓰기 수업의 목적은 무엇인가.

"궁극적으로 우리 프로그램이 추구하는 것은 학생들이 전공 공부를 할 때 과제를 정확하게 해결하는 것이다. 2학년이나 4학년이 되고,

졸업을 하더라도 논증적 글쓰기 수업이 모든 종류의 글쓰기를 할 수 있게 만들었다고 보지는 않을 것이다. 하지만 적어도 이 수업 덕분에 좀 더 깊이 생각하여 글을 쓰는 습관을 들였다고 생각했으면 좋겠다.

대학원에 진학하거나 다른 전문적인 학업을 계속할 때 이 프로그램에서 그들이 어떻게 사고해야 하는지에 관한 방법을 배웠다고 느꼈으면 한다. 사실, 논증적 글쓰기 수업을 마친 학생들은 2학년 수업을 들을 준비를 잘한다. 과목마다 글쓰기 방식이 겉으로는 다를지라도 궁극적으로 어떻게 글쓰기를 준비해야 되는지 우리 프로그램에서 배운 지식이 뒷받침될 것이다."

… 토론하는 하버드 천재들 하버드대학교 여학생 두 명이 학교 휴게실에서 전공과목 이야기를 주고 받으면서 공부를 하고 있다. 서로 질문하고 답변하는 장면이 무척 진지하다.

전공과목에 활용할 수 있는 글쓰기 방법을 스스로 터득하도록 도와준다는 말 같은데.

"교수들은 학부 학생들의 능력보다도 그들을 과대평가하는 경향이 있다. 사실 학생들은 고등학교에서 역사수업 등 여러 학문을 열심히 배우고 오기 때문에 어느 정도 기초지식은 있을지 모른다. 하지만 대학교라는 새로운 환경은 큰 변화이기 때문에 다른 과목마다 글을 어떻게 써야 하는지에 관해서는 잘 알지 못하는 경우가 대부분이다. 그래서 학생들은 그 수업에 필요한 자료를 많이 접하면 그때서야 어떻게 그 분야의 보고서를 쓸 수 있는지를 알기 시작한다.

하지만 또 다른 분야를 공부하면 다시 처음으로 돌아가서 다시 시작하게 된다. 이것은 정상이고, 배우고 발전하는 과정이다. 만약 사회학을 배우면 당연히 그것을 주제로 글을 쓸 수 있을 것이라고 생각한다. 하지만 어떻게 쓰겠는가. 그래서 처음부터 어떻게 다른 분야마다 글을 써야 하는지 잘 배워야 한다. 학생들이 혼자서 결정하지 못하는 부분을 우리 프로그램에서 도와준다."

신입생 외에 상급생을 위한 프로그램도 있나.

"3학년이나 4학년 중 다른 종류의 글쓰기를 배우려는 학생들을 위해 논증적 글쓰기 수업 50이 있다. 2학년이나 3학년이라도 편입생은 논증적 글쓰기 수업 20을 듣는 경우가 있다."

한국 학생들에게 글을 잘 쓸 수 있는 방법을 충고한다면.

"첫째로 깊이 있게 읽어야 한다. 저자가 전달하려는 것을 민감하게 반응하면서 읽으면 읽을수록 글을 잘 쓸 기회가 많다. 저자가 전달하려는 것을 어떻게 서론이나 결론 부분에서 표현하는지, 이 글에서 재미있는 부분은 무엇인지 생각하며 읽는 것이 중요하다. 소설류든 비소설류든, 그들이 쓰는 단어뿐 아니라 그들이 어떻게 독자들에게 전달하려는지, 어느 부분을 강조하는지 읽는 습관을 들여야 한다. 책, 뉴스, 잡지 기사도 생명력을 가지고 살아 있는 글이라는 것을 의식하면서 읽어야 한다."

그러면 학생들을 어떻게 지도하는 게 좋은가.

"선생들은 학생들이 제대로 읽기의 중요성을 알 것으로 생각하지 말고, 평소에 어떻게 글을 읽고 써야 할지 보여주어야 한다. 학생들이 그런 것들을 인지하는 데 도움을 줄 필요가 있다는 말이다. 글을 다시 고쳐 쓰는 것은 시간이 많이 걸리는 작업이다. 그래서 글 하나하나가 얼마나 힘들게 쓴 작품인지 생각하면서 좀 더 주의 깊게 읽어야 한다. 미국 교육 체계의 문제 중 하나가 바로 '글을 많이 쓰면, 글을 잘 쓸 수 있다'고 생각하는 것이다. 많이 쓴다고 해서 잘 쓰는 것이 아니다. 얼마만큼 생각하며 쓸 수 있냐가 중요하다. 그러기 위해서는 우선 읽기를 잘해야 한다."

읽기자료 읽고, 토론하고, 초안쓰고, 고쳐쓰고…

세계 최고의 명문 하버드대학교에 입학하려면 에세이 시험을 치러야 한다. 이 시험은 당락을 결정할 정도로 비중이 크다. 그래서 학생

··· 하버드대 학생 신문 하버드대 학부생들이 직접 만든 학생 신문 'Gazette'. 신입생 때부터 철저하게 글쓰기 교육을 하기 때문에 하버드대 학생들이 직접 기사와 칼럼을 쓰고 신문을 편집하는 일은 그리 어려운 일이 아니라고 한다.

들은 고교 때부터 철저하게 글쓰기 훈련을 한다. 하버드대에 입학할 정도라면 에세이를 쓰는 기본기가 있다고 할 수 있다.

그렇지만 하버드대에서는 신입생들의 글쓰기 실력이 부족하다고 간주한다. 실제로, 글을 잘 쓴다고 자부하는 학생들도 하버드대에서 요구하는 글쓰기 수준이 고교 때와는 차원이 다르다고 실토한다. 지난 2001년 설문 조사에 따르면, 하버드대 학부생 대부분은 '교수들이 매우 폭넓고, 심오한 글쓰기 능력을 요구한다'고 보는 것으로 나타났다. 하버드대 학생들도 신입생 때 쓰는 글은 원석 상태와 다름없이 매끄럽지 않다는 이야기다.

하지만 몇 년 동안 체계적인 글쓰기 교육으로 하버드대 학생들은 '에세이 선수'로 변신한다. 논리력과 창의력을 키우고, 그것을 효과적으로 글로 옮길 수 있는 문장 표현 능력을 갖추기 때문이다. 하버드대 학부에서 닦은 탄탄한 문장력을, 대학원에 진학하여 학문을 하든, 사회에 진출하여 일(비즈니스)을 하든, 요긴하게 활용할 수 있는 것이다.

··· 하버드대 '논증적 글쓰기 수업' 누리집(홈페이지).

하버드대에서는 학생들을 인재로 육성하려면 글쓰기 능력을 키워주는 게 먼저 필요하다고 생각한다. 사회 지도층으로 성장하는 과정과 지도층이 된 뒤에도 꼭 필요한 게 전문지식과 논리력, 표현력인데 바로 글쓰기공부가 이것을 키워주는 가장 효과적인 방법이라는 것이다.

하버드대 글쓰기 강좌의 명칭은

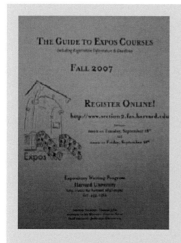

··· '논증적 글쓰기 수업' 안내서 하버드대학교 학부생들의 글쓰기 강좌인 '논증적 글쓰기 수업(Expos)' 안내서.

··· "논증적 글쓰기 수업이란" 하버드대학교 학부생들이 필수 과목으로 수강해야 하는 '논증적 글쓰기 수업(Expos)' 안내 문건.

'논증적 글쓰기 수업(Expos: Expository Writing Program)'으로, 하버드대 차원에서 전력을 기울이는 유서 깊은 강좌다. 서부개척 시대에 해당하는 지난 1872년에 'Freshmen English'라는 글쓰기 과목을 개설한 이후 모든 하버드대 신입생이 필수로 한 학기 동안 이것에 뿌리를 둔 강좌를 수강했기 때문이다. 하버드대 글쓰기 교육을 총괄 지휘하는 토마스 젠(Thomas Jehn) 교수, 제임스 헤론(James Herron) 교수의 도움말과 하버드대에서 제공한 자료를 참고하여 '논증적 글쓰기 수업'의 특징을 정리해 본다.

★ 일방적인 강의 대신 1:1 정밀 첨삭지도

'논증적 글쓰기'를 듣는 하버드생들은 다른 어떤 과목보다도 교수들의 관심을 듬뿍 받는다. 일방적인 강의 전달식 수업이 아니라 1:1로 꼼꼼하게 첨삭지도를 병행하는 강좌이기 때문이다. 또 교수와 학생이 한 학기에 적어도 세 차례 1:1 토론(1:1 정밀 첨삭지도)을 한다. 교수가 학생과 자주 만나 첨삭 지도를 하면서 적극적인 피드백을 해 준다. 한 반 정원은 최대 15명이고, 교수 한 명이 2개 반 이상을 맡지 않아 알찬 수업이 가능하다.

★ 토론을 곁들인 세미나식 글쓰기 수업

논증적 글쓰기 수업은 세미나 식으로 진행한다. 학생들이 주제를 다양한 각도에서 분석하도록 방향을 잡아주고, 격렬하게 토론하도록 유도한다. 학생들은 글쓰기 주제와 관련한 자료를 정독하고 적극적으로 분석하는 노력을 하지 않으면 이 수업을 제대로 따라갈 수가 없다. 하지만 열심히 수업에 참여하는 학생들은 좀 더 흥미롭고 논쟁적인 글쓰기 주제를 개발하고 나아가서 창의적인 논리를 세우는 방법을 터득할 수 있다. 이를테면 학생들은 어떤 한 주제에 관한 배경지식을 기르는 데 그치지 않고 어떤 주제가 나와도 글을 잘 쓸 수 있는 응용력을 키울 수 있다.

★ 초안쓰기, 고쳐쓰기 반복

'논증적 글쓰기 수업'에서는 철저하게 다시 고쳐쓰기를 하게 하면서 문장 수준을 끌어 올려준다. 학생들은 한 학기에 보통 세 가지 주제로 글을 쓴다. 물론 단순하게 글만 쓰는 게 아니라 자료를 분석하고 토론한 결과물을 풍부하게 글에 담는다. 이때 처음에 쓴 초안을 첨삭 지도 받고 수정본을 작성하여 또 다시 점검을 받는다.

교수 조언을 참고하여 초안을 보완하는 방식으로 수정본을 쓰다보면 학생들은 주제에 관해 좀 더 깊이 있는 글을 쓸 수 있다. 이를테면 초안쓰기와 다시 고쳐쓰기를 반복하면서 '전략적 논리 만들기' '논리와 아이디어로 뒷받침한 설득력 기르기' 등을 자연스럽게 할 수 있는 것이다. 교수들은 학생들이 이런 역량을 닦을 수 있도록 많은 시간을 투자한다. 학생들 과제물에 첨삭이나 총평을 해 주지도 않고 달랑 학점을 매기는 일부 한국 교수들과는 분명하게 다르다.

★ 읽기자료를 논리적으로 연결하여 글쓰는 훈련

하버드대 글쓰기 수업을 총괄 지휘하는 토마스 젠 교수에 따르면, 모든 논증적 글쓰기 수업에서 글쓰기와 읽기에 들어가는 시간은 거의 같다고 한다. 쓰기 못지않게 배경지식을 담은 읽기자료를 충분히 읽고 학생들의 관점을 세우게 한다는 말이다. 곧,

… 녹음 우거진 하버드 교정 미국 보스턴 케임브리지에 있는 하버드대 교정은 마치 수풀이 우거진 유럽의 전원도시를 옮겨 놓은 것 같은 분위기를 풍긴다.

다양한 읽기자료를 참고하여 학생들 자신의 생각으로 다시 정리한 뒤 글을 쓰도록 하는 것이다. 사실 제대로 글을 쓰기 위해서는 배경지식과 직간접 경험이 필요하다. 그래서 논증적 글쓰기 수업에서는 학생들이 쓰는 글의 주제(주장)를 뒷받침할 수 있는 논거를 찾도록 읽기와 토론을 하고 그다음에 글을 쓰게 하는 것이다.

학생들은 이 수업에서 한 편당 5~10쪽 분량의 에세이 3편을 써야 한다. 과제로 받은 주제에 관한 읽기자료를 정독한 뒤 이것을 소화하여 글을 쓰는 것이다. 곧, 한 가지 주제를 담은 여러 가지 배경지식 자료를 읽게 한 뒤에 이것을 인용하고 논리적으로 연결하여 글을 써야 한다. 물론 이때 읽기자료를 그대로 베끼는 것은 곤란하다.

학생들은 에세이를 쓴 뒤에 한 번 이상 교정을 봐야 한다. 글을 교정하기 전에 글쓰기 교수와 면담하고 조언을 듣는다. 이런 과정은 빠르게 반복해서 진행한다. 이것을 거치면서 계속 글쓰기 훈련을 하는 것이다. 이 때문에 논증적 글쓰기 수업에서 뒤처지지 않기 위해서는 철저하게 시간 관리를 해야 한다.

★ 수준에 따른 글쓰기 반 편성

논증적 글쓰기 수업에서는 신입생들의 글쓰기 실력에 따라 수준별 수업을 한다. 각기 다른 수준의 글쓰기 능력이 있는 학생들이 각각 상황에 맞춰 모두 글쓰기 능력을 향상할 수 있도록 해 주는 것이다. 어떤 학생들은 글쓰기 실력이 뛰어난 반면, 일부 학생들은 글쓰기 능력을 갖추기까지 적잖은 어려움을 겪기 때문이다.

수준별 반 배정은 입학 전에 치르는 작문 시험을 기준으로 한다. 그 점수를 바탕으로 입학 상담교수(지도교수)와 학생이 상담하여 두 단계 중 한 가지 반을 배정받는다. 하나는 기초과정인 '논증적 글쓰기 10(분석적 글쓰기 입문)'이고, 또 하나는 고급 과정인 '논증적 글쓰기 20(대학 글쓰기 프로그램)'이다. 문장력이 좋은 학생들은 논증적 글쓰기 10을 건너뛰고 곧바로 논증적 글쓰기 20을 듣는다.

논증적 글쓰기 10은 대학 학술 작문을 하기 위한 준비 성격이 강하다. 진정한 글쓰기 능력을 갖출 수 있도록 기초 훈련을 하는 과정이다. 보통 가을 학기에 이 강좌를 개설한다. 논증적 글쓰기 10을 마친 학생들은 이듬해 봄 학기에 논증적 글쓰기 20을 수강한다.

논증적 글쓰기 20은 심화 과정이다. 여기서는 학술 글쓰기의 기법과 이것을 쓰는 데 필요한 기본기를 닦는 공부를 한다. 학술 글쓰기를 하는 과정은 토론을 하기 전에 논점을 분석하고 논거

··· "노트북은 필수품" 하버드대 교정에서는 학생들이 휴게실이나 간이식당에서 자투리 시간을 이용해 노트북으로 자료를 검색하거나 과제를 하는 모습을 자주 볼 수 있다. 하버드대 교내 어디를 가든 면학 분위기가 흘러넘친다고 할 수 있다.

를 만들어내는 일과 밀접한 관계가 있다.

'논증적 글쓰기 20' 주제 목록

번호	글쓰기 주제·제목	번호	글쓰기 주제·제목
1	Technical culture	26	괴물의 창조
2	진실 이야기	27	톨스토이와 체홉
3	성과 사회	28	생물공학 시대의 검증된 삶
4	Technical culture	29	기억의 정치학
5	비관론	30	괴물의 창조
6	권위의 목소리	31	톨스토이와 체홉
7	성과 사회	32	생물공학 시대의 검증된 삶
8	비관론	33	현대의 연극
9	권위의 목소리	34	미국 정치학의 수사학과 표현
10	시장의 문화	35	도시와 세계화
11	살인	36	현대의 연극
12	셰익스피어의 사랑과 힘	37	남부 미국의 여성 작가
13	표현의 자유	38	아웃사이더
14	작가란 무엇인가	39	도시와 세계화
15	셰익스피어의 사랑과 힘	40	아웃사이더
16	표현의 자유	41	성, 섹스와 차별
17	작가란 무엇인가	42	단편소설의 기술
18	알 수 없는 목적지 : 여행과 모험	43	에세이의 기술
19	생물학과 문화의 충돌	44	어떤 문제에서 법이 해결책이 되는가
20	사랑의 발견	45	성, 섹스와 차별
21	야생의 세계 속으로	46	단편소설의 기술
22	생물학과 문화의 충돌	47	에세이의 기술
23	사랑의 발견	48	스토리텔링
24	야생의 세계 속으로	49	어떤 문제에서 법이 해결책이 되는가
25	기억의 정치학		

★ 문학, 역사, 사회학 등 주제별로 20개 과정

논증적 글쓰기 20 수강생들은 수십 개의 과정 중 한 가지를 선택해서 들어야 한다. 이것을 온라인 섹션 프로그램이라고 한다. 그 종류는 문학, 역사, 인류학, 사회학, 예술, 정치, 철학 등 다양하다. 이를테면, 논증적 글쓰기 20에서 써야 할 글의 주제를 학생들 스스로 고르게 한 뒤에 같은 종류를 고른 학생들을 한 반에 편성하는 것이다. 그 리스트는 www.fas.harvard.edu/expos에 있다. 학생들은 이 중에서 좋아하는 순서대로 8개의 코스를 고르면 된다. 주제를 선택하는 특별한 기준은 없다. 관심이 쏠리는 주제를 고르기도 하고, 과거에 흥미가 없던 생소한 주제를 고르기도 한다.

학생들은 온라인 섹션 프로그램에서 프랑켄슈타인부터 마르크스, 대법원 상고 사건에 이르기까지 여러 가지 종류의 자료를 읽는다. 또 이것을 소화하기 위해 '단편 소설의 기술, 표현의 자유, 셰익스피어, 인류학, 현대 미국 정치에서의 수사학, 학살의 역사' 등 다양한 분야의 책을 읽어야 한다. 학생들은 이 같은 주제를 조사한 뒤 의문점을 제기하고 글로 엮어내는 훈련을 한다.

★ 읽고 논쟁하고 분석도 하지만 글쓰기와 첨삭이 핵심

논증적 글쓰기 수업에서 글을 쓰는 주제는 반마다 다르지만, 이 강좌의 핵심은 글쓰기공부에 있다. 생소한 주제를 담은 읽기자료를 읽고, 논쟁을 하고, 분석 훈련을 하지만, 가장 중요한 부분은 글을 쓰고, 개별지도를 받는 것이다. 따라서 제인 오스틴을 소재로 글을 쓰든, 코미디에 관한 글을 쓰든, 민중 반란을 쓰든 주제의 내용과 종류에 관계없이 글쓰기를 익히는 수업 과정은 동일하다. 논증적 글쓰기 20의 교수진은 현역 학자와 작가들로 위와 같은 교습을 할 역량을 갖췄다. 이 교수들은 주제에 관해 방대한 내용을 다루기보다 주제를 압축하여 글쓰기와 토론을 하도록 훈련한다.

하버드대 글쓰기 수업에서 증명한 사실은 꾸준히 노력하면 문장력을 확실하게 기를 수 있다는 점이다. 그런데 글을 잘 쓰는 데 가장 중요한 것은 바로 학업 의지다. 쉽게라도 글을 완성하는 데 급급한 학생들은 효과가 적다. 배운 내용을 복습하여 자기 것으로 만들고, 새로운 주제를 탐구하고, 글쓰기 방법을 창의적으로 개척하는 학생들은 실력이 쑥쑥 오른다.

하버드대에서는 〈대학 글쓰기 도전〉이란 교재도 발간했다. 하버드대 학생들이 글쓰기 실력을 향상하는 데 필요한 효과적인 방법을 안내한 책이다.

"글쓰기 이론 수업은 효과 적어…
전문가에게 1:1 첨삭지도 받는 게 지름길"

글을 잘 쓰기 위해서는 책을 많이 읽고, 많이 생각하고, 많이 쓰면 된다고 말한다. 하지만 그것만으로는 충분하지 않다. 그러면 더 빨리,

… "글을 잘 쓰려면…" 하버드대학교 논증적 글쓰기 수업을 총괄 지휘하는 토마스 젠 교수가 문장력을 향상시킬 수 있는 방법을 설명하고 있다.

더 효과적으로 글쓰기 능력을 키우는 방법은 무엇일까. 미국 하버드 대학교 '논증적 글쓰기 수업' 전담 교수들이 알려주는 글쓰기 능력 향상법 일곱 가지를 소개한다.

첫째로 모든 학교 수업에 충실하게 참여해야 한다. 이것은 너무나 당연한 말일 수도 있으나 상당히 중요하다. 관심 있는 수업에만 흥미를 보이면 배경지식을 폭넓게 쌓을 수가 없다. 결국 깊이 있는 글을 쓰는 데 한계가 있다는 말이다. 심리학에 관심이 있다고 해서 심리학 수업에만 열중하면 곤란하다. 글을 잘 쓰기 위해서는 사회학, 역사, 경제학, 철학, 문학 등 그야말로 다양한 분야를 접해 봐야 한다. 따라서 전공이든 비전공이든 교양과목이든, 학교에서 수강하는 어느 과목이라도 소홀히 해서는 안 된다. 문장력을 키우기 위해 별도로 배경지식을 쌓는 시간을 들이지 말고, 평소 수강하는 강좌를 활용하는 게 합리적이라는 이야기다.

둘째로 한 가지 주제를 놓고 다양한 각도에서 여러 편의 에세이를 쓰는 게 좋다. 한 가지 주제로 에세이를 한 편 썼다고 해서 그 분야의 글쓰기 연습이 끝났다고 할 수는 없다. 같은 주제를 좀 더 다른 방향에서 써 보는 것이 필요하다. 예를 들어, 철학자 니체 사상을 비평하는 글을 썼다면, 다음에는 종교관을 조명해 보라. 실제로 이런 글쓰기 훈련을 하기가 쉽지 않겠지만 여러 가지 각도에서 글을 쓸수록 그 분야에 자신감이 생길 것이다.

셋째로 글 쓰는 주제와 연관한 언어에도 관심을 기울여라. 중국 문학에 관심이 간다면 중국어 특성을 공부해 보는 식이다. 또 중세 문학을 소재로 한다면 라틴어도 한번 알아보면 도움이 된다. 원서로 책을 읽으면 그 내용과 숨은 뜻을 훨씬 더 깊게 이해할 수 있기 때문이다. 언어는 문화를 반영하기 때문에 글쓰기 주제에 해당하는 언어를 폭넓게 이해한다면 글 내용을 좀 더 풍부하게 할 수 있다.

우리는 흔히 어떤 분야에 자신이 없다면 간단한 연구서를 써 보는 것이 좋은 방법이라고 말한다. 연구서를 쓰면서 자신의 생각을 정리할 수 있기 때문이다. 좋은 글을 쓰기 위해 언어에 관심을 두는 게 필요한 이유가 바로 여기에 있다.

넷째로, 글쓰기 개인지도를 받는 것이 좋다. 개인지도는 개개인 특성과 수준에 맞게 글쓰기 능력을 키울 수 있는 방법이다. 1:1 첨삭지도야말로 최고의 글쓰기공부다. 이론 위주 수업으로는 효과를 보기 어렵다. 일단 글을 쓰고 꼼꼼하게 전문가 평가를 받아가면서 문장력을 끌어올리는 게 훨씬 효과가 있다. 그런데 자신의 글을 정확하게 점검해 줄 수 있는 글쓰기 도우미를 만나기가 쉽지는 않다. 하버드대학교 글쓰기 본부에 오면 1:1로 문장 지도를 받을 수 있다. 미국 대학교에는 대부분 글쓰기 본부가 있으므로 적극 활용하는 게 좋다.

다섯째 덕목은 인내심이 있어야 한다는 점이다. 하룻밤 사이에 글쓰기 실력이 늘어날 것이라고 기대할 수는 없다. 다른 지식 축적과 마찬가지로, 많은 연습과 노력을 해야 글솜씨를 끌어올릴 수 있다.

여섯째, 여러 분야의 글쓰기 능력을 기르기 위해 관련 활동에 적극 참석하라. 예를 들어 건강에 관심이 있다면, 거기에 맞는 프로그램에 참석하라. 독자를 설득하기 위해서는 그 분야를 직접 접해 보는 기회를 만들어 보는 게 가장 좋다. 그렇게 해야 깊이 있는 내용으로 알찬 글을 쓸 수 있다.

마지막으로, 다시 고쳐 쓰는 연습을 하는 게 중요하다. 한 번 글을 쓰고 첨삭지도 받는 데 그치면 곤란하다. 지적받은 내용을 바탕으로 고쳐 쓰고, 또 첨삭설명을 들은 뒤에 다시 고쳐 쓰는 게 좋다. 다시쓰기를 하면 또 다른 생각을 찾을 수 있어 처음보다 수준 높은 글을 쓸 수 있다. 그리고 주제에 관해 좀 더 사려 깊게 생각하게 된다. 다시쓰기를 하면서 자기 주장에 반대하는 의견도 생각할 수 있다.

토마스 젠 교수는 "어떠한 주제로 글을 한 번 쓰는 데서 그치고, 고쳐쓰기를 하지 않으면 그 글에 담긴 생각은 부실할 수 있다"고 말하고, "전문 작가들은 항상 고쳐쓰기를 하면서 글 수준을 최상으로 끌어올린다"고 말했다.

제2장

MIT대학교 의사소통

집중교육(CI)

과학·기술자도 업무 35%가 글쓰기와 관련…
문장력 부족하면 뛰어난 연구도 인정받지 못해

전 세계가 인정하는 공과대학 MIT(Massachusetts Institute of Technology)는 얼핏 생각하면 글쓰기 교육과 그다지 연관이 없을 것처럼 보인다. 하지만 MIT는 전 세계 그 어느 대학교보다도 엄청나게 많은 예산을 들여 체계 있는 글쓰기 교육을 한다. MIT '글쓰기와 의사소통센터'의 스티븐 스트랑 소장에 따르면, MIT가 글쓰기 교육을 강화한 가장 큰 이유는 졸업생들의 건의에 있었다고 한다.

"1980년 무렵에 졸업생들이 글쓰기를 필수과목으로 지정하라는 건의를 많이 했다. 사회에서 생존하는 데 글쓰기가 꼭 필요하다는 게 그 이유였다. 대부분 기술자와 과학자인 그들은 업무가 35% 이상 글쓰기와 관련 있다고 말했다. 그래서 MIT는 유능한 사회인을 배출하려면 글쓰기를 필수과목으로 지정하고 글쓰기 본부를 설립해야 한다고 판단했다."

당시 미국에는 펄듀대(Purdue University) 등 몇 군데에만 글쓰기 본부(Writing Center)가 있었다. 그래서 MIT는 펄듀대의 믹키 해리스 교수(Mickey Harris)를 비롯한 글쓰기 교육 전문가들에게 조언을 듣고 1982년에 '글쓰기와 의사소통센터'를 세웠다. 그리고 차례차례 글쓰기강좌를 필수과목으로 채택했다. MIT 학생은 인문학을 8과목 이상 이수해야 하는데 모든 과목에 보고서 쓰기가 필수다. 학문 연구와 사회생활에 반드시 필요한 문장표현능력을 키우기 위해서는 전문가의 도움이 필요하다고 보고 글쓰기 교육을 중시하기 시작한 것이다. 과학기술이 발전할 수 있는 창의성이 있어도 이것을 정확하게 표현하여 널리 알리지 않으면 소용없다고 보기 때문이다. 스티븐 스트랑 소장

… "과학기술 전공자도 글쓰기 능력이 중요" MIT는 이공계 전공자들에게도 철저하게 글쓰기 교육을 한다. MIT 관계자들은 "아무리 창의성이 있어도 글로(논문으로) 정확하게 쓰지 못하면 소용이 없기 때문에 글쓰기 교육을 강화했다"고 말했다. MIT본관.

··· MIT 풍경 MIT 학생들이 쉬는 시간에 교정에서 책을 본다. 아무 때 아무데서나 틈만 나면 공부하는 모습이 인상 깊다.

은 "MIT는 학생들의 글쓰기 능력 향상을 위해 1년에 약 2백만 달러를 투입하는 것으로 안다"며 "'글쓰기와 의사소통센터'는 26년 동안 학생들의 문장표현능력을 끌어올리는 데 도움을 주고 있다"고 말했다.

다음은 MIT '글쓰기와 의사소통센터'의 스티븐 스트랑 소장과 MIT의 글쓰기 교육 과정에 관해 나눈 전자우편(이메일) 일문일답 면접 취재다.

MIT는 의사소통 집중과목(CI:Communication Intensive)이 학부 필수다. 이것은 전공을 공부하는 데 가장 기본적이고 실제적인 도구인 의사소통 능력, 즉 글쓰기와 말하기, 그리고 토론 및 시각적 의사소통(Visual Communication) 등을 학습하는 활동으로 안다. 간단하게 소개해 달라.

"학생들은 4년 동안 MIT에 다니면서 1년에 적어도 한 번 '의사소통 집중과목(CI)'을 들어야 한다. 1학년과 2학년 과정에는 인문학 과목에 '의사소통 집중과목(CI)'이 들어가 있다. 이를 CI-H라 부른다. 3학년과 4학년 과정에는 '의사소통 집중과목'을 각자 전공에서 택한다. 이를 CI-M이라 부른다. 이 과목들은 모두 수많은 전임강사와 시간강사가 주도하여 '글쓰기 통합과정(WAC:Writing Across the Curriculum)'이란 교과과정에 따라 진행한다. 그들은 강의 외에 학생 글을 손질하고 그들과 면담하여 글쓰기 능력이 향상할 수 있도록 조언한다."

'의사소통 집중과목(CI)'에서는 어느 정도 분량으로 글을 쓰는가.

"학생들은 한 학기에 보고서를 20쪽 이상 써야 하고, 교정본을 최소 하나 이상 제출한 뒤에 말로 발표까지 해야 한다."

이 과목은 어떻게 개설하나.

"교수위원회가 '의사소통 집중과목'에 들기 원하는 과목을 모두 검토하여 강좌 개설 여부를 결정한다. 의사소통 집중과목 과정은 모두 이러한 요구조건을 충족하는지 2~3년에 한 번씩 검토받아야 한다."

글쓴이 주

MIT는 1865년 2월 20일 윌리엄 바튼 로저 경이 설립한 공과대학이다. 명문 하버드대학교와 함께 미국 매사추세츠 주 보스턴의 케임브리지에 있으며 세계에서 가장 뛰어난 선진기술을 개발하는 대학으로 평가받는다. 수많은 기업과 손잡고, 세계에서 가장 많은 부가가치를 생산하는 교육기관이다.

이 계획을 필수과목으로 선택한 이유는 무엇인가.

"학생들에게 '신입생 글쓰기' 강좌를 필수과목으로 하여 한 학기만 듣게 하는 것은 그다지 효율적이지 않다는 연구결과가 있다. 그래서 MIT는 '의사소통 집중과목(CI)'을 학부 4년 동안 해마다 최소 1과목 이상 수강하게 한다. 흥미 있는 과목이 많아 대부분 4과목 이상을 듣고 졸업한다."

MIT는 입학 전에 글쓰기 능력을 평가한다고 하던데.

"신입생들은 학기 시작 전에 온라인으로 신입생 평가시험(FEE:Freshman Evaluation Exam)을 봐야 한다. 이것은 Les Perelman 박사가 고안한 방법이다. 학생들은 미리 받은 글을 몇 개 읽고 시험 당일에 글쓰기 문제 두 개를 받는다. 이 시험에서는 어느 주제를 놓고 문학 비

··· "여기는 MIT '글쓰기와 의사소통센터'" MIT '글쓰기와 의사소통센터' 입구 유리문에 표기한 'Writing and Communication Centert'. MIT 학생들은 어떤 종류의 글이라도 '글쓰기와 의사소통센터'에서 1:1로 첨삭지도를 받을 수 있다.

평을 하거나, 논쟁하는 글쓰기를 한다.

그 다음에 어떻게 하는가.

"학생들은 며칠 뒤에 에세이 두 편을 제출해야 한다. 이 시험은 학문에 관련한 내용보다 글쓰기 능력을 평가하는 게 목적이다. 완성한 글을 제출하기 전까지 학생들은 며칠 동안 과제물을 읽고, 초안을 만들고, 교정을 한다."

평가는 어떻게 하는가.

"신입생 글쓰기 시험 답안은 여러 심사관이 종합하여 채점한다. 채점자 상당수는 의사소통 집중과목 강사들이다. 이 시험을 통과하지 못한 학생들은 1학년 글쓰기 코스(CI HW:의사소통 집중 인문학 글쓰기 과정)를 듣는다. 다른 신입생은 모두 자신들이 흥미를 느끼는 CI-H 코스를 들을 수 있다. 비록 해마다 합격률이 다르지만, 신입생 중 약 20~25%가 이 시험을 통과하지 못한다.

MIT의 글쓰기 교육 시스템은 학부에서 개별로 운용하지 않고 여러 학과와 센터, 기구들이 연합하여 진행하는 과정이라고 들었다. 또 글쓰기 본부나 글쓰기와 관련 있는 학과, 그리고 글쓰기 연구기관 (Program in Writing and Humanistic Studies)의 뒷받침도 탄탄하다고 들었다. 그렇다면 MIT의 글쓰기 교육 시스템은 미국의 다른 대학들과 비교할 때 어떤 특징이 있는가?

"먼저 MIT의 글쓰기 교육 체계를 설명하겠다. 우리는 공학, 과학,

인문, 사회과학 등 여러 가지 전문대학원이 있다. 인문대학 안에는 문학 분과(다른 대학에서는 영문학과)와 외국어 분과 등이 있다. 분과 중 하나는 '글쓰기 계획'이다. 이 이름은 1990년대에 '글쓰기와 인문학 과정(PWHS:Program in Writing and Humanistic Studies)'으로 바뀠다. 네 가지로 나눠 설명하겠다.

첫째, 1982년에 교무처와 인문대, 사회과학대가 내 지도로 '글쓰기와 의사소통센터'를 개설할 수 있도록 예산을 제공해 주었다.

둘째, 1970년 말과 1980년 초에 '글쓰기와 인문학 과정(PWHS)'은 '공동 과목'을 제공했다. 이것은 글쓰기 교수가 컴퓨터 공학반과 같은 다양한 전공 수업 강의실을 방문하여 글쓰기강의를 한두 번 한 뒤에 학생들의 보고서를 받아 점수를 매긴다. 이렇게 공동개최하는 계획은 '글쓰기 통합과정(WAC)'으로 발전했다. 이 계획은 '글쓰기와 인문학 과정'에서 운영한다.

셋째, '글쓰기 통합과정' 담당자들은 MIT의 각 분과에서 열리는 과목 담당 교수들과 밀접한 관계를 맺고 협조한다. 서로 협력해 가면서 글쓰기 계획을 시작했고, 그 속에서 학생들의 글쓰기 능력은 자연스럽게 성장했다.

넷째, 교수들이 잘 협조해 주어 '글쓰기 통합과정'이 성장할 수 있었다. 이것이 MIT 글쓰기 교육의 장점 중 하나다. 글쓰기 통합과정 강사들은 다른 교수들과 매우 긴밀하게 협조하면서 글쓰기를 지도한다. 아울러 현장과 관련 있는 글쓰기 교육을 위해 일한다."

'글쓰기와 인문학 과정(PWHS)'은 무엇인가.

"'글쓰기와 인문학 과정'은 글쓰기를 활용하여 인문학 지식을 효과적으로 정리할 수 있게 학문의 기초를 쌓는 계획이다. MIT에서 무척 특별한 과정이다. 학생들은 소설, 시, 설명문 쓰기, 그리고 전문 글쓰기를 전공으로 택할 수 있다. 석사과정에 대중을 위한 과학 글쓰기도 있다."

MIT가 학생들의 글쓰기 능력 향상을 위해 2004년 1년 동안 약 2백만 달러를 사용했다고 들었다. 글쓰기 교육은 1년 예산이 어느 정도인가.

"예산을 많이 투자하는 것은 사실이다. 글쓰기 계획을 실시하려면 예산이 많이 필요하다. 하지만 정확한 액수는 모른다. 1년 예산이 약

··· "이렇게 고치면 좋겠군요." 포항공대 출신으로 MIT 박사 후 과정에 속한 김성재 씨(왼쪽)가 MIT '글쓰기와 의사소통센터'에서 글쓰기 도우미인 아만다 소벨 씨에게 1:1로 보고서 첨삭지도를 받는다. MIT '글쓰기와 의사소통센터'에서는 학부생과 대학원생 이외에도 박사 후 과정, 교직원, 졸업들의 글도 꼼꼼하게 손질해 준다.

2백만 달러라는 말을 자주 들었다. 예산은 주로 '글쓰기 통합과정'의 글쓰기강사 교육을 위해 사용한다. 글쓰기 본부의 예산은 '글쓰기와 인문학 과정' 예산의 일부분으로 '글쓰기 통합과정' 예산과 구분하여 집행한다. '글쓰기와 인문학 과정'은 글쓰기 계획과 글쓰기 본부, 글쓰기 통합과정을 제공하는 학부의 모체다."

글쓰기 교수진도 소개해 달라.

"글쓰기를 지도하는 교수진에 Anita Desai(은퇴), Alan Lightman, Ana Castillo, Helen Elaine Lee, Junot Diaz 등 전 세계에서 유명한 소설가가 있다. 또 현재 생존하는 과학 소설가 Joe Haldeman, 수상 경력이 많은 자서전 작가 Ken Manning, 사상사 전문가인 James Paradis와 Rebecca Faery, 시인 David Barber(Atlantic Monthly의 시 잡지 편집장)도 글쓰기 교육 연구진이다. 1995년까지만 해도 분과가 하나였던 수사학 과정을 2006년에는 5개 분과로 나눌 정도로 교과과정이 풍부하다."

MIT '글쓰기와 의사소통센터' 스티븐 스트랑 소장 이메일 인터뷰

"학생 스스로 글 다듬게 도와줄 뿐…
절대로 선생이 고쳐주지 않아"

미국 대학교들은 대부분 글쓰기를 지도해 주는 '글쓰기 본부(Writing Center)'를 운영한다. 그런데 MIT(Massachusetts Institute of Technology)는 글쓰기 이외에도 말하기(발표하기)까지 상담해 주는 '글쓰기

··· MIT의 글쓰기 교육 자료들.

와 의사소통센터'(http://web.mit.edu/writing)가 있다. 글과 말로 의사소통하는 데 어려움을 겪는 학생들에게 개별상담을 해 주는 것이다.

1:1로 지도하기 때문에 실력이나 수준에 상관없이 글쓰기와 말하기 실력이 좀 더 능률적으로 향상할 수 있다.

　MIT '글쓰기와 의사소통센터'의 스티븐 스트랑소장은 "글쓰기를

… "공과대에서도 글쓰기 교육은 필수" 세계에서 인정받는 공과대학 MIT에서는 전 학년에 걸쳐 글쓰기강좌를 필수과목으로 듣게 한다. 그리고 '글쓰기와 의사소통센터'를 두어 1:1로 학생들의 글을 꼼꼼하게 지도한다.

… "고맙습니다." 포항공대 출신으로 MIT 박사 후 과정에 속한 김성재 씨(오른쪽)가 '글쓰기와 의사소통센터'에서 글쓰기지도를 받은 뒤에 글쓰기 도우미들과 함께 이야기를 나눈다.

지도할 때 단순한 실수를 지적하는 것보다 깊이 있는 글이 되도록 글을 고쳐 주는 게 효과가 있다"며 "그런 방식으로 글을 봐 주려면 상담자가 한 번에 학생 단 한 명과 작업하는 1:1 교육이 가장 좋다"고 말했다. 그는 "MIT 글쓰기 본부는 1:1 글쓰기 첨삭지도의 장점을 살려 설립했다"고 덧붙였다.

MIT '글쓰기와 의사소통센터'에서는 학부생들만 지도하는 게 아니다. 대학원생과 교직원, 졸업생, 그리고 이들 배우자를 비롯하여 MIT와 인연을 맺은 사람은 모두 무료로 이용할 수 있다.

지도 내용도 무척 다양하다. MIT 학부와 대학원 수업을 받기 위해 작성한 글(보고서, 논문)은 물론 이력서, 소설, 시, 수필, 창작 글, 출판 원고, 대학원이나 취업을 위한 에세이, 사업 제안서 등을 모두 점검해 준다. 아울러 학부와 대학원 수업에서 진행하는 각종 발표, 논문·보고서 발표, 그리고 취업 면접 등 다양한 발표방법(프리젠테이션)도 지도한다. 연설문 쓰는 법, 시각자료 사용법, 과학·비과학 정보를 소개하는 법에 관해서도 교육한다. 영어가 제2국어인 사람들을 위한 특별 과정도 있다.

그러면 어느 단계에서 '글쓰기와 의사소통센터'의 도움을 받을 수 있을까. 글쓰기 전, 곧 생각을 하고 탐구하는 단계부터 초고 쓰기, 초고 수정, 편집 단계에서도 지도받을 수 있다. 그리고 채점을 받기 위해 글을 제출하기 전에 조언을 구할 수 있고, 평가받아 돌려받은 글을 수정하고 싶을 때도 도움 받을 수 있다. 심지어는 글쓰기 침체기에서 벗어나기, 글을 정리하기, 논술시험을 치르는 방법, 글을 수정하기, 출처 첨부하기, 글쓰기 과제 분석하기, 과학에 관련한 정보 소개하기

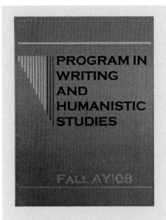 

··· '글쓰기와 인문학과정' MIT의 '글쓰기와 인문학과정(PWHS: Program in Writing and Humanistic Studies)' 계획을 소개한 안내 책자.

··· "여기가 MIT '글쓰기와 의사소통센터'" MIT 홈페이지에 실린 '글쓰기와 의사소통센터' 약도와 건물 사진.

까지 두루 가르친다.

'글쓰기와 의사소통센터' 강사진은 소설가, 수필가, 시인, 번역가, 전기 작가, 역사가, 공학자, 과학자들로 구성되어 있다. 이들은 학생들이 글을 스스로 고칠 수 있도록 도와주되 편집이나 교정, 교열은 하지 않는다. 다음은 MIT '글쓰기와 의사소통센터'의 스티븐 스트랑 교수와 나눈 전자우편(이메일) 일문일답 내용이다.

주로 누가 이용하는가.

"MIT와 관련 있는 사람 모두 글쓰기 본부에서 지도받을 수 있다. 학부생, 대학원생 이외에도 교수, 교직원, 졸업생, 그리고 이들 배우자도 이용할 수 있다. 40% 이상이 대학원생이고, 58% 이상은 영어를 모국어로 쓰지 않는 학생들이다."

'글쓰기와 의사소통센터'는 언제 만들었는가.

"1982년 봄에 시작했고, 내가 초대 소장을 맡았다. 전문 글쓰기 도우미들을 영입했는데 현재는 11명이 비상근직으로 근무한다. 사무실이 비좁아 몇 차례 확장 이전했다. 1년에 약 800명이 이곳을 이용한다. 이들은 연인원으로 1년에 약 3,700번 방문한다."

글쓰기를 제대로 가르치기 위해서는 어떻게 하는 게 좋다고 생각하는가.

"가장 좋은 방법은 1:1 글쓰기 첨삭지도다. 교사 한 명이 한 번에 학생을 단 한 명만 지도하는 게 효과가 있다는 말이다. 학급 수준이 어떠하든, 단순한 실수를 지적하는 것보다 깊이 있는 글을 쓰도록 수정하는 것이 좋다. 이런 방식으로 글을 봐 주려면 1:1 교육이 가장 좋다. 바로 이런 원리를 활용하여 '글쓰기와 의사소통센터'를 만들었다."

글을 잘 쓰려면 생각하는 능력을 키워야 할 텐데.

"글쓰기는 사고력과 연관이 있다. 학생이 주제에 관해 더 많이 생각해야 좋은 글을 쓸 수 있다. 학생들은 관심 없는 주제는 열심히 쓰려고 하지 않는다. 그러므로 학생들이 흥미를 느끼는 내용을 찾아 글로 쓰게 하는 것이 더 좋은 글을 쓰게 하는 지름길이다."

MIT '글쓰기와 의사소통센터'의 글쓰기 도우미들은 주로 누가 맡는가. 이들은 어떤 경쟁력을 갖추었는가. 이들은 어떤 식으로 글쓰기 교육을 받았는가.

"글쓰기 도우미들은 모두 책을 출판한 적이 있는 작가다. 수필가나 소설가도 있으며, 일부는 시인, 문예 비평가, 글쓰기 교재 저자다. 모두 석사나 박사 학위가 있다. 대학교에서 강의한 경험자들도 있다. 출판 작가들도 많고 전문 편집장들도 여러 명 있다. 일부는 외국인에게 영어를 가르치는 전문가다. 베테랑 번역가도 있다. 한마디로 말해서 직원 전원은 전문인이다."

MIT의 글쓰기 교육 전문가들은 누구인가.

"'글쓰기와 인문학 과정(PWHS:Program in Writing and Humanistic Studies)', 그리고 '글쓰기 통합과정(WAC:Writing Across the Curriculum)'에서 일하는 이들은 모두 글쓰기 전문가다. '글쓰기 통합 과정(WAC)'은 Les Perelman, '글쓰기와 인문학 과정'은 James

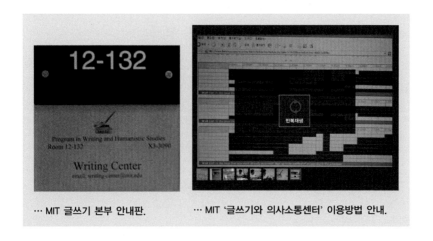

··· MIT 글쓰기 본부 안내판.　　··· MIT '글쓰기와 의사소통센터' 이용방법 안내.

Paradis, 1학년 글쓰기 과정은 Rebecca Faery가 책임자로 있다. 나는 '글쓰기와 의사소통센터'의 책임자다."

MIT가 그동안 글쓰기 교육에 많은 노력을 기울인 결과 어떠한 성과를 냈다고 자랑할 수 있는가?

"이것은 내가 종합해서 대답할 수 있는 질문이 아니다. 다만 '글쓰기와 의사소통센터'를 놓고 볼 때, 상당수 학생이 추가 교육을 받기 위해 다시 찾아오는 것으로 보아 성과가 있다고 할 수 있다. 그들이 보고서나 논문, 책을 쓸 때 서문에 글쓰기 본부에 고맙다는 이야기를 적기도 한다. 나는 수업시간에 학생들 실력이 향상한 것을 볼 때가 있다. 또 몇 년이 지난 뒤 글쓰기 본부에서 교육받은 내용이 다른 수업이나, 경력을 쌓는 데 얼마나 도움이 되었는지 학생들에게 듣는다. 이런 과정에서 학생들의 성취도를 측정한다."

글 구성은 물론 글씨체, 크기까지 '밀착 조언'

MIT '글쓰기와 의사소통센터'를 방문하기 위해서는 웹사이트 (http://web.mit.edu/writing)로 반드시 예약해야 한다. 웹사이트를 처음 방문한 사람들은 '등록'을 클릭하여 등록하면 된다. '방문 예약'을 클릭하면 예약 시간표를 볼 수 있다. 파란색은 이미 다른 사람이 예약한 시간대이고, 밤색은 상담을 할 수 없는 시간대이므로 하얀 색 중 자신이 가능한 시간대를 고르면 된다.

예약을 원하는 시간대를 클릭하면, 글쓰기 도우미의 이름이 적힌 팝업 창이 뜬다. 창 아래쪽 '요약' 박스에 지도받기를 원하는 글쓰기나 프리젠테이션 내용을 간단하게 적은 뒤 '저장' 버튼을 누르면 예약이 끝난다. 이미 다른 학생이 예약한 시간대에 지도받고 싶으면, 원하는 시간대에 파란색 부분을 클릭하여, 이름을 적는다. 다른 학생이 그 예약을 취소하면 '웹사이트로 예약한 후 글쓰기 본부를 이용하라'고 전자우편(이메일)으로 통보해 준다.

방문 예약 지도는 일주일에 2번만 이용할 수 있다. 수시 방문 지도는 하루에 1번이 기본이고, 일주일에는 3번까지 가능하다. 1:1 글쓰기 지도는 매 시각 정시에 시작하고 50분 동안 진행한다. 예약 시간에서 10분 이상 늦으면 약속 시간 중 절반은 다른 방문자 상담 시간으로 할애한다.

'글쓰기와 의사소통센터' 방문을 취소하려면 로그인한 뒤, 웹사이트 상단에 '내 페이지(My patrol pane)'를 클릭한다. 예약한 상담 시간과 교사 이름을 클릭한 후, '삭제'를 클릭한다. 예약을 취소하려면, 오전 방문 예약자는 오전 8시 30분 이전에, 오후와 저녁 방문 예약자는 낮 12시 전까지 처리해야 한다. 예약 규정을 지키지 않으면 처음 한 번은 2주 동안, 두 번째에는 한 달 동안 글쓰기 본부를 방문할 수 없다.

예약이 꽉 차 여의치 않으면 '수시 방문'을 신청해도 좋다. 다른 예약자가 10분 이상 늦으면, 적어도 20분 이상을 수시 방문 신청자가 활용할 수 있다. '수시 방문'을 이용하려면 안내하는 곳에 요청서를 써 내야 한다. 예약 방문 지도는 정시마다 시작하므로, 매 시간 5~10분 사이에 센터에 들러 다른 예약자 중 지각한 사람이 없는지 확인하면 된다. 지각한 사람이 없으면 이용할 수 없다. '글쓰기와 의사소통센터'에 방문할 때는 자신이 쓴 글을 출력해와야 한다. 수업에서 내준 에세이를 가져오는 것도 좋다.

포항공대 출신으로 MIT 전자전기공학과 박사 후 과정에서 연구 중인 김성재(33) 씨는 "글쓰기와 의사소통센터에서는 학생 글의 구성과 문장 표현, 그리고 문법 오류를 손질해 주는 것은 기본이고, 글씨체와 글씨 크기까지 꼼꼼하고 정확하게 조언해 준다"고 말했다.

글쓰기 본부를 방문하기가 어려우면 온라인 상담(http://web.mit.edu/writing/Center/onlinetuor.html)을 이용해도 좋다. 그밖에 문의하거나 제안할 게 있으면 '글쓰기와 의사소통센터'의 스티븐 스트랑 소장에게 전자우편(이메일:smstrang@mit.edu)을 보내면 된다.

"글을 잘 쓰기 위해서는 생각을 많이 해야 한다… 사고력 뛰어나면 성공 확률 높아"

미국 보스턴에 위치한 MIT(Massachusetts Institute of Technology) 입구에서 '글쓰기와 의사소통센터'(http://web.mit.edu/writing)까지 가는 길은 마치 미로 같았다. MIT 앞 지하철역에서 매리어트 호텔을 지나 우중충한 건물 여러 채를 거친 끝에 그 입구를 찾았다. 이용자가 느는 데 비해 공간이 비좁아 2007년 9월에 확장 이전했다고 한다.

MIT는 공장 건물과 부지를 대학 캠퍼스로 개조해서 그런지 을씨년스러운 분위기가 풍겼다. 건물들도 약간 낡았고, 내부도 비좁아 보였다. 게다가 일부 강의실은 지하에 있었다. 수풀이 우거진, 아름다운 교정과는 거리가 멀었다. 젊은 학생들이 활기차게 거니는 모습이 그나마 분위기를 살리는 듯했다.

'글쓰기와 의사소통센터'에 들어서자 글쓰기 도우미(Writing tutors) 아만다 소벨 씨와 수산 스필레키 씨가 반갑게 맞아 준다. 이 센터의 소장인 스티븐 스트랑 박사를 만나려고 했으나 몸이 편치 않아 출근하지 않았다고 했다. 그래서 스트랑 박사 면접 취재는 전자우편(이메일)으로 대신했다.

글쓰기 지도법을 질문하자 아만다 소벨 씨가 직접 종이에 그림을 그리고, 교재까지 보여 주면서 답변했다. 10분 정도 지나 곁에서 면접 취재를 듣던 수산 스필레키 씨도 입을 열었다. 한편에서는 또 다른 글쓰기 도우미가 중국계 학생을 상담하는 중이었다.

미국 대학에서 글쓰기 도우미란 학부생이나 대학원생의 글을 손질해 주는 일을 하는 사람을 말한다. 이들은 대부분 문장력이 뛰어난 대

··· "이공계 학생들의 글이 오히려 더 재미있어요." MIT '글쓰기와 의사소통센터'의 글쓰기 도우미인 아만다 소벨 씨(왼쪽)와 수산 스필레키 씨. 이들은 "흥미로운 과제를 연구하는 이공계 학생들의 글을 손질할 때마다 새로운 생각을 접할 수 있어 무척 재미있다"고 말했다.

학원생들로 학비를 지원받는 강의 조교(Teaching assistant) 형식으로 일한다. 하지만 MIT 글쓰기 도우미는 최소한 석사 이상인 글쓰기 전문가들로 다른 대학들보다 한 단계 위였다.

이공계에 관련한 주제로 쓴 글을 손질해 주는 일이 어렵고 재미없을 수도 있을 텐데.

수산 스필레키 "그렇지 않다. MIT 학생은 모두 각자 흥미로운 과제를 연구한다. 그래서 이들의 글을 손질할 때마다 색다른 경험을 맛본다. 이를테면 새로운 생각을 접하는 셈이기 때문에 오히려 재미있다."

학생 한 명당 한 차례에 얼마나 지도하나.

수산 스필레키 "50분 동안 진행한다. 그 시간엔 정신없이 바쁘다. 우선 학생 글을 충분히 이해하는 게 중요하다. 그 다음에 끊임없이 대화하면서 이들의 창의적인 연구주제를 능률적으로 보고서에 담을 수 있는 방법을 함께 찾는다. 이 일을 훌륭하게 수행하는 것은 글쓰기 도우미들에게 도전이라고도 할 수 있다. 학생 한 명에게 50분이란 짧은 시간만 할애하기 때문에 좀 더 효율적으로 도와주려고 무척 애를 써야 한다."

··· 아만다 소벨 씨가 단락 전개 원리를 설명하기 위해 종이에 적은 메모.

이공계 대학으로 이름난 MIT가 글쓰기 교육에 신경 쓰는 이유는 무엇인가.

아만다 소벨 "사회생활에서 가장 중요한 것은 생각을 글로 표현하는 기술이다. 예를 들어, 건축 분야에서 일을 하더라도 그 내용을 일목요연하게 글로 표현하고 발표할 수 있어야 성공할 수 있다. 과학자가 발명을 해도, 쉽고 정확하게 글로 써야 세상에 알릴 수 있는 것과 마찬가지다."

'글쓰기와 의사소통센터'의 글쓰기 도우미들은 어떤 사람들인가.

아만다 소벨 "나는 전문 글쓰기 지도 교사로 13년째 MIT '글쓰기와 의사소통센터'에서 일한다. 학부에서도 강의하고 글쓰기와 의사소통 방법을 공부하는 '의사소통 집중과목(CI:Communication Intensive)'도

··· MIT '글쓰기와 의사소통센터'의 글쓰기 도우미인 아만다 소벨 씨(왼쪽)와 수산 스필레키 씨가 기자와 면접 취재 중이다.

맡았다. 글쓰기 지도를 담당하는 강사들이 모두 박사 학위를 받지는 않지만 교수진에 포함한다. 이들에겐 다양한 분야의 전문지식과 그것을 글로 표현하는 능력이 있다."

수산 스필레키 "나는 석사 학위가 있으며, 편집, 교정 일도 했고, 작가로 활약한 경험도 있다. 또 일본에서 비영어권 학생들에게 영어도 가르쳤다. 글쓰기 도우미는 대부분 석사 학위 소지자이면서 글쓰기 지도 능력이 있는 사람들이다. 대학교 강의 경력과 논문 발표 수는 그리 중요하지 않다. 학생들에게 1:1로 글쓰기 지도를 한 경험은 무척 중요하다."

학생들을 지도할 때 보람을 느낄 텐데.

아만다 소벨 "학생들을 만나는 건 대단히 즐거운 일이다. 외국 학생도 많아 다양한 문화를 배울 수 있다. 학부생과 대학원생은 각자 여러 분야에서 연구조사를 한다. 예를 들어, 어떻게 도시를 조성할 것인지도 연구할 수 있으며, 어떤 경우엔 시, 문학, 경제학, 그리고 내가 전혀 모르는 시신경 분야에 관한 것을 주제로 선택한다. 그래서 나는 학생들 덕분에 넓은 분야를 접할 수 있다. 학생들과 같이 일하는 것이 만족스러울 수밖에 없다."

지도한 학생들 반응은 어떤가.

아만다 소벨 "공과대 학부생의 글쓰기를 도와 준 적이 있다. 그 학생은 완벽한 글쓰기를 원했다. 그렇게 하려면 글을 몇 번이라도 다시 써 보아야 한다고 말했다. 그는 반신반의하며 그다지 좋아하지는 않았다. 하지만 2주 뒤에 다시 나를 찾아와 내 말이 맞는다고 하였다. 기술자들은 원하는 성과를 얻기 위해 수도 없이 작업을 반복한다. 기술 공부를 할 때 활용하는 반복 작업을 글쓰기공부에도 똑같이 적용하는 것이다. 그는 바로 이런 원리를 깨닫고 놀라워한 것이다."

수산 스필레키 "아주 똑똑한 비영어권 학생을 도와준 적이 있다. 그 학생은 문법에서 아주 작은 실수를 했는데 매우 당황스러워했다. 나는 첨삭지도를 할 때 메모하는 습관이 있다. 어느 날 평소와 같은 방식으로 그 학생이 실수한 문법을 그림까지 그려가면서 설명했다. 그런데 그는 내 설명을 듣지 않고 자기 글에서 틀린 부분이 없는지 훑어보았다. 그렇게 하면 내가 열심히 설명하는 것은 헛수고이다. 하지만 그렇게 해서라도 자기 글을 스스로 고칠 수 있다면 그것도 발전이라고 본다."

대학원생들도 많이 이용하나.

아만다 소벨 "논문 준비를 위해서 글쓰기 본부를 자주 찾는다. 석·박사 과정 학생들을 지도하면서 그들의 연구 계획을 흥미 있게 지켜볼 수 있다. 그들이 생각하는 방식과 사고 발전 상태도 알 수 있다. 그들의 생각을 쫓아가면서 좀 더 좋은 논문을 쓰도록 도와주는 것이 무척 보람 있다."

언제 학생들이 몰리나.

아만다 소벨 "전공에 따라 학생들이 찾아오는 시기가 약간 차이난다. 1년으로 봤을 때 다달이 전공이 다른 학생들이 찾아온다. 예를 들면, 의학대학원에 12월까지 원서를 내야 하는 학부 4학년들은 10월과 11월에 가장 많이 찾아온다. 시간이 조금 지나면 다른 전공 학생들이 찾아온다."

글 한 편은 여러 개의 단락으로 구성해 있다. 단락이 어느 정도 중요하다고 생각하나.

아만다 소벨 "독자가 글을 이해하기 쉽게 하려면 단락 원리를 활용하는 게 좋다. 한 단락에서 주제문은 독자에게 전하려는 요지를 담아야 한다. 이어서 주제문을 뒷받침할 수 있는 논거와 예시를 글에 써야 한다. 글은 독자에 따라서도 달라지기 때문에 글쓴이의 생각을 잘 전달하도록 하는 게 중요하다. 이를 위해서 단락 구성을 잘해야 한다. 미국에서는 50여 년 전부터 이런 방식으로 글을 써 왔다."

수산 스필레키 "단락 처리를 하면 독자가 내용을 파악하기가 수월하다. 쉼표나 마침표로도 느낌을 전달할 수 있다. 읽는 사람은 새 단락이 나오면 다른 내용이나 생각이 나올 것으로 예상할 수 있다. 식단을 예로 들어보자. 식단에는 음식이 여러 종류 있다. 주로 먹는 음식이 있으면 밑반찬 수준인 음식도 있다. 그것들이 저녁 식단을 구성한다. 주로 먹는 음식을 글의 주제문이라고 할 수 있다. 주제문을 중심으로 뒷받침 문장들이 모여 한 단락을 구성하는 것이다."

학생들이 자주 범하는 오류는 무엇인가. 공통으로 많이 틀리는 부분이 있을 텐데.

아만다 소벨 "학생들은 각기 다른 문제가 있다. 비영어권 학생들은 정관사나 부정관사 부분과 전치사 부분에서 자주 실수한다. 영어는 그런 부분에서 비영어권 학생들이 배우기가 어렵다. 영어권 학생들은 불완전한 문장을 쓰고, 글의 흐름을 매끄럽게 하지 못하는 경우가 많다. 많은 생각을 각각 떨어뜨려서 작은 문장 하나하나로 표현하다보니 문제가 생긴다. 이것을 유기적으로 연결하는 데 힘들어하는 것이다."

수산 스필레키 "문장과 문장, 단락과 단락을 좀 더 체계 있게 연결하지 못할 때가 많다. 전문 작가들은 물론 나 역시 여기서 오류를 범할 때가 있다. 아무도 자신이 전달하려는 생각을 전부 다 옮겨 적었다고 장담할 수는 없다. 그래서 자기 글을 다시 읽을 때는 머릿속에 있는 생각까지도 포함할 수 있도록 신경 써야 한다. 대부분이 자기가 생각하는 모든 것을 다 옮겨 적지는 않기 때문에 중간중간 문맥이나 단락을 매끄럽게 연결하지 못하는 것이다. 글쓴이는 느끼기 어렵겠지만 독자가 좀 더 능률적으로 글을 읽을 수 있도록 배려해야 한다. 나는 문맥을 잘 연결하지 않으면 좋은 글로 평가하지 않는다."

글을 잘 쓰는 것이 '성공하는 지름길'이라 하는데 그 이유가 무엇이라고 생각하나.

아만다 소벨 "많은 분야에서 글쓰기는 일과 밀접한 연관이 있다. 글을 잘 쓰기 위해서는 여러 가지 능력이 필요하다. 글쓴이는 읽는 사람을 항상 고려해야 한다. 어떻게 자기 생각을 정리하여 전달할 것인지 연구할 수밖에 없다. 이런 사람은 의사소통 능력이 우수해 대인관계도 자연스럽다. 이런 점으로 보아 글쓰기 능력은 궁극적으로 성공할 수 있는 기회를 넓혀 준다고 볼 수 있다."

수산 스필레키 "글을 잘 쓰기 위해서는 생각을 많이 해야 한다. 사고력이 뛰어나면 모든 일에서 훌륭한 성과를 낼 수 있다. 정말로 당연한 일 아닌가. 그래서 MIT에서도 글쓰기 교육에 온갖 정성을 기울이는 것이다."

어려서부터 글쓰기공부를 하면 창의력, 사고력이 좋아질까.

아만다 소벨 "흥미로운 질문이다. 사실, 글쓰기를 어렸을 때부터 배우는 것이 창의력을 기르는 데 도움이 되는지는 잘 모르겠다. 다만, 그 언어를 더 잘 알 수 있게 해 주는 것은 확실하다. 책을 읽은 뒤에 자기 생각으로 정리하는 과정에서, 다시 말하면 글로 옮겨 적는 과정에서 생각을 많이 할 수밖에 없다. 내 주장에 동의하도록 설득하기 위해서는 그것을 뒷받침할 수 있는 이유를 동원해야 한다. 때문에 글쓰기공부를 하는 과정에서 사고력, 창의력을 기를 수 있지 않겠는가."

수산 스필레키 "글쓰기와 창의력 향상 사이에 직접적인 연결고리가 있는지는 모르겠다. 다만, 이 두 가지가 상호작용하는 것은 분명하다. 예를 들어, 글을 많이 읽지 않으면 글을 잘 쓸 수 없다. 그 반대로, 글을 잘 쓰기 위해 책을 많이 읽으면, 좀 더 넓은 세계를 지각할 수 있다. 창의력도 좋아질 것이다."

MIT가 글쓰기 교육에 전념하는 사례를 든다면.

아만다 소벨 "MIT는 '글쓰기와 의사소통센터'를 운영한다. 영어가 모국어가 아닌 학생들을 위한 영어 글쓰기 수업과 이보다 좀 더 난이도가 높은 수업도 한다. '글쓰기와 의사소통센터' 외에 학년별 글쓰기 교육 과정이 있다. 이 과정에서는 문법과 다양한 글쓰기방법을 가르친다.”

외국어 교육은 언제부터 하는 게 좋다고 보는가.

아만다 소벨 “30세 이전에 외국어교육을 하는 게 효과가 있다. 내가 가르친 한 태국 학생은 태국어로만 생각할 수 있고, 영어로는 생각하기가 힘들다고 했다. 그래서 꼭 태국어로 먼저 글을 쓴 뒤에 영어로 번역해서 글을 완성하는데 이 과정이 매우 힘들다고 말했다. 어렸을 때 글쓰기 능력을 닦아 놓으면 생각하고 표현하는 일을 좀 더 수월하게 할 수 있을 것이다.”

"자연계 논술 폐지? 오히려 과학글쓰기 강화해야"

한국으로 돌아오는 순간, 글쓰기 중요성을 망각하는 유학생들

혹시 '김포공항의 마법'이란 말을 들어본 적이 있나. 아니면 '인천공항의 마법'이라도……

미국 보스턴 케임브리지에 위치한 MIT의 '글쓰기와 의사소통센터'. '미국의 글쓰기 교육, 그 현장을 찾아서'란 주제로 현장탐방기사를 쓰기 위해 이곳을 방문한 기자는 MIT 전자컴퓨터 공학과 박사 후 과정에 있는 김성재 박사(33)에게 '김포공항의 마법'에 관한 사연을 들었다.

"'김포공항의 마법'이란 말이 있다. 이젠 '인천공항의 마법'에 걸렸다고 해야 정확한 표현일 것이다. 수많은 미국 유학생이 영어 논문 때문에 고생을 하고도 귀국한 뒤에는 그 개선책을 촉구하는 데 별로 신경 쓰지 않는다. 한국으로 귀국하는 순간 모두 망각하고 만다."

김 박사는 "문화과학기술은 중심이 영어권에 있기 때문에 아무리 연구 성과가 좋아도 영어 논문으로 작성하여 해외 저널에 싣지 못하면 의미가 없다"며 "한국이 과학기술 분야에서 국제 경쟁력을 확보하기 위해서는 석·박사 과정 학생들이 영어 논문을 작성하는 것을 도와주는 글쓰기 본부를 반드시 설립해야 한다"고 주장했다. 김 박사는 또 "이공계 대학에 진학하려는 학생들은 자연계열 특성에 맞는 독서와 글쓰기, 논술 공부를 해야 한다"며 "멀리 내다본다면 대학 입시에서 자연계 논술을 폐지하는 것은 시대 흐름에 맞지 않다"고 지적했다.

김성재 박사는 포항공대 학사·석사·박사 출신으로 2005년 12월부터 MIT 전자컴퓨터공학과 박사 후 과정에서 나노유체역학을 연구하는 중이다. 다음은 김 박사와 나눈 일문일답이다.

… "이공계 학생들도 글쓰기공부해야"
김성재 박사는 이공계 학생들도 자기 연구 성과를 널리 알리기 위해서는 글쓰기를 활용한 의사소통능력을 키워야 한다고 강조했다.

MIT '글쓰기와 의사소통센터'에서 지도받는 게 만족스러운가.

"아주 흡족하다. 문장 표현과 글의 구성, 그리고 문법 오류까지 정확하게 봐 준다. 심지어 글씨 크기, 글씨체까지 다 조언해 준다. 인사말과 맺음말도 점검해 준다. 학술 논문이나 자기소개서, 이력서 외에 구두 발표 지문까지도 완전히 뜯어 고쳐준다. 학부나 대학원생 외에도 졸업생, 교직원 그리고 이들 가족까지도 무료로 이용하게 한다.”

MIT 글쓰기 도우미들을 어떻게 평가하나.

“영문학이나 영어학에 학위가 있어 글을 봐주는 능력이 뛰어나다. 보고서나 논문의 취지를 10분 정도 설명하면 곧바로 이해한다. 그다음에 학생들이 전달하려는 중심내용을 잘 드러낼 수 있도록 손질해준다. 좀 더 우수한 글을 쓰도록 안내하는 기술이 훌륭하다.”

MIT에서는 왜 글쓰기 교육을 중시한다고 생각하는가

“MIT에는 전 세계에서 우수한 인재가 몰려온다. 그런데 훌륭한 연구를 해도 논문을 쓸 때 명확하게 표현하지 못할 때가 있다. 그러면 창의성 있는 생각, 바꿔 말하면 인재들의 천재성이 영어 때문에 묻힐 수 있다. 바로 이런 일을 막기 위해 MIT에서는 전 학년에 걸쳐서 글쓰기를 정규과목으로 두고, ‘글쓰기와 의사소통센터’까지 설치한 것이다. 과학기술이 발전할 수 있는, 값진 연구 성과를 세상에 제대로 알리기 위해서는 글을 활용한 의사소통 능력이 필요하다. MIT에서는 바로 그런 능력을 발휘하는 데 적잖은 투자를 하는 것이다.”

값진 연구 성과 알리려면 글쓰기 능력 필요

그렇다면 국내 이공계 대학의 석·박사 과정 학생들은 어떤 실정인가.

"영어 논문은 고사하고 한국어 논문을 쓰는 데도 어려움이 많다. 자연계열 학생들은 글쓰기공부를 별로 하지 않기 때문이다. 그런데 우수한 논문은 영어로 작성하여 해외 언론지에 발표해야 효과가 있다. 하지만 국내 이공계 석·박사 과정 학생들은 아무리 좋은 연구 성과가 있다 하더라도 영어로 논문을 쓰는 데 한계가 있다. 영어 논문 작성에 도움을 줄 수 있는 사람을 구하기 어렵기 때문이다. 영어 논문 교정을 봐주는 업체에 맡기기도 하지만 질이 만족스럽지 않고, 비용도 무척 많이 든다."

비용이 얼마나 드나.

"영어 논문 교정은 장당 20~30달러다. A4 용지로 20~30장을 쓰다 보니 400~900달러까지 든다. 교수 한 명이 영어 논문을 1년에 4편 교정 받는다면 1년에 3,600달러까지 들 수 있다. 포항공대에는 교수가 230명 정도 있다. 한번 계산해 보라. 영어 논문 교정 받는 데 적잖은 돈이 들어간다. 만약 교정전문업체에만 의존한다면 1년에 약 8억 원 정도가 여기에 소요될 수 있다는 계산이 나온다. 인터넷이나 우편으로 교정 받으면 서로 의사소통도 되지 않고 질도 떨어진다. 효과가 미미하다는 것이다."

한국 대학에서는 글쓰기 지도를 받지 못했나.

"대부분 대학에 글쓰기특강이 있지만, 학생들은 다른 전공 수업도 받아야 하고, 각자 연구 활동이 바빠 실제로 여기에 관심을 기울이기 힘들다. 그리고 대규모로 진행하는 강의만으로는 논문 쓰는 데 직접 도움이 되지 않는다고 보면 된다."

그러면 교수들이 영어 논문을 꼼꼼하게 봐 줄 수는 없나.

"교수들도 바쁘다. 어느 학교든 마찬가지다. 영어 논문에서 문장까지 검토해 줄 여유가 없다."

우리나라 이공계 석·박사 과정 학생들이 반드시 영어로 논문을 써야 하는 이유는 무엇인가.

"현대 국력은 군사력이 아니다. 문화과학기술력이 국력이다. 억울하지만 문화과학기술은 중심이 영어권에 있다. 영어로 논문을 써서 권위 있는 해외 언론지에 실어야 인정받을 수 있다. 그러므로 거기에 필요한 실력을 닦아 놓아야 한다."

그러면 어떻게 해결하면 좋겠는가.

"MIT와 같이 영어 논문을 검토해 줄 수 있는 글쓰기 본부를 대학에 설치하면 된다. 1:1로 첨삭지도를 하는 공식 글쓰기 본부를 만들면 좋겠다. 영어 글쓰기가 필요한 학교는 반드시 제도 지원을 해야 한다. 글쓰기 본부를 만들어야 한다는 말이다. 글쓰기 본부가 필요한 근본 이유는 국가 경쟁력 확보에 있다는 점을 명심해야 한다. 무작정 과학기술 분야에 투자하지 말고, 그것이 꽃을 피울 수 있도록 영어 글쓰기 실력이 있는 인재를 기르자는 말이다."

영어 글쓰기 실력 있는 인재 기르자

글쓰기 도우미 자격 조건을 이야기한다면.

"원어민이어야 한다. 꼭 이공계 출신이 아니어도 상관없다. 영어 보고서, 영어 논문을 정확하게 봐 줄 수 있으면 된다. 정말로 영어 글쓰기를 제대로 하는 사람을 초빙해야 한다."

한국으로 귀국한 뒤에 어떻게 할 것인가.

"내가 한국에 돌아가면 글쓰기 본부가 필요하다고 주장할 거다. 영어 글쓰기가 필요한 대학은 글쓰기 본부를 마련해야 한다. 대기업에서 대학교에 건물을 지어주는데, 차라리 실제로 도움이 되는 글쓰기 본부를 지어주면 좋겠다. 그런 점을 교육당국과 대학당국에 일깨워 주고 싶다."

영어로 보고서나 논문을 잘 쓰기 위해서는 어떻게 해야 할까.

"역설로 들릴지 모르겠으나, 우선 국어 공부를 열심히 해야 한다. 우리말을 잘하는 사람이 영어도 잘할 수 있다. 책을 읽고, 글도 많이 써 봐야 한다. 영어 공부만 한다고 저절로 영어 글쓰기 실력이 느는 게 아니다. 국어 실력을 밑바탕에 깔아야 한다. 그래야 영어 논문을 잘 쓸 수 있는 토대를 닦을 수 있다."

영어 글쓰기 잘하려면 우선 국어 공부부터 열심히

결론으로 자연계열 학생들도 글쓰기공부가 필요하다는 이야기인데.

"그렇다. 이런 이야기를 고등학교 자연계열 학생들에게 들려주고 싶다. 자연계라는 이유로 국어와 글쓰기, 독서, 논술을 소홀히 하면 곤란하다. 과학기술 분야에서 성공하려면 국어 실력, 글쓰기 실력을 닦아 놓아야 한다. 정말로 이것을 명심했으면 좋겠다. 다만, 자연계열 에서 다루는 글쓰기, 독서, 논술은 어문 계열과는 다른 방식이어야 한 다."

한국에서는 상당수 대학이 정시모집에서 자연계 논술을 폐지하는 추 세다. 어떻게 생각하나.

"그렇게 하면 안 된다. 멀리 내다본다면 자연계열 학생들에게도 논 술고사를 실시하는 게 좋다. 그래야 학생들이 독서와 글쓰기공부를 할 게 아닌가. 대입에서 논술고사가 없어져도 논술 공부를 해야 한다. 책도 읽고, 생각도 하고, 자꾸 써 봐야 한다. 그래야 대학과 대학원에 진학한 뒤에 연구 성과를 낼 수 있다. 졸업 뒤에 업무를 할 때에도 글 쓰기 능력은 여전히 중요하다. 국가 경쟁력과도 연관된다. 한마디로, 이과생이 논술을 하지 않아도 된다는 것은 잘못된 주장이다. 이과생 이라고 해서 독서·토론·논술을 하지 말라는 생각은 옳지 않다. 하지만 다시 한 번 강조하지만 그 논의 주제가 지나치게 문과적이지 않았으면 한다."

글을 잘 쓰기 위한 비결은.

"독서가 정답이다. 글의 구성에 신경 써 가면서 읽어야 한다. 책은 물론 미디어, 인터넷 정보, 기록영화도 좋은 정보다. 되도록이면 소리 내면서 읽는 게 좋다. 주장을 뒷받침하는 논리적인 근거가 무엇인지 파악하면서 읽으면 좋다. 그 다음에 글을 많이 써 보고, 글을 잘 쓰는 사람에게 첨삭지도를 받는 게 좋다. 다른 사람에게 지적을 받아가면서 문장력을 키울 수 있다.

독서와 글쓰기를 하여 언어능력을 키우면 바로 여기서 창의성 있는 연구 능력이 나온다. 남의 글도 잘 평가할 수 있다. 날마다 일기를 쓰

… "이렇게 고치면 어떨까요." MIT '글쓰기와 의사소통센터'의 글쓰기 도우미인 아만다 소벨 씨(오른쪽)가 박사 후 과정에 속한 김성재 씨의 보고서를 검토한 뒤에 총평을 해 준다.

면 인격 수양에도 좋고 언어능력이 저절로 생긴다. 내가 쓰는 표현을 반성할 수도 있다. 예를 들어, '아주', '잘'과 같이 애매모호한 표현 대신 좀 더 구체적인 표현을 쓰게 된다."

MIT에 오기 전에는 글쓰기공부를 어떻게 했나.

"학창 시절부터 날마다 일기를 썼다. 그 과정에서 이런 표현을 쓰면 좋지 않겠구나 하고 생각하고 그것을 자제했다. 예전에 쓴 편지를 보면 유치해서 웃음이 나온다. 최근에 쓰는 일기는 표현이 명료하다. 많이 발전한 것이다."

'아주', '잘' 등과 같은 모호한 표현 대신 구체적인 표현이 좋아

MIT에서 공부하면서 인상 깊은 점은.

"교수들도 매 학기 평가받고, 점수가 낮으면 퇴출당한다. 학생도 교수를 평가하는 것이다. 다른 데 비해서 경쟁이 치열하다. 그리고 교수들도 학생을 평가하고 퇴출할 수도 있다. 인맥이나 학연이 아닌, 능력으로 평가를 한다."

한국 교육은 문제점이 무엇이라고 보나.

"획일성이 문제다. 초등학교에서부터 아침 조회 시간에 학생들을 운동장에 정렬해 놓고 훈화를 한다. 남들과 줄을 맞추어야 하고, 같은 옷을 입어야 하고, 같은 스타일로 머리를 잘라야 한다. 다르게 행동하

80

면 체벌을 한다. 이와 달리 미국에서는 다양한 생각을 존중한다. 개인성을 중요시한다. 그런데 우리나라는 그렇지 않다. 따라서 출제자가 생각하는 그 이상을 끄집어낼 수 있는 환경을 조성하기 어렵다. 미국은 우리나라처럼 개개인을 구속하거나 일일이 제어할 수 있을 만큼 국토가 작지 않다. 이것은 작은 원인에 불과하다. 여하튼 개개인의 특징, 개성이 없으면 안 된다. 그것이 있어야 살 수 있다."

제3장

미국 대학교
글쓰기 본부의 저력

최소 1년간 철저하게 훈련받은
글쓰기 도우미들 상주

미국의 교육도시 보스턴에서 서쪽으로 승용차를 타고 달렸다. 차창 밖에 단풍 든 경치가 마치 한국에서 보던 가을철 고속도로 주변 풍경과 비슷했다. 두 시간 만에 매사추세츠 주의 앰허스트에 위치한 UMASS대학교(University of Massachusetts at Amherst)에 도착했다. 전원도시인지, 숲 속인지, 대학교 교정인지 구분하기 힘들 정도로 아름다웠다. 드넓은 잔디구장과 체육관을 지나 중앙도서관 한편에 위치한 글쓰기 본부에 들어섰다. 약 40평 규모에 깔끔하고 세련하게 꾸민 공간. 글쓰기 도우미(Writing Tutors) 세 명이 컴퓨터로 학생들의 글을 점검하는 중이었다.

UMASS대학은 1:1로 학생들의 글을 점검해 주는 글쓰기 본부를 모범적으로 운영한다는 평가를 받는다. 기자에게도 '미국 대학교의 글쓰기 본부를 취재하려면 UMASS대학교를 반드시 포함해야 한다'는 추천이 들어왔을 정도다. 글쓰기 본부는 학생들이 글 쓰는 과정에서 겪

… 아름다운 교정 미국 매사추세츠 주의 앰허스트에 위치한 UMASS대학교 교정.

… 중앙도서관에 위치한 글쓰기 본부 글쓰기 본부를 모범운영으로 소문난 미국 UMASS대학교는 학생들이 많이 이용하는 중앙도서관 안에 글쓰기 본부를 마련해 놓았다.

는 여러 가지 문제를 해결해 주고, 글쓰기로 하는 학문 활동을 지원하는 기관이다.

　기자는 2007년 10월 UMASS대학교 글쓰기 본부의 패트리샤 주코우스키 소장을 만나 글쓰기 본부 운영 상황을 들어 보았다. 50대 후반으로 보이는 주코우스키 소장은 날카로우면서도 지적인 인상이 물씬 풍겼다. 대화를 나눠보니 차가운 인상과는 달리 무척 친절하게 대해 주었다. 약속한 60분에서 두 배나 훌쩍 지날 정도로 면접 취재가 길어졌지만 내색하지 않았다. 다음은 패트리샤 주코우스키 소장과 나눈 일문일답이다.

　UMASS대학교 글쓰기 본부는 어떤 곳인가.

　"글쓰기 본부(Writing Center)는 글쓰기 도우미가 상주하면서 학생들의 글을 평가하고 좀 더 좋은 글을 쓰도록 조언해 주는 기관이다. 이를테면, 글을 쓰는 사람이 모두 도움 받을 수 있는 공간이다. 글쓰기 본부에서는 글쓰기 도우미들이 어떻게 글을 읽고 써야 하는지 가르쳐준다. 학생들이 일정 기준에 맞춰 좋은 글을 쓰도록 안내하는 것

글쓴이 주
글쓰기 본부의 글쓰기 도우미(Writing tutors)란 미국 대학에서는 주로 학부생이나 대학원생들의 글쓰기를 도와주고 상담하는 사람을 말한다. 학비 일부나 전액을 지원받는 강의 조교(Teaching assistant)의 일종이다. 까다로운 절차를 거쳐 선발하고, 체계적이고 혹독하게 교육 받은 뒤에 글쓰기 도우미로 일한다. 주로 대학의 글쓰기 본부나 학과에 소속하여 학생별로 글쓰기 지도를 맡는다.

이다. 학생들이 대학에서 공부하는 것은 글 쓰는 공동체에 들어왔음을 의미한다. 그래서 글쓰기공부는 중요하다."

글쓰기 본부(Writing Center)를 상징적으로 표현한다면.

"글쓰기에 필요한 에너지를 담는 재충전소다. 학생들이 어울려 서로 글쓰기를 이야기하는 따스한 공간이다. 학생 글을 언제나 돌봐줄수 있는 조언자가 있다는 느낌을 줌으로써 글쓰기를 장려하고 자신감을 주는 효과가 있다."

… 글쓰기 본부 입구 미국 UMASS대학교 글쓰기 본부 입구. 학생들이 자주 드나드는 도서관 한편에 글쓰기 본부를 두어 최대한 많이 이용하도록 유도한다.

… "글쓰기 본부 이용객 늘어 기쁩니다." 미국 UMASS대학교 글쓰기 본부의 패트리샤 주코우스키 소장이 글쓰기 본부 운영 상황을 설명했다. 주코우스키 소장은 "지난 4년간 글쓰기 본부 이용객이 600% 가량 늘었다"고 밝혔다.

글쓰기 본부(Writing Center)는 어떻게 이용하나.

"예약 시간에 맞춰 방문해야 한다. 입구에서 등록하면 안내자가 담당 글쓰기 도우미를 배정해 준다. 글쓰기 도우미는 일단 학생이 써 온 글을 큰소리로 읽게 한다. 스스로 문제점을 찾게 하는 것이다. 그다음에 글쓰기 도우미가 다른 문제점을 지적하고, 학생이 고쳐 쓰게 한다. 다음에 방문하면 고쳐 쓴 글을 또다시 검토해 준다."

우선 학생들이 글쓰기 본부에 오면 어떻게 하는가.

"글을 쓰는 사람은 모두 자기 글을 평가해 줄 수 있는 도우미가 필요하다. 학생들은 바로 글쓰기 본부의 글쓰기 도우미 앞에서 큰소리로 자신이 써 온 글을 읽는다. 그러면서 자기 글을 좀 더 객관으로 볼 수 있다. 이 과정에서 학생들 스스로 어느 부분을 고쳐야 할지를 발견하게 한다. 학생들이 찾지 못하는 오류는 글쓰기 도우미가 지적한다. 어떤 문제가 있고, 어떻게 손질해야 하는지 차근차근 알려주는 것이다."

글쓰기 도우미들은 누가 맡는가.

"학부생과 대학원생들이 절반씩 담당한다. 이들은 글을 잘 쓰고 능률적으로 글쓰기를 지도하는 전문가로 철저하게 교육 받는다. 대학원생보다도 학부생이 글쓰기 도우미가 되는 과정은 무척 길고 힘들다. 2학기에 걸친 글쓰기 교수법 연수가 혹독하기 때문이다. 기업체 신입사원 연수보다 훨씬 더 힘겨운 과정을 거쳐야 한다."

글쓰기 도우미가 되려면 어떻게 해야 하는가.

"추천서, 이력서, 자기소개서가 있어야 한다. 글쓰기 도우미를 하려는 이유도 적어 내야 한다. 자격 조건도 까다롭다. 신입생 때 글쓰기 과목에서 모두 A학점을 받아야 한다."

어떤 방식으로 글쓰기 도우미 연수를 하나.

"연수 초기에는 글쓰기이론을 중심으로 가르친다. 해마다 10월부터 글쓰기 도우미 지원자들은 일주일에 두 번씩 업무 실습을 한다. 이듬해 봄 학기에는 매주 글쓰기이론 공부를 하면서 글을 쓰고 토론도 하고 평가도 받는다. 글쓰기 도우미가 되기까지 최소한 1년 동안 훈련받는 것이다. 지원자가 무척 많은데 해마다 12명만 선발한다."

누가 글쓰기 도우미를 교육하나.

"교수들이 직접 글쓰기 본부의 예비 글쓰기 도우미들을 지도한다. 소논문 같은 과제를 제출하면 교수들과 기존 글쓰기 도우미들이 점검한다. 글쓰기 본부 소장인 나와 글쓰기 도우미들도 지원자들의 업무 숙지 정도를 계속 관찰한다. 전문 강사도 초빙하여 특별 강좌도 마련해 준다. 글쓰기를 가르쳐야 하는 글쓰기 도우미들이 교수법을 잘 모를 수도 있어 외부 전문가의 도움도 받는 것이다."

글쓰기 본부(Writing Center)가 왜 도서관 한편에 있는가. 무슨 사연이 있는가.

"접근하기 쉽게 학생들이 수시로 이용하는 도서관에 세웠다. 2005

… "이 글 참 재미있게 썼네요." 미국 UMASS대학교 글쓰기 본부의 글쓰기 도우미들이 컴퓨터 화면에 학생 글을 띄워 놓고 서로 소감을 이야기한다. 미국 대학교는 대부분 글쓰기 도우미가 학생들의 글쓰기를 상담해 주는 글쓰기 본부를 운영한다.

… "꼼꼼하게 손질해야 해요." 미국 UMASS대학교 글쓰기 본부의 패트리샤 주코우스키 소장(오른쪽)이 글쓰기 도우미들에게 전달 사항을 이야기한다. 미국 매사추세츠 주에 있는 UMASS대학교는 글쓰기 본부를 모범 운영한다는 평가를 받는다.

년에 세운 이 도서관은 '배움 공동 공간(Learning Commons)'으로 통하는데 학생들에게 유명하다. 도서관은 대부분 주 5일간 24시간 열려 있다. 컴퓨터가 어디에나 있는 작업공간으로, 노트북 컴퓨터도 빌릴 수 있다. 학생들이 자연스럽게 도서관을 이용하다보니 글쓰기 본부 이용객도 많이 늘었다. 이젠 학생들에게 글쓰기 본부가 많이 알려졌다."

글쓰기 본부(Writing Center)를 이용하는 학생이 얼마나 늘었나.

"지난 4년간 글쓰기 본부 이용객이 600% 가량 늘었다. 아주 급격한 변화다. 좋은 위치에 글쓰기 본부가 자리 잡았고 예산도 많이 지원 받았다. 그래서 밤에도 이용할 수 있도록 했다. 심지어 '글쓰기 도우미들은 여기서 시간을 모두 보내고 싶은가?' 하고 질문을 받을 정도로 열심히 했다. 그 덕분에 글쓰기 본부가 크게 성장했다."

영어가 모국어가 아닌 학생들은 어떻게 지도하는가.

"글쓰기 본부(Writing Center)에 찾아오는 학생들 절반 이상이 영어를 모국어로 쓰지 않는다. 따라서 글쓰기 도우미들은 대개 국제 관심사로 이야기를 시작하면서 학생들을 지도한다. 그들은 학생들이 무엇을 이야기하려 하고, 왜 그것을 이야기하고 싶은지를 귀 기울인다. 학생들은 글쓰기 도우미가 하는 조언을 받아 적기도 하고, 때로는 컴퓨터에 문서 파일을 열어놓고 직접 수정하기도 한다."

글쓰기 도우미들이 직접 글을 고쳐 주기도 하나.

"글을 대신 써 주지는 않는다. 잘못된 부분을 직접 고쳐 주지도 않는다. 학생 스스로 고칠 수 있도록 이끌어 주는 데 그친다. 이를테면, 자기 글을 직접 교열 보는 방법을 가르쳐 줄 뿐이다. 글을 대신 고쳐 주면 글쓰기 실력이 오히려 떨어진다. 학생들이 스스로 글을 잘 쓰게 하는 게 중요하지 않겠는가."

다른 내용은 지도하지 않나.

"우리는 문법도 가르치고, 미국식 수사학 원리도 지도한다. 마치 미학적 가치가 각 문화마다 다르듯, 수사학 가치들도 문화마다 다르다. 그런 것을 두루 알려준다."

학생들에게 가장 많이 강조하는 것은 무엇인가.

"(글쓰기 도우미의 지도를 받을 때) 최대한 말을 많이 하라고 강조한다. 글에 무엇을 담고 싶은지 도우미와 이야기를 주고 받으면서 좀 더 좋은 생각을 끄집어내도록 하는 것이다. 글쓰기 도우미들은, 학생이 말을 많이 할수록 그가 글에서 무엇을 전하고 싶은지 분명히 알 수 있기 때문이다. 도우미들은 '그거 정말 좋은데', '그걸 한번 적어봐', '바로 이게 네가 원한 거야' 같은 식으로 학생과 대화하면서 글을 풀어나가게 도와준다. 학생들은 도우미가 해 준 조언을 컴퓨터에 입력하기도 한다. 글쓰기 도우미들도 기록한다. 이러한 과정을 거치면 글에서 좀 더 중요하게 전달해야 할 내용을 일목요연하게 표현할 수가 있다."

왜 그런 식으로 교육하는가.

"이것도 글쓰기의 일부분이기 때문이다. 이것을 성찰 글쓰기 혹은 과정 글쓰기(Reflective Writing or Processive Writing)라고 한다. 학생들은 주제를 어떻게 효과적으로 전달할 것인가, 이를 위해 어떤 방식으로 글을 수정할 것인지 고민한다. 글쓰기 도우미와 학생들은 서로 의사소통하면서 머리를 맞대고 글을 고친다. 한 번 고치고 마는 게 아니라 글쓰기 도우미를 만나 추가로 도움말을 듣고 또 고쳐쓰기를 한다."

한 학생을 도우미 한 명이 계속 지도하는가.

"때로는 다른 글쓰기 도우미에게 지도받는다. 만족스러울 때까지 계속한다."

주제를 별도로 마련하여 워크숍도 연다던데.

"글쓰기 도우미들은 학생들이 매우 흥미를 가질 만한 주제들을 선정하여 워크숍을 연다. 예를 들면, 이력서나 자기소개서 쓰는 법, 페이퍼를 파워포인트로 바꾸는 방법을 배운다."

워크숍을 좀 더 구체적으로 설명해 달라.

"가급적 실용성 있는 내용으로 워크숍을 한다. 구두점을 어디에 찍고, 단락은 어떻게 나누고, 문장 길이는 어느 정도로 할까 등이다. 그리고 교수들과 함께 개인별이나 그룹별 워크숍도 한다. 학생들이 좀더 좋은 글을 쓸 수 있는 기법을 알려준다. 이것은 글쓰기 통합과정(Writing Across the Curriculum)으로 아주 중요한 활동이다. 교수들 모두 자신이 글쓰기 도우미라고 생각하지는 않는다. 그들은 글솜씨가 뛰어날지 모르지만 모두 효과 있는 글쓰기 지도 기술을 보유한 것은 아니다."

교수들을 위한 글쓰기 교육 과정에서는 무엇을 지도하나.

"교수들이 어떻게 효과적인 과제를 낼 수 있을지 워크숍을 연다. 왜냐하면 때때로 학생들에게 주는 과제물 자체에 문제가 있기 때문이다. 학생들이 과제를 이해하지 못해 제대로 글을 쓰지 못할 때도 있다는 말이다. 과제물을 낼 때 교수가 학생들에게 원하는 바가 무엇인지 정확하게 질문하지 않을 때도 있다."

과제물을 줄 때 표절하지 않도록 신경 쓸 것 같은데.

"어떻게 하면 학생들이 표절할 수 없는 과제물을 낼 수 있을까에 관한 워크숍을 연 적이 있다. 교수들은 인터넷 표절 때문에 많은 걱정을 한다. 학생이 페이퍼나 에세이를 쓸 때 표절할 수도 있기 때문이다. 그런 고민도 글쓰기 본부에서 덜어 주려고 애쓴다."

교수들이 어떻게 과제를 내는 게 좋다고 생각하는가.

"어떤 식으로 보고서를 썼으면 좋겠는지, 보고서에 어떤 내용을 담았으면 좋겠는지를 학생들이 알아듣기 쉽게 과제를 내야 한다. 질문을 정확하게 해야 학생들이 논제를 파악하지 않겠는가. 즉 훌륭한 보고서는 이래야 한다는 점을 알려 주어야 한다는 말이다. (질문 내용을 이리저리 꼬이게 하지 말고) 직설적이고 단순한 문체로 과제를 던지면

··· 글쓰기 본부 이용객 등록 미국 UMASS대학교 글쓰기 본부 안내 창구에서 한 중국계 학생(왼쪽)이 이용자 카드에 이름과 소속 학과, 모국어 등을 기재하는 중이다. 안내 창구에서 등록을 마친 학생은 담당 글쓰기 도우미를 안내받아 글쓰기지도를 받는다.

··· "잘못된 부분을 찾아 보세요." 미국 UMASS대학교 글쓰기 본부의 글쓰기 도우미 앨리슨 씨(오른쪽)가 중국계 학생의 글을 평가하는 중이다. 글쓰기 도우미들은 학생 글을 직접 고쳐 주지 않고, 어느 부분에 문제가 있는지 스스로 찾도록 안내한다. 학생이 자기 글을 큰 소리로 읽게 함으로써 고쳐야 할 부분을 직접 발견하게 하기도 한다.

효과가 있다.”

교수들은 이 서비스를 의무로 받아야 하는가.

“아니다. 모두 스스로 이용한다. 학생보다 더 열성적으로 배우는 교수도 있다. 학생들과 교수들은 한결같이 ‘잘 배우고 가장 오래 기억하는 것은 짤막한 시험 답안지 작성이 아니라, 스스로 어떤 주제에 관해 쓸 때’라고 말한다. 1970년대에 학교를 다녔는데 당시 내가 쓴 보고서들이 생각나지 않는다. 특히 내가 싫어한 수업 시간에 쓴 내용은 더 기억나지 않는다. 물론 좋아하는 수업의 짤막한 답변 내용도 잊어버린 지 오래다.

그러나 무엇인가를 주제로 내가 진지하게 썼다면 제대로 학습을 한 것이라고 본다. 이것은 가장 오래 기억에 남을 것이다. 달리 말하면, 무엇인가에 관해 글쓰기를 한다면 오래 기억할 수 있다는 말이다. 교수들은 이러한 글쓰기 계획을 계속 활용하기를 원한다. 학생들에게도 마찬가지다. 아무튼 전공 분야에 상관없이 교수는 글쓰기 도우미 역할을 할 수 있는 능력을 갖춰야 한다. 그런 역량을 글쓰기 본부에서 키울 수 있지 않겠는가.”

워크숍에서 지도하는 또 다른 내용은 없나.

“학생들이 각자 글을 평가할 수 있는 방법을 공부한다. 자기 글을 봐줄 전문가가 없을 땐 무엇을 잘못했는지 스스로 깨닫지 못할 수 있기 때문에 이런 계획도 준비했다.”

UMASS 대학교 글쓰기 본부에서 새로 시도하려는 계획은 없나.

"'시험적 글쓰기 과정(Experimental Writing Courses)'을 만들어 보려고 한다. 이것은 강사가 강좌 계획 제안서를 낸 뒤에 조를 짜서 그가 원하는 특수한 영역 글쓰기를 지도하게 하는 방식이다. 앞으로 다양한 글쓰기 강좌를 많이 제공하려고 연구하는 중이다."

학문 연구 활동에서 글쓰기 비중은.

"글쓰기는 학문 그 자체다. 글쓰기는 교수들이 조교에서 교수가 되는 약 10년 동안 끊임없이 연마해야 하는 과정이다. 연구 성과를 글로 정리해야 하기 때문이다. 승진하고 연구하는 단계에서 모두 글쓰기가 필요하지 않는가. 글쓰기 본부는 바로 이 같은 활동을 도와주는 곳이다."

[UMASS대 글쓰기 2]

미국 UMASS대학교 글쓰기 본부 패트리샤 주코우스키 소장

"큰소리로 자기가 쓴 글 읽어 가면서 손질하라"

미국 매사추세츠 주의 앰허스트에 위치한 UMASS대학교(University of Massachusetts at Amherst)는 체계 있는 글쓰기 교육으로 좋은 평가를 받는다. 하버드대학교나 프린스턴대학교, 예일대학교, MIT대학교처럼 전 세계가 인정하는 명문대에

… UMASS대학교 교정 글쓰기 계획과 글쓰기 본부를 모범 운영한다고 소문 난 미국 UMASS대학교 교정.

속하지는 않지만 글쓰기 교육 수준은 최상급이라는 것이다.

UMASS대학교는 학년별 글쓰기 교육 과정을 훌륭하게 만들어 지도하고, 글쓰기 본부도 모범 운영한다. 학생 이외에 교수들도 글쓰기 본부에서 재교육 받을 수 있는 과정을 준비해 놓았다. 수사학과 작문에 관한 대학원 박사과정에도 전 미국에서 인재가 몰려든다.

UMASS대학교가 글쓰기 교육으로 명성을 날리는 데 공을 세운 교수는 교육학자 찰스 모란이다. 그는 26년 전에 신입생 필수과목으로 글쓰기 과정을 만들어 발전시킨 주인공이다. 그는 다른 학교와는 달리 학부 1학년 외에 학부 3학년에게도 글쓰기 과정을 엄격하게 이수하게 했다. 단순한 글쓰기 과정이 아니라 실질적으로 학문을 하거나 일상생활에 필요한 실용적인 글쓰기 교육을 하는 데 초점을 맞췄다. 특히 학생들이 자기 글의 문제점을 발견하여 고칠 수 있는 강좌를 만

··· "이 표현도 상당히 좋은데." UMASS대학교 글쓰기 본부의 글쓰기 도우미들이 학생 글을 컴퓨터 화면에 띄워놓고 평가를 한다.

들어 호평을 받았다. 이를테면, 학생들이 큰소리로 자기 글을 읽으면서 스스로 잘못된 곳을 찾도록 유도하는 방식이다.

UMASS대학교 글쓰기 본부의 패트리샤 주코우스키 소장에게 UMASS의 글쓰기 교육 과정을 들어봤다. 작문 과목을 형식 운영하는 우리나라 일부 대학에 본보기가 될 수 있을 것이다. 다음은 주코우스키 소장과 나눈 일문일답이다.

글쓰기 본부(Writing Center)와는 별도로, 왜 학부 1학년과 3학년을 대상으로 한 글쓰기 교육 과정을 만들었나.

"학부생을 대상으로 한 우리 학교의 글쓰기 교육 과정은 무척 많은 성과를 냈다. 그 덕분에 우리 학교가 유명해졌다. 예전에는 영어영문학부에서 글쓰기를 2학기 동안 가르쳤다. 학생들은 글쓰기를 배우기

… "UMASS대학교 글쓰기 교육 과정이 최고!" 미국 UMASS대학교의 패트리샤 주코우스키 글쓰기 본부 소장은 "UMASS대학교에선 글쓰기 본부와는 별도로 학부 1학년과 3학년을 대상으로 한 글쓰기 교육 과정을 운영한다"고 밝혔다.

위해 문학과 문예비평을 공부했다. 하지만 실제로 글을 그다지 많이 쓰지는 않았다.

그러던 중 우리 학교에서는 신입생들부터 대학 수준에 알맞는 논리에 맞고 세련한 글쓰기가 필요하다는 것을 느꼈다. 그래서 26년 전 교육학자 찰스 모란(Charles Moran) 교수가 처음으로 신입생 필수과목으로 글쓰기 교육 과정을 만들었다. 모란 교수는 이러한 교육 과정 중 나머지 절반을 3학년들에게 적용했다. 학년이 올라가도 계속 글을 쓰게 하고, 글 쓰는 방법을 제대로 배울 수 있는 제도를 만든 것이다."

모란 교수가 큰 역할을 했는가.

"학부생을 위한 글쓰기 교육 과정을 연구 개발한 모란 교수는 이 과정이 발전하여 국가에서 인정도 받았다. 모란 교수는 이 과정에서 학생들에게 글쓰기가 얼마나 중요한지 일깨웠다. 그리고 학생들에게 기존 작가들의 글을 따라 쓰게 하는 게 아니라 자신만의 색깔을 찾을 수 있게 노력하도록 이끌었다. 이러한 글쓰기 과정은 글쓰기 도우미의 지도 이외에 다른 연습 방법들도 발전하게 했다. 예를 들면, 학생들이 각자 글을 읽고 스스로 논평하는 방법을 터득하게 한 것이다."

모란 교수는 또 어떤 성과를 냈는가.

"모란 교수는 글쓰기를 배우는 과정도 실용적으로 개편했다. 학생들이 관심 있는 영역의 글쓰기를 하도록 안내한 것이다. 모란 교수는 학생들이 자기 전공에 필요한 글쓰기를 배울 수 있게 했다. 모란 교수가 남긴 가장 큰 업적 중에 하나는 다른 대학교에서 글쓰기 전문가들을 교수로 영입했다는 점이다. 모란 교수는 1학년과 3학년 모두 다양한 글쓰기 과목을 활용하여 글쓰기 교육을 받는 제도를 만들었다. 글쓰기 과목을 문예비평 과목에 포함하지 않고 과목을 별도로 분리하고 글쓰기 워크숍도 자주 개최했다."

학년별로 글쓰기 과정에 차이가 있는가.

"학부 1학년과 3학년 글쓰기 과정은 차이가 있다. 1학년 과정에서는 글쓰기의 토대를 다져주고 제시문에 논점을 파악하는 방법을 주로 지도한다. 3학년 때는 전공 공부의 특성에 맞게 활용할 수 있는 글쓰기 방법론을 가르친다. 이것을 흔히 '학제 간 글쓰기 과정(Writing Across the Curriculum Program)'이라고 부른다.

3학년 학생들은 1학년들과는 달리 자기 전공에 필요한 글쓰기 과정을 이수할 수 있다. 이 과정에서는 급우들의 글을 평가하여 다시 고쳐 쓴다. 이때는 글쓰기에서 지도하는 방법론에서 필요한 부분을 모두 활용해서 진행해야 한다. 그렇게 함으로써 전공에 따라 글의 종류는 다르다고 하더라도 글쓰기 교수법은 일관성 있게 적용할 수 있는 것이다. 우리 학교의 3학년 글쓰기 과정은, 다른 학교에는 없는, 정말로 새로운 과정이다."

UMASS대학교의 학부에 글쓰기학과(작문학과)가 있나.

"불행하게도 학부에는 글쓰기학과가 없다. 나는 글쓰기학과가 있었으면 한다. 다만 앞에서도 이야기했듯이, 글쓰기를 연구하는 학부 전공은 없지만 학부생들의 글쓰기 지도를 위한 과정을 체계 있게 운영한다."

대학원에는 글쓰기를 전공하는 학위 과정이 있나.

"수사학과 작문을 세분하여 연구하는 과정이 있다. 여기서 수사학과 작문 박사 학위를 취득할 수 있다."

글을 잘 쓰기 위한 비결은 무엇인가. 본인만 아는 비법이 있으면 소개해 달라.

"첫째, 글쓰기를 너무 걱정하지 마라. 일단 글을 그냥 시작해라. 되도록 분량이 많은 글을 써 봐라. 글에서 전하려는 내용을 완벽하게 써야 한다는 스트레스를 버려라. 일단 불완전하게라도 초벌 쓰기를 하면서 좋은 생각을 얻을 수 있다.

··· "제 글 좀 봐 주세요." 미국 UMASS대학교의 한 중국계 학생(왼쪽)이 글쓰기 본부의 글쓰기 도우미에게 자신이 쓴 글을 보여 주기 위해 컴퓨터 문서작성기를 연다.

둘째, 그 다음에 정확한 문장을 만들고, 문장들을 모아 단락 구성에 들어가라. 내가 누구를 위해 글을 쓰고, 그들의 관심을 어떻게 최대한 이끌어낼 수 있을지 연구하면서 작성하면 된다. 내 생각을 독자에게 관심 있게 전달하도록 배합하라는 말이다.

셋째, 글을 쓰면서 큰소리로 읽어 보는 것이 좋다. 이 방법은 정말로 훌륭하다. 이렇게 자가 점검하면 중심내용을 잘 전달하는 글로 다듬을 수 있다. 문법이 잘못된 곳도 찾을 수 있다. 특히 영어가 모국어가 아닌 학생들에게 이 방법이 효과가 있다. 글을 쓰고 큰소리로 읽어가면서 손질하는 게 글쓰기의 비법이란 말이다."

글을 구성하는 하위 요소인 단락이 글쓰기에서 중요하다고 보는가.

"각 단락은 중요한 기능이 있다. 그러나 모든 단락을 기계처럼 만들 필요는 없다. 많은 사람이 믿는 단락 전개 원리를 강조하고 싶지는 않다. 단락 이론에 맞춰 글을 쓰는 게 필요하지만 그에 못지않게 (창의적인) 응용도 가능하다고 생각한다."

글솜씨를 키우려면 꾸준하게 써야 할 텐데.

"학생들은 글을 쓰지 않으면 학습 의지가 사라진다. 대학에서 글쓰기 수업을 들었다면 글을 잘 쓸 수 있다. 그러나 졸업 때 문장력이 좋았던 사람이라도 사회 진출 뒤 2년 정도 글을 쓰지 않으면 글솜씨가 나빠질 것이다. 이것은 마치 피아노나 바이올린 교습을 하는 것과 유사하다. 연습을 안 하면 연주를 잘할 수 없다."

글쓰기를 무엇에 비유할 수 있나.

"글쓰기는 황금을 찾는 과정과 같다. 남의 글을 꼼꼼하게 살피고, 자신이 직접 글을 쓰면서 금 조각 같은 생각을 찾아내서 구체적으로 표현하는 게 바로 글쓰기 아닌가."

글쓰기 교육이 중요한 이유를 한마디로 정의한다면.

"글쓰기 교육은 각자 독특한 생각과 성장 환경을 이해하고 의사소통하는 법을 배울 수 있게 하기 때문에 중요하다."

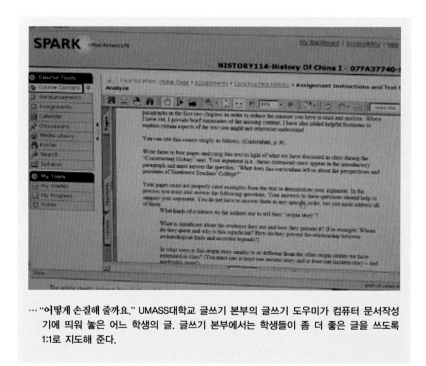

… "어떻게 손질해 줄까요." UMASS대학교 글쓰기 본부의 글쓰기 도우미가 컴퓨터 문서작성기에 띄워 놓은 어느 학생의 글. 글쓰기 본부에서는 학생들이 좀 더 좋은 글을 쓰도록 1:1로 지도해 준다.

"하버드대 낸시 서머스 교수 실험연구 결과 문장력과 학업능력 사이에 깊은 상관관계"

"글을 쓰는 목적은 현실 사회 문제를 해결하는 데 있습니다. 글쓰기 가치는 바로 공동체 이익에 이바지하는 사회적 선의 실현에 있기 때문입니다. 글감은 내가 마주한 현실에서 찾더라도 글 쓰는 행위 자체의 목적은 공동체 사회에 도움을 주는 것이어야 합니다. 다시 말해, 글쓰기에는 사회 문제 해결에 도움을 주겠다는 '글쓰기 철학'이 필요하다는 것이지요."

학문 선진국인 미국 대학에는 '글쓰기 본부(Writing Center)'와 '글쓰기학과(작문·수사학과)'가 있다. 우리나라 대학과는 달리 미국 대학은 글쓰기 본부와 글쓰기학과를 따로 둘 정도로 작문 교육을 중요하게 여긴다. 모든 학문의 성패가 논리를 정연하게 전달하는 글쓰기 능력

여부에 달렸다고 보기 때문이다.

뉴욕 주립대 작문·수사학과(Composition and Rhetorical Studies)에서 영어 문체학(Stylistics)을 전공한 라성일 씨는 우리나라에서 몇 안 되는 미국 글쓰기 교육 전문가다. 라 씨는 뉴욕 주립대 글쓰기 본부에서 학부·대학원생들을 대상으로 글쓰기를 지도하다 현재는 한국의 글쓰기 관련 학회에서 학술활동을 하면서 글쓰기 이론을 널리 퍼뜨리고 있다. 2003년에는 미국 글쓰기 본부 연합체에서 '대학 학제 간 글쓰기 수업(Writing Across the Curriculum:WAC) 부문'에서 글쓰기 도우미에게 수여하는 편집자상(Editor of the Year)을 받기도 했다. 영어가 모국어가 아닌, 유학생이 이런 상을 받는 것은 극히 드문 일이다.

"작문·수사학으로 석사 학위를 받았습니다. 또 일주일에 9시간 정도는 글쓰기 본부나 교육 대학원에서 학부나 대학원생들의 보고서와 논문 작성을 지도했습니다. 이와 별도로 미대 대학원 교수 요청으로 19세기 영국 미술사 관련 학술지 창간 작업을 돕고 국제 학술지 편집,

… "글쓰기 목적은 사회문제 해결" 뉴욕 주립대 글쓰기 본부에서 학부생과 대학원생들에게 글쓰기 교육을 담당했던 라성일 씨. 라 씨는 "글을 쓰는 목적은 현실 사회 문제를 해결하는 데 있다. 글쓰기 가치는 바로 공동체 이익에 기여하는 사회적 선의 실현에 있다'고 강조했다.

공학 관련 영어 학술지(IEEE 등) 편집 작업도 진행했습니다."

라성일 씨가 미국으로 글쓰기 유학을 떠난 것은 지난 2002년. 부모 지원 없이 스스로 학비를 마련하기로 한 라 씨는 매년 입학원서와 장학금 신청서를 보냈으나, 외국인 학생에게 학비를 모두 지원하겠다는 학교는 한 군데도 없었다. 그 과정에서 유학 준비에 4년이나 걸렸다. 결국 장마처럼 지루한 세월을 기다리던 중 이미 두 차례나 지원했던 뉴욕 주립대에 마지막으로 입학원서를 제출했다.

당시 지원했던 작문학과는 3~5쪽 분량의 학업계획서(Statement of Purpose)를 요구했다. 하지만 라 씨는 학업계획서 외에 27장 분량의 논문 형식 글을 작성해 우편으로 보냈다. 여성 누드화 제작과 소비 과정에서 남성의 시선이 여성 육체를 어떻게 하나의 대상으로 전락시키는지 정교하게 분석한 영국 출신 미술 평론가인 존 버거(John Berger)의 이론을 인용해, 비원어민의 영어 작문이 결국 원어민의 시선이라는 심리 실체와 마주하는 상황에서 어떻게 스스로 교정의 대상으로 변모시키는지 설명하는 논문이었다. 존 버거는 독특한 시각과 문체, 글의 구조로 라 씨가 매우 존경하는 학자다.

"2주가 조금 지나지 않아 당시 작문학과에서 작가와 문체 연구를 강의하던 영문학과 학과장에게서 입학을 허가한다는 꿈 같은 연락을 받았습니다. 하도 기뻐 그 자리에서 펄쩍펄쩍 뛰었죠. 학교 안 글쓰기 본부에서 근무하는 강의 조교로 지원하지 않겠느냐는 제안도 함께 들어왔습니다. 두 학기 글쓰기 강사 교육을 받는 것을 전제로 학비와 생활비를 면해 주는 최고의 조건이었습니다."

2002년 가을 학기에 석사 과정으로 입학한 라 씨는 논문 지도 교수의 헌신적인 도움으로 학위 논문을 8개월 만에 완성하고, 1년 만에 졸업했다. 글쓰기 강사들이 매 학기 이수해야 하는 글쓰기 본부 개설 과목(3학점)도 모두 졸업 이수 학점에 반영되어 조기 졸업이 가능했던 것. 여기에는 라 씨의 노력도 빼놓을 수 없다. 미국 현지 학생들도 매 학기 학습 부담 때문에 몸과 마음이 지쳐가는 경우가 많다. 하지만 라 씨는 유학 준비로 보낸 시간을 만회하려고 낯선 환경에서도 전공 서적과 글쓰기 연구에만 몰두한 끝에 조기 졸업할 수 있었다.

아래는 라 씨가 '작문학(Composition Studies)'이라는 전공을 선택한 사연이다.

"우리나라에서 학부 전공이 영문학이었는데, 그때는 번역 열정과 지루함, 문학 비평의 정교함과 산만함, 그리고 흔히 MIT 언어학으로 유명한 노엄 촘스키(Noam Chomsky)의 정치적 열정 등에 압도돼 있었어요. 이런 난삽한 주제들을 포기할 수도 지속할 수도 없는 정체 지점에서 작문학을 만났죠." 라 씨는 "결국 작문학으로 불안한 영혼이 구원을 받은 셈"이라며 너털웃음을 터트렸다.

라성일 씨는 "글쓰기 지도방법을 알려면 뉴욕 주립대 글쓰기 본부 이용 절차를 알아야 한다"면서 미국의 글쓰기 교육 과정을 상세히 설명했다. 먼저 글쓰기의 어려움을 호소하는 학생들은 글쓰기 본부를 방문하거나 인터넷, 전화로 미리 예약을 한 뒤에 구체적인 도움을 받을 수 있다.

예약할 때는 전공, 수강과목, 작성 중인 보고서 연구주제, 도움 받고 싶은 문제점을 기록한다. 이때 학생이 작성 중인 보고서를 덧붙여야 한다. 이렇게 접수한 자료는 글쓰기 본부 직원들이 수시로 확인한다. 그다음 직원들과 글쓰기 도우미들이 합의하여 학생에게 가장 알맞은 글쓰기 도우미를 배정한다. 이들은 해당 보고서를 미리 읽으면서 구체적인 제안 사항을 작성해 학생에게 조언한다. 글쓰기 도우미들은 글쓰기 본부를 찾은 학생과 30분에서 1시간 정도 상담과 토론을 하면서 문제점을 함께 해결한다.

라 씨가 말하는 미국 글쓰기 본부는 대학 교육을 보조하는 '공간'이나 '건물'의 개념이 아니다. 오히려 대학 교육의 정교한 '교수 방법론' 내지는 '교육 철학'에 가까운 개념이다. 20세기 이전 미국 대학의 글쓰기 교육은 별도의 건물이 아닌 대학 안 교실에서 진행했다. 이를 '클래스 포맷(Class Format)'이라고 하는데, 주로 철자나 문법 오류를 범한 학생들은 일종의 방과 후 보충 수업에 뽑혀 교사·교수와 1:1 상담을 거쳐 글쓰기 오류를 교정했다. 그런데 이 교수법은 학생 글에 나타난 오류를 단순한 규칙의 준수나 위반으로만 파악하는 방법만 늘 똑같이 쓰는 바람에 실험실 방식(Laboratory Method)으로 통했다. 글쓰기 문제를 마치 어떤 규칙을 적용해 해결할 수 있다는 그릇된 신념에서 오직 철자나 문장 교정에 집중하는 상황이었다.

"그때는 마치 실험실 과학자가 감염 부위 세균을 살균 처리해 그 감염인자를 완전히 없앨 수 있다는 환상을 많은 이에게 전하고 그것을 공유하던 시절이었다. 과거에는 글쓰기 본부를 라이팅 랩(Writing Lab)이나 라이팅 클리닉(Writing Clinic)으로 불렀던 이유도 다 여기에 있다."

하지만 이 '클래스 포맷'을 갈아치우고 상당 부분 현대 글쓰기 본부의 선례를 제공한 역사적 사건이 있다. 바로 1934년 미네소타 주립대와 아이오와 주립대가 독자적인 글쓰기 본부 건물을 설립한 것이다. 하지만 대학 건물을 세우는 작업보다 더 중요한 것은 이 두 대학이 정교한 작문 교수법을 실행한 사실이다. 예를 들어, 미네소타 주립대 글쓰기 본부는 비록 제한적이기는 했으나 담당 교수를 도와 학부생들의 글쓰기를 지도하는 글쓰기 도우미 제도를 도입했다. 그 교육 대상도 작문이나 문법상 오류를 자주 범하는 학생(remedial writers)에서 모든 학생으로 확대했다. 무엇보다 중요한 것은 작문의 최종 결과물에 드러나는 문제점에만 치중하기보다는 학생들이 직접 작성하는 보고서 진행 상황에 맞춰 과정별로 글쓰기 지도를 했다는 점이다.

한편, 오늘날 미국 대학의 장점으로 꼽히는 일명 '교수 개별 지도(IC:Individual Conference)' 제도를 처음 도입한 곳도 바로 미네소타 주립대의 '라이팅 랩'이다. 이것은 해당 교과목 교수가 직접 글쓰기 과정을 지도하는 방식으로 운영했다. 해당 교수는 전공 지식만을 전달해서는 안 된다. 학생 스스로 관련 주제를 글 한 편으로 완성할 수 있도록 방과 후에 개인별로 전공 관련 글쓰기를 지도해야 한다. 미네소타 주립대는 이런 방식의 지도를 의무로 하게 했다.

"1983년 조셉 윌리엄스(Joseph Williams)가 시카고대학에 'The Little Red Schoolhouse'라는 이름으로 본격적인 글쓰기 본부 전략을 구상했을 때 그가 가장 먼저 한 작업이 바로 미네소타 주립대 '라이팅 랩'에서 비롯한 교수 개별 지도(IC:Individual Conference)를 혁신하는 작업이었습니다. 그는 교수들 반발에도 기존 제도는 치명적인 한계가 있다고 보고 개선을 시작했습니다. 그는 원로 교수들까지 포함하는 글쓰기 인턴(Writing Interns) 제도를 추진했는데, 이는 교수 개별

… "이렇게 고쳐 보면 어떨까요?" 미국 보스턴 근교 UMASS대학교 글쓰기 본부(Writing Center)에서 글쓰기 도우미(오른쪽)가 중국계 학생이 쓴 글을 1:1로 검토해 주는 장면. 미국의 거의 모든 대학교는 교내에 글쓰기 본부나 의사소통본부를 두어 학부생과 대학원생들의 글쓰기를 지도한다.

지도를 진행하는 시카고 대학의 교수들을 상대로 최근의 작문 연구와 작문 교수법 성과를 깊이 있게 재교육하자는 제안이었죠. 초기 진통에도 정작 라이팅 인턴 제도에 참여했던 교수들 반응은 매우 좋았습니다. 이것은 우리나라에도 소개한 적이 있습니다. 사회과학자들의 이해하기 어려운 글쓰기 관행을 신랄하게 비판했던 호워드 벡커(Howard Becker) 교수도 바로 이 재교육 과정의 참여자이며 수혜자입니다."

라성일 씨는 하버드대 글쓰기 교육도 이와 유사하다고 말한다. 결국 오늘날 미국 대학의 글쓰기 본부는 교육 경쟁력을 최고 자부심으로 여기는 미국 대학들이 1980년대 이후 대학 개혁이라는 거대한 실험 과정에서 최선책으로 선택한 교육 철학이라는 것이다.

그렇다면 미국에서는 왜 글쓰기 지도에 그토록 심혈을 기울일까. 원론적으로 글쓰기 교육은 왜 중요할까.

"작문 연구에서 자주 인용하는 러시아 철학자 비고스키(Lev Vygotsky)를 예로 글쓰기 교육의 중요성을 설명할 수 있습니다. 사고와 언어 문제를 파고든 비고스키는 분석(analysis)과 종합(synthesis)이라는 성인의 지적 발달 과정에 접근하는 가장 좋은 수단으로 글쓰기를 꼽고 있습니다. 글쓰기는 독자와 상호 작용을 하면서 완성하는 사회적 성격의 산물이라고 주장하는 거죠. 그저 단순해 보이는 주장이지만 70년대 중반 미국의 작문 연구는 비고스키 철학에 상당 부분 의존했습니다."

라성일 씨는 오늘날 미국 대학의 작문 교육은 'Writing To Learn(WTL)'이라는 용어로 요약할 수 있다고 설명했다. 글쓰기 본부 전략이나 대학의 학제 간 글쓰기 과정(Writing Across the Curriculum)은 모두 이 견해를 고수하고 있다. 이것을 간단히 요약하면, '전공과목이나 주제의 깊이 있는 이해와 적용은 오직 해당 주제를 글로 쓰는 과정에서만 가장 효과적으로 달성할 수 있다. 필자는 홀로 고독하게 글을 쓰기보다는 전문적인 이해와 기술을 갖춘 글쓰기 협조자(supporter 혹은 collaborator)와 적극적으로 대화하는 것이 좋다. 그래야 좀 더 체계적으로 지식을 습득하고 글쓰기 역량도 갖출 수 있다'는 이론이다.

"이를 증명하는 여러 가지 연구 사례가 있지만 하버드대 낸시 서머스 교수가 주도한 '신입생 작문교육 연구'가 가장 인상적입니다. 1997년 신입생을 대상으로 그들이 졸업한 2001년까지 학부생 약 1,600명이 참여한 이 연구에서 낸시 서머스 교수는 '학부생들의 글쓰기와 그들의 학업 능력 사이에 깊은 상관관계가 있다'고 보고했습니다. 특히 전체 신입생의 25%인 약 400명을 대상으로 조사한 결과, 이들은 글쓰기를 활용하여 해당 전공이나 주제를 더 잘 이해했으며, 전공에 더 깊은 관심을 기울이고, 수업에도 더 적극적으로 참여했고, 수업 뒤에도 그 과목에 관련한 문제의식이나 새로운 주제를 계속 추구하게 됐다고 대답했죠."

특히 글쓰기 과제가 없이 단지 시험으로만 평가하는 수업보다는 글쓰기 과제까지 준 어려운 과목일수록 수업 만족도가 더 크다고 응답했다는 것이다. 하버드대학은 2001년 신입생을 시작으로 그들이 졸업하는 2005년까지 제2기 연구를 마무리했다.

라성일 씨와 면접 취재를 하면서 미국의 앞서가는 과정을 접한 기자는 입시 위주로 짧게 유행하는 국내 논술 교육 현실이 떠올랐다. 다음은 라성일 씨에게 들어본 미국 글쓰기 교육 현황이다.

미국 뉴욕 주립대 글쓰기 본부는 어떻게 운영하는가?

뉴욕 주립대는 작문학과와 독서학과를 대학원 과정에 개설하고 있다. 두 학과는 글쓰기 본부 운영에 큰 비중을 차지한다. 이 두 학과와 글쓰기 본부는 주로 학부생들의 글쓰기를 전담한다. 글쓰기 본부 소속 직원들과 교사 교육은 물론 각 학과 교수들을 대상으로 하는 글쓰기 교육도 작문학과와 독서학과가 주도한다. 매해 대학 도서관과 각 단과 건물에는 특정 갈래(학위 논문에서 학술 논문은 물론, 기말 보고서 작성 등)의 글쓰기 특강 일정을 '워크숍'이나 '세미나'란 제목으로 알린다. 글 형식 외에도 다양한 주제의 독서, 작문 특강을 개설한다.

예를 들어, 글쓰기에서 난관('The Writer's Block')에 부딪히는 원인과 해결방법, 문학 글쓰기 특강, 과학 글쓰기와 문체, 글의 교정 전략, 전공별 참고문헌 작성법과 외국인 신입생들을 위한 영어 학술 문서 특강 등을 공개 강의 형식으로 제공한다. 이는 대부분 글쓰기 본부 직원이나 교사들이 진행한다. 이런 공개 강의에 참여하는 학생들은 자기 글을 미리 제출하고 전문가 평가도 받을 수 있다.

한편, 복잡한 글쓰기 과제를 요구하는 일부 전공 수업에는 해당 교수 외에 전공 관련 대학원생들과 별도의 글쓰기 도우미들을 투입한다. 교수는 강의만 하고 대학원생 3~4명이 방과 후 전공 내용을 확인한다. 글쓰기 관련 문제는 해당 수업을 보조하는 글쓰기 도우미들이 진도나 과제별로 검토한다.

대학원에서는 글쓰기 지도를 어떻게 하나.

뉴욕 주립대 대학원 글쓰기 과정은 이 두 학과 외에 각 단과대학과 전공 그룹별로 독자적인 교과과정을 운영한다. 예를 들어, 공학대학, 조형·예술대학과 같은 단과대학 차원은 물론 다양한 학과를 아우르는 전공 그룹별로 글쓰기 조언과 상담을 한다.

대학원에는 '라이팅 프로페셔널즈(Writing Professionals)'라는 독특한 직급이 있다. 이들은 주로 전공 분야의 석사나 박사 학위 소지자로 관련 전공 대학원생들의 학기말 논문이나 국제 학술지 작성과 전략을 지도하는 글쓰기 본부 직원이다. 주로 정식 채용을 하지만 일종의 시간 강사(part-time lecturer)로 자원하는 이들도 있다. 해박한 전공 지식 못지않게 탁월한 글쓰기 실력을 인정받아 채용됐기에 본격적인 국제 학술지나 학위 논문을 작성하는 대학원생들에게 실제적인 도움을 주는 존재들이다. 하버드나 MIT는 바로 이 전문 글쓰기 강사들의 채용에 가장 열의를 보여 왔다.

뉴욕 주립대 글쓰기 본부에서는 학생들을 어떻게 가르치나?

학생 자신의 문제점은 학생 스스로 발견할 수 있도록 한다. 보고서에 나타나는 문제점을 글쓰기 도우미가 직접 구체적인 용어로 언급해서는 안 된다. 글쓰기 도우미가 미리 준비한 질문지를 보면서 서로 대화하고, 그 과정에서 문제점을 진단할 수 있도록 유도하는 암시법을 사용해야만 한다. 자기 글에 어떤 문제가 있는지 스스로 찾게 하는 것이 중요하기 때문이다.

그 같은 지도 과정을 예를 들어 설명해 달라.

영문과 학생의 논문에 서론 첫 문장이 'The purpose of this analysis is to⋯'라고 가정해 보자. 이런 목적 진술문(purpose statement)이 서론 첫머리에 나오는 구성은 독자와 공감대를 형성하는 데 실패하기 쉽다. 이 경우 글쓰기 도우미는 학생의 서론 구성과 대비하는 다른 학부생의 유사 논문이나 혹은 글쓰기 본부에 비치한 기존 논문을 보여주며 서론 안의 서로 다른 목적 진술문 위치에 주목하게 한다. 마찬가지로 글의 결론에서 다시 진술하는 목적 진술문은 왜 서론과 달리 결론의 첫 문장으로 등장하는지, 그리고 왜 시제를 'The purpose of this research was⋯'와 같이 달리 표현하는지 '설득(persuasion)' 차원에서 고민하도록 이끈다.

물론 서론의 목적 진술문 위치는 전공마다 다를 수 있고, 동일 분야에서도 그 위치를 달리할 수 있다. 이는 논문 형식상 특정 진술문 위치가 고정되지만 필자는 자신의 목적에 비춰 바로 그 특정 진술문의 위치를 수정할 수도 있기 때문이다. 이를 의도적인 개입(intervention) 현상이라고 한다. 곧 필자는 규칙에 근거해서만 글을 쓸 수는 없다. 그 규칙을 적용하면서도 글의 목적이나 독자 성격에 따라서 늘 수사학적인 선택(rhetorical choices)을 할 수 있는 것이다. 다시 말해, 글쓰기 도우미는 목적 진술문으로 서론을 시작하지 말라는 '규범적(prescriptive)' 지시 대신, 일종의 발견법(heuristics)을 통해 학생과 상담하면서 글을 교정한다. 마찬가지로 해당 학생은 목적 진술문 위치가 왜 서론과 결론에서 서로 다른지 수사적 차원에서 고민할 수 있다. 그 고민을 해결하고자 참고 논문이나 관련 자료를 직접 찾아 확인하면서 점차 능동적인(자기 주도적인) 글쓰기를 하게 된다. 하지만 이런 발견법으로서 글쓰기 지도는 한계가 뚜렷하다. 교사와 학생이 협력하면서 해당 문제를 우회적으로 진단하고 이를 수정하는 작업은 상당히 많은 시간을 소요하기 때문이다.

이런 어려움을 해결하기 위한 연구도 많을 텐데.

이 어려움을 해결하고자 미국 대학의 글쓰기 본부 연합체는 지난 20년에 걸쳐 실로 다양하고 구체적인 연구 성과를 내놓았다. 그 한 예로 글쓰기 도우미는 본격적으로 상담하기 전 학생의 글을 그가 작성한 문제 요소에 비춰 꼼꼼히 읽어나가며 문제 원인을 확인하고, 이를 다시 질문으로 작성해 돌려보낸다. 글쓰기 본부에서 상담하기 전 학생은 글쓰기 도우미가 제시한 해당 질문을 주의 깊게 읽고 답변을 준비한 상황에서 글쓰기 도우미를 만난다. 그 다음 해당 질문지를 토대로 상담을 위한 대화와 토론을 한다. 이런 질문지 사용법은 상담 시간 제약을 극복하는 데 상당히 유리하다. 그 밖에도 상담과 교정 전략이 다양하게 있다.

뉴욕 주립대 글쓰기 본부 글쓰기 도우미를 하면서 느꼈던 보람이나 일화가 있다면?

첫 학기에 미술사와 미술 전시학을 전공하는 일본 대학원생들 논문을 검토하면서 이들과 글쓰기 본부에서 상담한 적이 여러 번 있었다. 그 당시 만난 일본인 학생들이 작성한 영어 문장은 그 자체로는 매우 정확하고 유창했지만 정작 단락 연결방식이나 글 전체의 일관성은 상당히 위축돼 있었다. 이를 해결하고자 일요일마다 미대 전시관에서 별도로 만나 함께 보고서 수정 작업을 했다. 그러던 중 이 대학원생들이 이 사실을 담당 미대 대학원 과목의 어느 교수에게 알렸다.

당시 이들을 지도하던 담당 교수가 개인적으로 나를 자신의 연구실에 초청한 적이 있다. 현재 캐나다 요크(York) 대학 교수로 일하는 데이비드 라셈(David Latham)이라는 영문학 교수다. 그의 제의로 '라파엘 전파 연구(The Journal of Pre-Raphaelite Studies)'라는 신생 학술지 편집 작업에 참여했다. 그는 이 학술지 편집장이었다. 이 분야의 유명한 교수나 연구가들이 정기적으로 학술 논문을 투고했는데, 이 와중에 미국 해체 비평의 거장인 힐리스 밀러(Hillis Miller)는 물론 영국 미술사의 대가들(W. Fredeman이나 J. Kestner) 논문 일부를 직접 편집할 기회가 있었다.

조심스럽다 보니 일방적으로 논문 수정을 지시하기보다는 이들의 논문 일부 문장이나 단락을 내가 다시 수정하고 이들에게 원문과 수정안을 다시 보내 허락을 구하는 방식으로 했다. 이 중 일부 교수들은 왜 그렇게 수정했는지를 다시 묻는 메일을 보내면서 그 근거나 수정 기준을 요구했는데 당시 내 전공 수업인 문체 연구의 사례를 들어 수정 원칙을 설명한 바 있다. 일부 교수들은 장난삼아 "문체학을 배우면 자신도 소설가가 될 수 있느냐"고 질문하면서도 결국 내 수정안을 모두 수용했다. 비록 논문 전체가 아닌 일부에 해당하지만 권위자들의 틈에 끼어서 결국 편집자로서 내 목소리를 반영했다는 사실이 뿌듯했다.

미국 글쓰기 교육을 학문적으로 깊이 있게 연구한 교수들로 누구를 꼽을 수 있나?

앞서 언급한 하버드대의 낸시 서머스(Nancy Sommers)가 있다. 서머스는 박사 학위 논문을 쓰면서 '유능한 필자들은 작문 교재에서 소개하는 획일적인 작문 과정을 따르지 않는다'는 사실에 주목했다. 서머스는 바로 그 차이를 분석하고자 필자 머릿속에서 무슨 일이 일어나는지를 실험적으로 분석했다. 결국 서머스의 박사 학위 논문은 유능한 필자와 초보 필자의 작문 과정을 비교한 것인데, 초보 필자는 문장 수준에서 글을 고치지만 유능한 필자는 독자의 개념, 필자의 의도와 구성과 같은 상위 차원의 문제를 해결하는 데 집중한다는 사실을 확인했다. 그런 의미에서 글을 평가하는 교사는 학생이 완성한 글(product)만을 평가해서는 안 되고, 글쓰기를 진행하는 개별 과정에 개입해 독자, 의도, 구성과 같은 복잡한 지적 개념들을 어떻게 적용하는지 점검해야 한다고 주장한다.

또 다른 학자는 없나.

낸시 서머스와 유사한 연구를 진행한 학자로 린다 플라워(L. Flower)를 들 수 있다. 작문 심리학이라는 분야에서는 둘 다 일치하지만 린다 플라워의 경우, 카네기 멜론 대학의 인지 심리학자인 잔 헤이즈(J. Hayes)와 공동 연구로 좀 더 정교한 작문 모델을 제안했다. 글쓰기란 자신이 생각하고 아는 바를 글로 표현하는 것이라는 기존 통념을 비판하면서, 글을 쓰는 행위 자체가 우리 지식을 문제 삼게 하고, 기존 지식을 재구성하게 한다는 견해를 나타냈다. 다시 말해, 명료한 사고에서 명료한 글이 나오지만, 이것 못지않게 명료하게 글을 써 나가는 과정에서 명료한 사고를 할 수 있다는 역설의 가능성을 주장한 것이다. 린다 플라워 교수가 제안하는 'Knowledge Transforming Model'이 바로 글쓰기를 하면서 필자 지식이나 의식이 재구성되고 발전한다는 내용이다.

그런데 글쓰기의 심리학적인 연구는 다분히 미국 문화 일부로, 그들의 필요성에 맞는 연구 결과이지, 비원어민의 현실을 고려한 포괄적인 연구의 성과물은 아니다. 2006년 미시건 대학에서 은퇴한 잔 스웨일즈(J. Swales)는 이런 미국적 현실과 마주하는 비원어민의 글쓰기를 본격적으로 고민했던 학자다. 비원어민이 고민하는 글쓰기 문제는 주로 구성(organization)에 집중하는 경우가 많다. 구성 전략이야말로 문화권마다 독특하게 발전해 온 사고방식에 직접 영향을 받기 때문이다. 흔히 갈래 연구로 널리 알려진 그의 연구 성과는 글쓰기의 심리적 과정과 정교한 세부 전략을 마련한 낸시 서머스나 린다 플라워의 연구 성과에 필적한다고 볼 수 있다.

마지막으로 스탠포드 대학 글쓰기 본부 소장인 안드레아 런스포드 (Andrea Lunsford)를 들 수 있다. 동료 연구가들과 함께 서구 수사학 전통에서 미국의 작문 역사를 검토한 안드레아 런스포드는 흔히 글쓰기의 철학을 대변하는 작문 철학자다.

미국에서도 연방정부의 교육 정책에 반기를 드는 경우가 많나.

정책 결정자의 속단에 집단으로 저항하는 목소리는 미국 교육 현장에 늘 있었다. 가장 주목할 만한 사건은 2005년 미국 SAT 출제 기관인 대학위원회(College Board)의 독단에 맞서 미국 영어 교사 협회와 하버드, MIT 등 주요 대학이 강경하게 맞선 것이다.

2005년에 대학위원회는 예비 대학생들의 작문 능력을 총체적으로 평가하고 이를 입학 전형에 반영할 수 있도록 SAT에 에세이(Essay Writing)라는 새로운 시험 유형을 포함했다. 그 구성과 형식은 현행 TOEFL 시험의 일부인 TWE(Test of the Written English)와 매우 유사하다. 일방적으로 수험생들이 주제문을 받으면, 제한 시간(25분)에 약 5개 정도 단락을 만들면서 '정확하고 일관성 있는' 글 한 편을 서론-본론-결론 형태로 작성해야 한다. 당시 대학위원회는 언론에서 이 작문 시험의 중요성을 대대적으로 홍보했다.

그런데 그 발표를 하자 미국 학부모들과 영어 교사들은 심각한 우려를 표명했다. 결국 한 달이 채 안 돼 전미 영어 교사 협회는 당시 스탠포드대 교육학과 교수인 아네타 볼(Arnetha Ball)을 단장으로 하는 특별위원회를 조직했다. 여기에 저명한 작문 교육의 대가(L. Christense, R. Haswell 등)들과 중·고등학교의 작문 교사들이 힘을 합쳐 대학위원회 발표를 정면으로 비판하는 반박 성명문을 제출했다. 전미 영어 교사 협의회는 대학위원회가 새로운 작문 시험을 추가한 사실을 두고, 이는 미국 교육 개혁의 노력을 100년 전 수준으로 후퇴시키자는 제안이라며, 각 대학의 입학 관리 위원회가 해당 시험 결과를 입학 사정에 반영하지 말 것을 주장했다.

전미 영어 교사 협회가 이 시험 도입 취지를 반박하고, 미국 글쓰기 교육을 대변하는 하버드와 MIT의 수장들이 이 논쟁에 적극적으로 가담하면서 파장은 더욱 커졌다. MIT에서 과학과 글쓰기를 강의하며 MIT 글쓰기 본부의 설립을 주도했던 페렐만(Perelman) 교수는 뉴욕타임스 논평에서 대학위원회가 추가한 에세이는 결국 고등학생들로 하여금 조잡한 작문 습관에 길들게 할 뿐이라며 정면으로 비판했다. 마찬가지로 하버드대학의 학부 글쓰기 과정을 총괄하는 낸시 서머스는 대학위원회 견해를 조목조목 반박하며 이런 시험을 추가하는 것이 교육자나 정책 결정자로서 너무 '염치없는(wretched)' 발상이라고 몰아붙였다. 이와 더불어 일선 교사들의 비난과 학부모들의 냉소도 연일 나왔다. 그런데도 대학위원회는 침묵으로 일관했다.

이후 새로 추가한 작문시험 문제점은 전문가만이 아닌 일선 교사들의 논평까지 덧붙여 다양한 언론 매체가 상세히 소개했다. 예를 들어, 한 학생의 글을 검토하는 시간이 불과 2분에서 5분으로 제한되며 이도 단 한 번 읽어서 점수를 주게 돼 있고, 글에 반영한 사실 관계의 여부는 중요하지 않으며, 5개의 단락을 중심으로 Topic Sentence-Supporting Details 방식을 사용해 될 수 있는 대로 길게 쓰면 쓸수록 좋은 점수를 받을 수 있다는 사실이 그렇다.

　대학위원회는 결국 SAT에 작문 시험을 추가한 NEW SAT 시험을 강행하고 있다. 하지만 2007년 미국 교육 통계 센터에 의하면 미국의 극소수 대학만이 새로 추가한 작문 성적의 결과를 전형에 반영하고 있다.

제4장

미국 초·중·고

글쓰기 교육 현황

"자기 주장을 뒷받침하는 논거 제시 훈련 필요"

이명박 정부가 출범 직전 대통령직 인수위원회가 내놓은 영어교육 강화방안이 논란을 빚었다. 처음엔 영어몰입교육방안을 발표해 거센 역풍을 맞더니, 곧이어 선보인 '영어 공교육 완성 프로젝트 실천방안' 도 부작용이 속출할 것이라는 반대 여론에 부딪혔다.

2009년 1월 31일 연합뉴스 보도는 이명박 대통령 당선자가 31일 "영어 공교육 문제를 정치 쟁점화 하는 것에 반대한다. 미래를 위해 머리를 맞대야 할 일이지 무조건 반대하는 것은 옳지 않다"면서 "인 수위가 영어교육 방향은 잘 잡은 것 같다"며 독려했다고 한다. 이경 숙 대통령직 인수위원장도 '영어로 하는 영어수업'에 관한 반발을 염 두에 둔 듯 농담조로 "영어 안 하겠다는 사람들 (영어) 배우기만 해 봐라"며 '일침'을 놓았다고 한다.

그런데 당시 이명박 대통령 당선자와 이경숙 인수위원장은 현실을 제대로 이해하지 못했던 것으로 보인다. 국민들은 영어교육 강화 자체를 반대하는 것이 아니었다. 국어정책을 소홀히 하는 게 아쉽지만 이명박 정부의 영어교육강화방안이 추구하는 방향은 옳다고 보았다.

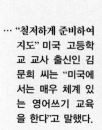

··· "철저하게 준비하여 지도" 미국 고등학교 교사 출신인 김문희 씨는 "미국에서는 매우 체계 있는 영어쓰기 교육을 한다"고 말했다.

문제는 인수위원회가 '영어 공교육 완성 사업'을 내놓는 과정이 너무나도 주먹구구식이고 전문성이 떨어진다는 점이다. 특히 교육 주체들과 전문가들의 의견을 귀담아 듣지 않고, 사전 준비도 소홀한 상태에서 너무 지나치게 밀고 나가는 데 국민들은 실망한 것이다.

대통령직인수위원회의 '영어 공교육 완성 프로젝트 실천방안'은 ▲2013년까지 모두 1조 7천억 원을 들여 영어 과목을 영어로 수업하는 '영어전용교사' 2만 3,000명을 신규채용하고 ▲2011년에는 초등학교 3~6학년이 영어수업을 모두 영어로 실시하고 ▲2012년에는 중·고교의 회화 중심 수업을 모두 영어로 실시하고 ▲2013학년도 대학입시부터는 4개 평가영역 중 듣기·읽기 영역만 평가하고 ▲올해 초등학교 6학년이 시험을 치르는 2015학년도 대학입시부터는 듣기·읽기·쓰기·말하기 등 4개 영역을 모두 평가한다는 내용을 담았다.

이 같은 방안이 성공하기 위해서는 다른 나라 영어교육의 사례도 참고할 필요가 있다. 특히 2015년 대학입시부터 쓰기와 말하기까지 평가하려면 철저한 사전 준비가 있어야 한다.

이와 같은 취지에서, 미국 중·고교의 영어교육 상황을 미국 고등학교 교사 출신인 김문희 씨에게 들어봤다. 칼스테이트 노스리지 언어학 석사인 김문희 씨는 1998년 미국 공립 캘리포니아 주 교사 임용 자격시험에 합격한 뒤 홀리내임 컬리지 대학원에서 교사 자격 과정을 이수하고, 글랜부룩 중학교와 마운틴 디아블로 고등학교에서 교사로 일했다. 마운틴 디아블로 교육청의 글쓰기 교사 양성 계획 지원 교사와 교안 작성 개발원으로 임명되는 등 영어쓰기 교육을 연구하는 전문가다.

김문희 씨에게 쓰기와 읽기, 교사 재교육 등으로 나누어 미국 영어교육 현황을 들어본다.

미국 중·고등학교에서는 어떤 방식으로 글쓰기 교육을 하는가.
"미국은 매우 체계 있는 글쓰기 지도를 한다. 능률적으로 가르칠 수 있도록 준비를 완벽히 한다."

··· "실용적인 글쓰기가 우선"
김문희 씨는 "미국에서는 생활이 모두 글쓰기와 관련 있다"면서 "광고문, 감상문, 기사문, 설명문, 논술문까지 다양하게 지도한다"고 말했다.

어떻게 체계 있는 지도를 하나.
"글을 무조건 쓰라고 하지 않는다. 예를 들면, 1번 문장은 어떻게 시작해야 한다는 식으로 자세히 가르친다. 대부분 첫 번째 문장은 짧으면서도 사람의 마음을 확 끌어당기는 문장을 쓰도록 안내한다. 나도 예전에는 무조건 글을 썼는데 미국에서 글 쓰는 법을 배운 뒤 큰 도움을 받았다. 내 글쓰기 실력이 향상한 것은 미국 교육 덕이다."

글쓰기 교육과정은 누가 만드나.

"교육청이 교안개발 교사팀을 구성하여 이 같은 글쓰기 교육 과정을 만든다. 그리고 글쓰기 교사 연수회에서 모의 수업 장면을 보여준다. 이러한 연수를 받은 교사들은 자기 학급에서 아이들에게 이 과정을 적용하여 지도한다."

글쓰기 지도 내용을 자세한 예를 들어 설명해 달라.

"학생들 눈높이에 따라서 다섯 문단 쓰기 훈련을 하는 게 있다. 이것은 공교육 12학년까지 반드시 습득해야 하는 과정이다. 이 과정에 관한 학년별 성취 수준은 교과 과정이 자세하게 명시한다. 글쓰기 지도에는 나름대로 교과과정이 있다. '콩쥐팥쥐전'이 있으면 콩쥐와 팥쥐를 비교하게 하고, 좀 더 크면 비슷한 이야기인 '장화홍련전'을 읽게 한다. 나중에는 '신데렐라'와 '장화홍련전'을 비교하게 한다. '신데렐라'는 나라마다 다 있다."

실력이 부족한 학생들도 이런 방식을 따라올 수 있나.

"영어 실력이 떨어져 혼자 못하는 학생들은 그룹으로 하라고 준다. 그러면서 서로 돕고 사는 사회형 실습을 경험하게 한다."

미국 중·고교에서 지도하는 글쓰기 종류에는 어떤 게 있나.

"정말로 다양하다. 미국에는 프로젝트 라이팅(Project Writing)이라는 게 있다. 한국에서는 글쓰기를 기껏 가르쳐야 논술이겠지만 미국에서는 논쟁하는 글(Argumentative Essay)부터 광고문, 감상문, 기사문, 그리고 매뉴얼과 같은 실용문 작성법까지 가르친다. 심지어는 구입한 물건을 소비자 처지에서 비평하는 글쓰기까지 가르친다. 학생들 지식 수준에 따라 기술문, 설명문, 논술문 등 학년별로 알맞은 글쓰기를 지도한다고 보면 된다."

고등학교에서는 중학교와 다른 글쓰기를 지도할 것 같은데.

"중학교 글쓰기 과정은 고등학교보다 쉽다. 고등학생이 되어야만 비판하는 글쓰기를 한다. 제시문을 읽고 비판하면서 자기 생각을 쓰는 것이다. 대부분 일주일에 한 시간 정도 글쓰기 수업에 할애하지만 학교마다 약간 다르다. 한 학기에 몰아서 하는 학교도 있다. 고등학교 역사 과목 과제 중 '조지 워싱턴의 전쟁과 조지 부시의 전쟁을 비교 분석하라'는 문제를 본 적이 있다."

미국에선 일상생활에서 글쓰기가 무척 유용하게 쓰인다고 하던데.

"미국에서는 일이 모두 글쓰기를 해야 진행된다. 우리가 매일 밥을 먹는 것처럼 미국인에게는 글쓰기가 일상 작업이므로 글쓰기를 일상 생활에 활용할 수 있도록 가르친다."

글쓰기 수업 시간은 보통 몇 분 정도인가.

"미국 고등학교에서 글쓰기 수업은 대개 90분 정도 진행한다. 50분
씩 수업하면 효과가 떨어진다고 하여 충분한 시간을 확보한 것이다.
시간을 많이 쪼갠 수업은 효율성이 낮다. 하루는 읽기, 하루는 글쓰기
와 같은 방식으로 날마다 진행한다. 미국 공립학교는 'block'이라고
해서 90분씩 하루에 4과목을 수업한다. 고등학생 나이가 되면 한 번에
90분 정도 집중해서 수업을 하게 함으로써 학업 성취도를 높인다."

글쓰기 교과서가 따로 있나.

"작문 책이 별도로 없지만 글쓰기 교육 과정은 따로 있다. 각 학교
대표 교사(2~4명)는 교육청 글쓰기 연수회에서 이 과정을 이수한 뒤
동료 교사들에게 시범 수업을 한다."

한국에서는 글쓰기 숙제를 해도 첨삭해 주지 않는 경우가 대부분인데.

"미국에서는 빨간색 펜으로 첨삭해 준다. 학생들 생각을 점검해 주
고, 논리에 맞지 않는 것을 바로 잡아준다. 문법 오류와 접속사 연결
오류도 자세하게 점검한다. 최종으로 작품 전체 평을 한다."

과제물을 받은 뒤에 교사가 첨삭하여 돌려주지 않는 경우도 있나.

"그런 일은 절대로 없다."

작문 교과가 아닌 일반 교과에서도 글을 쓰는가.

"당연히 글을 쓰게 한다. 요약문이 대부분이다. 예를 들면, 문학 작

품을 요약하고 그 작품에 관해 감상을 써 오게 한다. 어떤 경우에는 셰익스피어의 '로미오와 줄리엣'을 읽고 작가와는 다른 결말을 지어 오도록 한다. 역사 과목도 '네가 에이브러햄 링컨이라면 어떻게 했겠느냐?'에 관해서 써 오라는 과제를 준다. 시키는 대로 하는 지식 탐구가 아닌, 역동적이며 새로운 생각을 불러일으킬 수 있도록 가르치는 것이다."

글쓰기를 지도할 때 특별히 강조하는 사항이 있다면.

"주장을 떠받드는 타당한 근거를 충분히 확보하게 하는 게 특징이다. 미국에서 글쓰기는 어렸을 때부터 생활 속에서 날마다 해야 하는 과제다. 토론할 때에도 주장을 뒷받침하는 증거를 요구한다. 그 증거를 조사하는 과정에서 글쓰기를 활용한다.

어떤 초등학교는 '네가 가장 소중하게 여기는 물건이 뭐냐. 그럼 그게 왜 소중하냐. 그 이유를 써 보라'는 식으로 주장과 근거를 모두 쓰게 한다. 이것이 정말로 소중한 공부다. 충분한 증거를 마련하여 대중을 설득하는 방법을 가르치는 것이다. 아울러 논리에 맞게 잘 쓴 학생의 글을 본보기로 읽는 방법으로도 글쓰기 훈련을 한다."

미국에는 외국에서 온 학생들도 많을 텐데.

"미국은 다양성을 강조하는 사회다. 남미에서 온 학생이 다수인 학급도 많다. 그래서 학교는 백인 학생들과 소수민족 학생들이 함께 사는 방법을 훈련하는 장소로서 역할을 하려고 노력한다. 다양한 것이 아름답다는 점을 가르치기 위해 여러 가지 방식을 동원한다."

··· "자유로운 수업 분위기" 미국 보스턴 부르클라인 고등학교 영어 수업 장면. 학생들 자세가 자유로워 보인다.

그 예를 들어 볼 수 있을까.

"학생들에게 무조건 쓰라는 식이 아니라 우선 '박쥐와 새의 삶'을 제재로 하는 책을 읽힌다. 책 내용을 예로 들어 보자.

'박쥐가 잘못해서 새 둥지에 떨어졌다. 그 박쥐는 자기가 새인 줄 알고 성장한다. 새처럼 행동하려고 노력하는데, 어느 날 박쥐엄마를 만나 자기가 박쥐라는 것을 알게 된다. 이것을 계기로 거꾸로 매달리지 못하던 박쥐가 거꾸로 매달리고 밤에도 돌아다닌다. 그리고 깜깜한 밤에 형제 새들이 위기에 처하자 도움을 준다.'

이처럼 새 둥지에 박쥐를 품고 사는 '새 가족'과 박쥐라는 각자 본성을 찾은 뒤에도 새를 아끼는 '박쥐' 이야기는 다양성 교육을 돕는다. 다문화 사회에서 가치관과 문화를 서로 자연스럽게 이해할 수 있도록 교육한다는 말이다."

‘박쥐와 새의 삶’과 같은 소설을 읽은 다음에 어떤 활동을 하는가.

"이 같은 소설을 읽은 뒤 토론을 한다. 그 다음 한국 생활과 미국 생활을 비교·대조하라는 식으로 글쓰기 과제를 준다. 책을 읽고, 글 쓰게 하는 것이다. 이 글쓰기는 비교·대조하는 형식이다. 이를테면 미국학교와 한국학교를 비교하고, 본인 생활을 비교하여 글을 써 오라는 과제를 주는 것이다.

그 다음엔 학생들이 주제를 완전히 이해했는지 확인한 뒤, 글의 논리 전개를 위해서는 어떤 접속사(비교 대조)를 사용해야 하는지를 상세히 지도한다. 또 문장 표현력이 좋아지도록 어떤 형용사와 부사를 써야 하는지 알려준다. 글 구성에 있어서 각각 어떠한 요소가 들어가야 한다는 것을 박쥐이야기를 예로 들어 보여준다."

우리나라에서는 글을 쓰라고 하면 어떤 아이들은 힘들어 한다.

"솔직하지 못한 정서 때문에 힘들어하는 것으로 보인다. 예를 들어, 아버지를 쓰라고 하면 우리 아이들은 아버지의 훌륭한 점만 쓴다. 그래서 재미가 없다. 그러나 미국 아이들은 '우리 아버지는 불량 청소년이었다'는 식으로 글머리를 쓰기도 한다. '그런데 나중에 우리 엄마 같은 좋은 여자를 만나서 안정된 생활을 하고 나도 낳았다. 그러니까 불량 청소년들이여! 희망을 가져라!'와 같은 방식이다. 정말로 솔직하고 예쁘게 쓴다."

"미국은 정부 예산으로 교사 글쓰기 연수"

이명박 정부는 출범 당시부터 "영어 교육에 쓰기와 말하기를 중시하겠다."고 했다. 특히 2015학년도부터는 듣기와 읽기 외에 말하기와 쓰기 항목을 대학입시 평가대상에 포함하겠다는 것이다. 그런데

… 교사 재교육은 필수 외국에서 교사들을 대상으로 재교육을 실시하는 상황을 보도한 한 일간지. 이명박 정부의 영어교육 강화방안이 성공하기 위해서는 준비기간을 두고 현직 교사들을 확실하게 재교육해야 한다.

'영어 공교육 완성 프로젝트'가 성공하려면 준비를 잘해야 한다. 특히 교사들을 대상으로 영어 글쓰기와 말하기 교수법을 재교육할 필요가 있다. 미국에서는 정부 예산을 들여 영어를 모국어로 쓰는 교사들에게조차 '영어 교사 글쓰기 교수법 연수'를 철저하게 한다. 이를 NWP(National Writing Project)라 한다.

우리나라 국어 교사들이 모두 한국어 작문을 잘하는 게 아니듯, 미국의 국어 교사(이를테면 영어 교사)라는 이유로 무조건 영어 작문을 잘한다고 볼 수는 없다. 이 때문에 미국 정부는 '영어 교사 글쓰기 교수법 연수'를 실시하여 좀 더 나은 영어 작문 지도법을 전파하는 것이다. 글을 써서 의사소통하는 능력은 국가 경쟁력을 키우는 데에도 필요하다고 보고 큰 공을 들인다고 할 수 있다.

미국 영어 교사도 '글쓰기' 가르치기 쉽지 않아

미국 고등학교 교사 출신인 김문희 씨에게 미국의 '영어 교사 글쓰기 교수법 연수'를 들어봤다. 영어가 모국어가 아닌 우리나라 영어 교사들이 영어 글쓰기를 가르치는 게 쉽지는 않을 것이다. 미국 사례는 우리나라 영어 교사뿐만 아니라 국어 교사(논술 교사)에게도 좋은 본보기가 될 수 있다. 우리말을 글로 쓰든, 외국말을 글로 쓰든, 조리 있게 글 쓰는 원리는 똑같기 때문이다.

다음은 김문희 씨와 나눈 일문일답 면접 취재다.

(한국어 글쓰기든, 영어 글쓰기든) 우리나라가 쓰기 교육을 강화하기 위해서는 어떤 방식이 필요한가.

"미국처럼 정부가 영어 교사 글쓰기 교수법 연수 과정(NWP)을 마련해야 한다. 교사 혼자 노력한다고 되는 게 아니다. 교육 당국이 나서야 한다. 우리나라는 공교육이 학생이나 부모의 기대 수준에 못 미치기 때문에 미국 유학을 선호하는 것이다. 사실 우리나라 교육은 암기와 찍기 도사를 만드는 교육 과정 같아서 걱정이다."

NWP는 도대체 무엇인가.

"NWP는 미국이 정부 예산을 들여 현직 교사들을 대상으로 실시하는 '글쓰기 교수법 연수 과정'이다. 전문 글쓰기 교사들을 대상으로 여름방학에 집중 연수한다. 캘리포니아 주는 캘리포니아 주립대학 (University of California)이 주최한다.

교육받은 교사들은 새 학기가 시작하면 각자 학교로 돌아가 동료 교사들에게 연수 내용을 전수한다. 시범 수업을 보여준 뒤에 어떻게 평가하고 점수를 매기는지, 더 나은 글을 쓰기 위해서는 어떠한 학습을 해야 하는지 조언한다."

NWP는 언제부터 시작했나.

"NWP는 캘리포니아 주에서 먼저 출발했다. UC 버클리가 1974년에 현지 초·중·고 교사들

··· 김문희 씨는 "미국에서는 정부 예산을 들여 영어 교사 글쓰기 교수법 연수를 활발하게 진행한다"고 말했다.

을 대상으로 이 연수 과정을 시작했다. 미국의 공교육은 K2(한국의 유치원에 해당)에서 12학년(한국의 고등학교 3학년에 해당)까지 있다. 그런데 초등학교에서 대학교까지 철저하게 글쓰기 교육을 한다."

중·고교와 대학교가 서로 협력하나.

"중·고교 교사들과 대학 교수들이 참여하여 체계 있게 진행한다. 유치원에서부터 16학년(한국의 대학교 4학년에 해당)까지를 대상으로 하는 단계별 글쓰기 훈련 과정이 있다."

미국 정부는 NWP에 많은 예산을 투입한다고 들었다. 어느 정도로 지원하는가.

"교장이 아니라서 정확한 지원금은 알 수 없다. 여름방학 내내

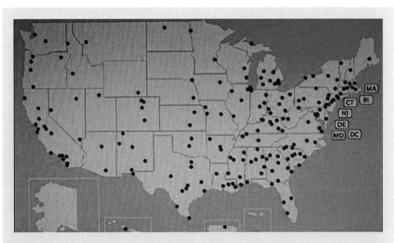

… 미국 전역의 글쓰기 교수법 연수 지역 위치도 미국은 정부 예산을 들여 영어 교사들에게 글쓰기 지도 교수법 연수회를 정기적으로 연다. 사진은 미국에서 NWP(National Writing Project)를 실시하는 지역을 빨간 점으로 표시하여 만든 위치도.

진행하는 비용을 생각할 때 상당한 액수를 투자할 것으로 예상한다. 미국은 연방정부와 주정부가 있다. 연방정부의 'Department of Education'이란 기구에서 글쓰기 교육을 주도하지만 각 주 별로도 실시한다."

NWP는 얼마나 많은 지역에서 실시하는가.

"미국 46개 주, 160개 학교에서 진행한다. 연수 장소는 각 대학 시설이나 교육청 사무실을 활용한다. 대학에는 기숙사도 있기 때문에 그런 시설을 활용하여 여름방학 때 연수를 한다."

우리나라도 글쓰기 교사 연수를 하는 게 좋겠는가.

"미국처럼 대학과 연계해서 실시하는 게 좋다. 중·고교만 따로 하지 말고, 대학 교수들과 글 잘 쓰는 사람들이 협력하여 세미나를 열면 된다. 교사들이 글을 써 보고, 채점도 해 보고, 평가도 해 봐야 한다. 이 세 가지를 교사들이 모두 해 보아야 한다. 나는 이런 식으로 글쓰기 지도 방법을 배웠다."

NWP가 얼마나 좋은 성과를 냈나.

"결과를 보면 NWP 연수에 참여한 교사들이 가르치는 반 학생들이, 참여하지 않았던 교사가 가르치는 반 학생들보다 훨씬 우수한 성적을 낸다고 한다. 캘리포니아 주에서 NWP에 참여한 교사가 지도한 반과 그렇지 않은 반을 비교해서 평점을 냈다고 한다. 그런데 전자에 속한 학생들이 6.0점 만점을 기준으로 할 때 평균 점수가 0.612점 높았다

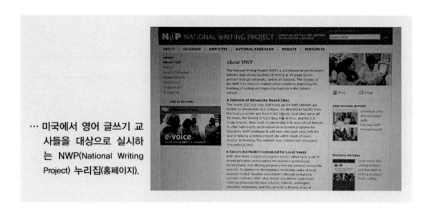

··· 미국에서 영어 글쓰기 교
사들을 대상으로 실시하
는 NWP(National Writing
Project) 누리집(홈페이지).

고 한다. 이 정도면 정말 큰 차이다."

신빙성 있는 결과인가.

"한두 명이 아니라 수천 명을 대상으로 평가했기 때문에 그 결과를
일반화할 수 있다. 평균 4.0점 정도 나오면 잘하는 반이다. 낮은 반 평
균 점수는 3.0점 정도다. 보통은 평균 3.75점이 나온다. 학부모 학력
이 좋을수록 자녀 점수도 높다."

한 학교를 기준으로 본다면 교사들의 참여율은 어느 정도인가.

"교장이 관리하기 때문에 글쓰기 담당 교사들이 모두 간다. 글쓰기
교사에게 임명장을 주기 때문에 별 것 아닌 것으로 보일 수도 있지만,
교사들에게는 책임감을 느끼게 한다."

NWP에 참여한 경험을 말해 달라.

"나는 글쓰기 교사로서, 글랜부룩 중학교 교장이 임명한 글쓰기 교

사 양성사업의 일원으로 일했다. 또 마운틴 디아블로 고등학교에서
일반 영어 과목을 가르칠 때 동료 교사들과 함께 연수에 참여했다."

연수는 어떻게 진행했는지 자세히 설명해 달라.

"방학 때 2주 동안 매일 6~7시간 모여서 강의를 듣고, 모의 수업을
했다. 글쓰기 교수법에 관한 인터넷 웹사이트를 만들기도 했다. 글쓰
기 지도안을 잘 만드는 동료 교사는 상도 받았다. 보통 쓰기 교육을
많이 해 본 교사가 나머지 교사들을 지도한다. 한마디로, 다음 학기에
학생들을 좀 더 알차게 가르칠 수 있는 방법을 훈련하는 것이다."

대학 교수도 강사로 참여하나.

"연수 기간 중 두세 번 정도 교수들이 강의한다. 교수들도 연구를
아주 많이 해 온다. 보통 대학교 수업 경험을 바탕으로 가르쳐 준다."

교수들은 어떤 내용을 지도해 주나.

"교수들은 글쓰기 예문을 많이 가져와 보여준다. 학생 글을 어떻게
평가해야 하는지, 글을 고쳐줄 때 조심해야 할 점이 무엇인지 알려준
다. 11가지 문법을 바탕으로 학생 글을 분석하는 연습도 한다. 교사
두 명에게 같은 학생의 글을 준 뒤 11가지 점검항목 중 몇 가지를 지
적하는지 비교하게 하기도 한다. 최대한 객관으로 평가할 수 있도록
지도한다."

글쓰기 평가는 어떤 식으로 하나.

"평가 항목은 12개다. 내용이 튼튼한가, 문법에 맞게 썼는가, 적절한 부사를 몇 번이나 썼는가, 은유법과 반어법을 알맞게 사용했는가 등을 점수로 매기는 항목이 있다. 그래서 전체 점수가 몇 점인지 결정한다. 한 학생의 글을 교사 두 명이 읽는데 보통 6.0점이 만점이다. 두 교사의 평가가 0.5점 정도 차이나면 그냥 둔다. 1점 정도 차이나면 제3의 다른 교사가 다시 채점한다. 교사 세 명이 채점한 것을 바탕으로 평균 점수를 준다."

학생들에게도 평가 기준을 알려 주는가.

"물론이다. '너희들의 글쓰기를 이런 기준으로 평가한다'고 말해 주면 학생들이 거기에 맞춰 쓰려고 노력한다."

가장 중요한 평가 기준은 무엇인가.

"첫 번째 평가 기준은 '내용'이다. 범인류적인 내용으로, 보편타당하고 그 누가 읽어도 도움이 되는 교훈을 담았는지 우선 본다. 그 다음은 서론, 본론, 결론과 같은 '글 구성'이다. 적절하게 접속어를 썼는지, 논리에 맞게 문장들을 연결했는지 글의 구조를 살펴본다.

그다음에는 무엇을 평가하나.

"세 번째로 표현력, 어휘력이 '문법'에 맞는지 본다. 영어는 한글과 달리 ', (콤마)' 찍는 것이 매우 중요하다. 대문자로 쓰는 것과 단락 나누는 것, 그리고 콤마 찍는 것이 큰 평가 기준이다. 세부사항으로는 은유법과 직유법과 같은 표현기법을 사용하여 문장을 유연하게 만들었는지 확인한다."

미국 고교 교사 출신 김문희 씨, 한국 학생들의 부실한 독해력 지적

"독해 능력은 모든 지적 활동의 출발점"

"글의 요점을 파악하는 독해 능력은 지적 활동의 기원이다. 그런데 한국 학생들은 글을 읽으라고 하면 무서워한다. 글쓰기는커녕 읽는 것마저 두려워하는 것은 정말로 큰 문제다."

이명박 정부는 문법과 독해 위주의 영어 교육에 문제가 많아 쓰기와 말하기 교육을 강화하겠다고 밝혔다. 영어 교육을 좀 더 실용적으로 바꾸겠다는 방향 자체는 문제될 게 없다. 하지만 기존 영어 교육 방식 덕분에 우리 학생들의 문법·독해 능력이 우수해졌다고 할 수 있을까. 이제 문법과 독해 공부는 접어 두고 말하기와 쓰기 공부에 주력하면 될까.

미국 고등학교 영어 교사 출신인 김문희 씨는 "그렇지 않다"고 잘

라 말한다. 김 씨는 "한국 대학생들은 미국 대학원 진학 시험인 GRE 를 볼 때 독해 문제는 많이 틀리고, 단어 맞추는 문제에서 주로 점수 를 얻어 전체 점수에서 고득점을 받는 실정"이라며 안타까워했다.

물론 몇 가지 사례를 들어 우리 학생들의 독해력이 부족하다고 일 반화할 수는 없다. 하지만 지식정보사회에선 국어 독해든, 영어 독해 든 글을 읽고 정확하게 요점을 파악하는 능력이 상당히 중요하다. 독 해 능력이 없으면 수없이 쏟아져 나오는 정보를 흡수하여 요긴하게 활용하는 데 지장이 많기 때문이다. 학문을 하든 일을 하든 글쓴이가 전하려는 중심생각을 신속하고 정확하게 읽는 능력이 필요한 것이다.

영어 글쓰기 교육 전문가인 김 씨에게 '읽기 능력'의 중요성을 들어 봤다.

··· "지식정보시대엔 읽기 능력도 중요" 온갖 정보가 쏟아져 나오는 지식정보시대엔 말하 기와 쓰기 못지않게 읽기(독서) 능력도 상당히 중요하다. 사진은 미국 보스턴 부르클라 인 고등학교의 영어 수업 장면.

국어 독해든 영어 독해든 지식정보 시대에는 읽기 능력이 중요하지 않겠는가.

"그렇다. 인터넷 발달로 읽기자료가 홍수를 이루는 마당에 읽는데 시간이 많이 걸리면 안 된다. 지식의 양이 많아졌기 때문에 그것을 감당하기 위해서는 독해력이 필요하다. 어느 분야에서든 성공하기 위해서는 수많은 지식을 소화할 수 있는 독해 능력을 꼭 길러 놓아야 한다. 글을 잘 쓰기 위해서도 잘 읽어야 한다. 읽지 못하는데 잘 쓸 수는 없다."

우리나라 수학능력시험 언어영역 문제를 보면 지문 내용을 파악하는 게 대부분이다. 영어 참고서에도 지문을 읽고 중심생각을 찾는 내용이 많다. 문법을 배우는 목적도 독해를 정확하게 하기 위해서가 아닌가. 인터넷 디지털 사회에서는 엄청나게 많은 정보가 쏟아져 나온다. 이런 사회에서 한국 학생들이 정보를 습득하는 능력, 곧 독해 실력은 어느 정도라고 보는가.

"한국 학생들은 글을 읽으라고 하면 무서워한다. 사람은 지적인 동물인데, 대학 교육을 받는 사람조차 글쓰기는커녕 읽는 것을 두려워한다. 이것은 정말로 큰 문제다."

독해력이 왜 중요한가.

"인터넷 지식정보 사회에서는 뭐든지 읽지 않으면 지적 활동을 제대로 하기가 어렵다. 글쓴이의 중심생각이 무엇인지 파악하는 능력이 바로 지적 활동의 출발점이라는 말이다. 글을 잘 쓰기 위해서도 독해력이 중요하다. 많이 읽는 학생이 글도 잘 쓰기 때문이다."

미국에서는 독해력을 향상하는 공부를 많이 하는가.

"그렇다. 유명한 에피소드가 있다. 케네디 대통령이 300쪽이나 되는 책을 몇 시간 만에 읽었다고 한다. 미국 대학생 중에도 분량이 300쪽인 책을 하루에 다 읽는 학생들이 많다. 그 집중력이 무서운 것이다. 이것이 미국 (읽기) 교육의 성과가 아닌가 생각한다."

미국 교육의 성과라고 할 수 있는 또 다른 예를 든다면.

"보스턴 대학교에는 '하신'이라는 중국 출신 작가가 있다. 미국에서 초빙해 왔는데, 천안문 사태에 회의를 느껴 중국으로 돌아가지 않고 미국에 정착한 작가다. 그는 보스턴 대학교에서 쓰기 교육을 받았다. 현재 이 대학 영문과 교수로 있다. 영어로 'War Trash'라는 작품으로 유명해진 다아스포라(Diaspora:유대인이 전 세계에 흩어져 살 듯, 조국을 떠난 사람을 의미함) 작가다. '하신'은 20살까지 영어로 글을 써 본적이 없었으나, 미국 대학 교육을 받은 뒤 이제는 영어영문학과 교수로 일하고 영어 책까지 냈다. 이것은 그가 똑똑해서가 아니라 바로 미국은 외국인을 가르치는 영어교육을 제대로 한다는 증거 중 하나다."

어떤 식으로 독해 공부를 하면 좋겠는가.

"나는 외국인으로서 엄청나게 큰 어려움을 겪고 도전을 하면서 영어를 배웠다. 그 과정에서 정말로 많은 독서를 했다는 생각이 든다. 남의 글을 읽으면서 어떤 어휘와 문장으로 표현했는지, 어떤 방식으

147

로 독자들을 설득하는지 다양한 수사법을 익힌 것이다. 독해력을 키우려면 잘 쓴 남의 글을 많이 읽는 게 좋다. 결국 정확하게 많이 읽는 공부가 중요하다.”

독해력을 키우려면 제시문을 요약하는 공부도 효과가 있을 텐데.

“어떤 종류의 직업을 선택하든 요약 능력은 필요하다. 글의 중심내용이 무엇인지 빨리 파악해야 능률적으로 일할 수 있다. 글쓴이의 논지가 무엇이고, 그것을 뒷받침하는 논거가 무엇인지 파악할 수 있어야 한다는 말이다. 그런데 요약 훈련은 이와 같은 독해 능력을 키워주는 것을 돕는다.”

미국에선 영어를 제2외국어로 가르치는 사업이 발달했나.

“무척 체계 있다. ‘지식 발전은 언어교육이 바탕이다’고 보고 모국어 교육 외에도 외국어 교육에도 이 원칙을 강조한다.”

"글쓰기 수업 때 어떻게 생각해야 하는지 집중지도"

"체계 있게 논리적 글쓰기공부를 한 학생들은 학업 능력이 좋아집니다. 영어 외에 다른 과목에서도 문장력이 뛰어난 학생들이 분명히 좋은 성적을 받습니다."

대한민국 교육특구 대치동 명문고교에 견줄 수 있는 미국 보스턴 케임브리지 인근 보스턴 부르클라인 고등학교. '미국의 8학군'으로 통하는 이 학교 영어 교사 메리 버체닐 씨(여)는 논리적 글쓰기공부의 효과를 이렇게 표현했다.

"글쓰기는 즉흥에서 떠오르는 흐트러진 생각을 정리하여 표현하는 훈련이다. 그렇기 때문에 학생들이 (자기 생각을 정리하여) 글 쓰는 공부를 하면 좀 더 명확한 사고를 하고, 학업성적도 자연스럽게 오른다."

··· 대한민국 교육특구 대치동의 명문고교에 해당하는 미국 보스턴 부르클라인 고등학교 학생들.

　메리 교사는 이어 "(이 같은 이유로 미국에서는) 교과목이 모두 글쓰기와 관련이 있는데 이것을 흔히 교과과정을 아우르는 글쓰기(Writing across the curriculum)라고 말한다"면서 "그래서 나는 학생들에게 (글쓰기 자체를 가르치는 게 아니라) 어떻게 생각해야 하는지를 중점 지도한다"고 밝혔다.

　'미국의 글쓰기 교육 열풍, 그 현장을 찾아서'란 주제로 2007년 10월 부르클라인 고교를 방문하여 메리 버체널 씨에게 미국 고등학교의 글쓰기 교육 현황을 들어봤다.

　메리 교사는 미국 프린스턴대에서 비교문학을 전공했으며, 특히 프랑스와 이탈리아의 19세기 시詩를 집중 공부했다. 메리 교사는 미국 스탠포드대에서 교육학 석사를 받은 뒤 미국 애틀랜타의 사립학교(Saint Mark's school, Noble and greener school, Lovett school-Atlanta 소

··· 미국 보스턴의 부르클라인 고등학교 전경.

재)를 거쳐 보스턴의 부르클라인 고교에서 영어를 가르친다.

글쓰기공부를 하면 어떤 효과를 얻을 수 있나.

"논리에 맞게 글 쓰는 방법을 체계 있게 배운 학생들은 학업 능력이
뛰어나다. 내가 가르치는 영어 시간을 봐도 글쓰기 능력이 뛰어난 학
생들은 분명히 성적이 좋다. 학생들을 가르치면서 이런 점을 실제로
느낀다."

논리적 글쓰기는 왜 학업 능력에 도움을 준다고 보는가.

"논리적 글쓰기를 하는 과정에서 치밀하게 생각을 해야 하기 때문
에 학업 능력 향상으로 이어진다고 볼 수 있다. (주제를 잘 전달하도록
단락 구성을 하여 전개하는 방식으로) 글쓰기를 하면, 이것을 하지 않을

때보다 더욱 훈련된 방식으로 생각할 수 있고 이것이 학업 능력에 도움을 준다. 다시 말하면, 글쓰기는 '사고능력 향상'과 관련 있다는 말이다. 글쓰기와 생각하기는 분리할 수가 없다. 바로 그것 때문에 글쓰기공부가 중요하다."

논리적 글쓰기를 하면 사고력이 향상한다는 이야기인데 영어 과목이 아닌 다른 과목에도 똑같이 적용하는가?

"당연히 마찬가지로 적용한다. 글쓰기와 생각하기(사고)를 분리할 수는 없다. 좋은 글을 쓰는 학생은 생각을 치밀하게 한다. 글쓰기는 생각을 이끌고, 생각은 글 쓰는 힘의 원천을 제공한다. 글쓰기와 생각하는 능력은 밀접하다는 말이다. 이런 의미에서 좋은 사상가라면 훌륭한 글쓰기 능력도 있어야 한다."

… "글쓰기 잘하면 성적도 우수" 미국 보스턴 부르클라인 고등학교의 메리 버체널 영어 교사는 "논리적 글쓰기공부를 체계 있게 하면 학업 능력도 향상한다"고 말했다.

그럼, 메리 선생은 어떤 방식으로 글쓰기지도를 하는가.

"글쓰기수업은 단순히 대학 입학시험을 준비하는 훈련과정이 아니다. 실제로 나는 글쓰기수업 때 학생들에게 어떻게 생각해야 하는지를 중점으로 가르친다. 학생들이 조리 있게 생각하도록 훈련하고, 그들이 생각하는 바를 정확하게 정리하여 분명하게 표현하는 방법을 지도한다. 글쓰기는 즉흥에서 나오거나 엉망이 될 수 있는 생각을 잘 표현하는 훈련이다.”

글을 잘 쓰기 위한 비결이 있다면.

“끊임없이 글을 고쳐 쓰는 게 필요하다. 정확하게 고쳐쓰기를 하려면 적잖은 시간이 걸린다. 하지만 고쳐 쓰면서 좀 더 좋은 글을 만들수 있다.”

어떤 방식으로 고쳐쓰기 지도를 하는지 자세히 설명해 달라.

“우리는 ‘금요일까지 글쓰기를 하고, 글을 제출하면 성적을 주겠다’고 단순하게 말하지 않는다. 대신 교사나 학생에게 발상 모으기와 초안 제출, 초안 교정 과정을 철저하게 거치게 한다. 학생들은 몇 단계를 거쳐 가면서 글을 완성한다. 이 과정에서 교사들은 학생들이 자기 생각을 내면화하고 조직화할 수 있도록 도와준다. 이를테면, 단계를 하나씩 거치게 하는 것이다. 바로 여기서 고쳐쓰기 단계는 아주 중요하다. 학생들에게 쉼표를 넣어야 할 곳을 알려 주는 것만으로는 안된다. 학생들에게 고쳐쓰기가 무엇인가를 정말로 보여주기 위해 노력하는 방식으로 진행하는 글쓰기지도는 부르클라인 고등학교의 자랑이다.”

왜 고쳐쓰기가 중요할까.

“만약 우리가 천재라면, 고쳐쓰기를 할 필요는 없다. 그러나 대부분우리는 이런저런 생각을 혼란스럽게 하다가 논리정연하게 차근차근정리하지 않는가. 글쓰기를 할 때도 이것을 마찬가지로 적용한다.

… "정말 잘 썼어요." 미국 보스턴 부르클라인 고등학교의 영어 수업 시간. 학생 글을 교사가 1:1로 대면 첨삭 지도를 한다.

우리 생각을 처음에는 종이 위에 완벽하게 표현하기가 어렵다. 하지만 고쳐쓰기를 하면서 차분하게 생각을 정리할 수 있다. 만약 고쳐쓰기를 하지 않는다면 기대한 수준만큼 좋은 글을 쓸 수가 없다. 고쳐쓰기는 사람들 생각을 좀 더 나은 상태로 만들어 주기 때문에 중요하다."

고쳐 쓰는 과정이 쉽지는 않을 텐데.

"내가 말하는 제대로 한 글쓰기는 고쳐쓰기 과정을 거치는 글쓰기다. 그것은 정말로 어렵고 복잡한 과정이지만 꼭 필요하다. 고쳐쓰기를 하지 않으면 생각을 날카롭게 정돈할 수 없기 때문이다. 그뿐이 아니다. 논리에 맞는 글을 만들기는 매우 어렵다."

고쳐쓰기의 장점이 있다면.

"학생들에게 고쳐 쓰는 방법을 지도하는 것은 글쓰기 부담을 덜어 줄 수 있는 지름길을 알려주는 것이다. 좋은 생각이 떠올랐을 때 그것을 처음부터 완벽하게 표현해야 한다면 글쓰기는 무척 큰 부담이 될 것이다. 학생들은 '나는 할 수 없어'하고 생각할 수도 있다. 그러나 고쳐쓰기 과정을 거치면서 점차적으로 좋은 글로 만들어 가도록 훈련한다면 학생들은 글쓰기 공포감이나 부담감을 덜 느낄 것이다."

부르클라인 고등학교의 글쓰기 교육은 어떤 교육 과정으로 구성하나.

"(학생들 모두 의무적으로 들어야 하는) 글쓰기 과목은 따로 없다. 다만, 12학년(한국으로 치면 고교 3학년) 때 선택과목인 '새로운(창의적) 글쓰기'가 있다. '새로운(창의적) 글쓰기'는 문학 교육을 비롯한 여러 가지 교과과정과 관련이 있다. 영어 과목에서는 보통 다른 학교와 마찬가지로 발표력, 문법, 어휘 교육을 포함한다. 하지만 우리 학교의 창의적 글쓰기는 독특하다. 교사들이 교과서를 사용하지 않는다는 점이 바로 그것이다. (교사들이 자기 나름대로 새로운 계획표(프로그램)를 그때 그때 만든 뒤에) 일정한 형식에 얽매이지 않게 독창적인 글을 쓰게 한다."

영어 외 다른 과목들도 글쓰기공부와 연관이 있는가.

"교과목은 모두 (글쓰기 과제가 있고, 이것을 첨삭해 주기 때문에) 글쓰기공부와 관련 있다고 할 수 있다. 이를테면, 과목이 모두 '교과과정을 아우르는 글쓰기(Writing across the curriculum)'를 지향한다는 말이다. 학생들이 영어 과목과 다른 과목 사이를 넘나들면서, 학습해야 할 내용을 능률적으로 이해할 수 있게 한다. 영어 수업 시간에 진행하는 글쓰기와 역사 시간에 진행하는 글쓰기의 차이점이 무엇인가 이해하도록 훈련한다. 이러한 교육을 좀 더 확대해야 할 필요성을 느낀다."

'새로운(창의적) 글쓰기'란 과목은 어떤 수업인가.

"새로운(창의적) 글쓰기는 세 개 반으로 운영한다. 한 반에 22명이니까 전체 66명이다. 재학생 400명 중에 66명이 새로운(창의적) 글쓰기수업을 듣는다. 이 수업은 별도의 교과서가 없이 교사들이 자율로 진행한다. 곧 수업 내용의 독립권이 교사에게 있다. 그래서 수업진행 방식은 교사에 따라 다르다. 다른 과목과 마찬가지로 이 과목에도 수업 목표가 있다. 수업 목표와 그것을 달성하는 방법도 교사가 자율로 결정한다."

그럼, 메리 선생은 '새로운(창의적) 글쓰기'를 어떤 방식으로 진행했나.

"우선, 글쓰기에서 중요하다고 생각하는 요소들을 소개하면서 출발한다. 첫 번째 수업은 '묘사'를 집중 지도하고 실습하게 했다. 학생들 글을 보면서, 그들이 관찰한 내용을 어떻게 묘사했는지 점검했다. 처음에 글로 묘사하게 하면서 '배경', '인물', '대화' 그리고 '줄거리'까지 쓸 수 있도록 이끌었다. '줄거리'는 가장 힘든 부분이므로 마지막에 소개했다. 만약 이 요소들을 한번에 소개한다면 학생들이 힘들어 할 것이다. 그래서 나와 동료 교사들은 이러한 요소를 하나하나 소개하는 방식으로 진행했다. 그렇게 하면 과목이 끝날 때 학생들은 글쓰기 요소를 모두 종합하여 응용할 수 있다.”

창작 글쓰기에서는 어떤 장르를 다루는가.

“내가 수업 때 다룬 유일한 장르는 회상록(거의 다 소설)이었다. 6주 단위로 시詩도 강의했다. 특정 작가나 시인에 대해 알아본 뒤 학생들에게 단편, 시 모음, 자서전 한 부분을 스스로 쓰게 했다. 많지는 않지만 일부는 시나리오를 썼다. 그러나 시나리오는 내가 이 반에서 다룬 장르가 아니기에 이것을 선택한 학생 수는 많지 않았다. 이 과정은 정기 과정이 되었다. 이 과정에서는 작가가 어떤 글쓰기 기술을 사용하는지 탐구하는 분석하는 글쓰기를 했다. 이 과정의 학습 목표는 어떻게 학생들을 작가들처럼 생각하게 할 것인가를 가르치는 것이었다.”

문학적 설득 글쓰기(Literatery persuasive writing)란 수업도 있다던데.

“9~12학년들을 대상으로 문학적 설득 글쓰기(Literatery persuasive writing)를 한다. 문학작품을 논의하고 텍스트를 통해 다른 사람을 설득하는 것이다. 우리는 학생들이 몇 년 동안 다양한 종류의 글쓰기를 하도록 지도한다. 그중에서 특별히 문학적 설득 글쓰기에 많은 시간을 할애한다.”

논증적 글쓰기(Expository writing)는 어떤 것인가?

“논증적 글쓰기는 어떤 것을 설명하면서 논리에 맞게 증명하는 글쓰기다. 내 생각에 설명과 설득은 구분하기가 아주 힘들다. 가령 논증적 수필을 생각할 때 사람들은 어떤 견해를 설명하는 과정을 포함한다고 볼 것이다. 그런데 여기에는 설득하는 과정도 동시에 일어난다."

학생 글은 어떤 식으로 평가하나.

"교사에 따라 다르지만 대부분 첨삭 평가 기준에 따라 학생 글을 평가한다. 교사들은 과제를 줄 때에 학생 글을 어떻게 평가하는지 그 기준도 알려준다. 10~15년 전부터 이러한 첨삭 평가 기준을 활용하고 있다. 학생들을 위하여 글쓰기 학술발표회도 연다. 여기서도 (글쓰기 방법론과 평가 방식 등) 훌륭한 가르침을 받을 수 있다."

… "글쓰기수업은 정말 즐거워" 미국 보스턴 부르클라인 고등학교 학생들의 영어 글쓰기수업 장면. 수업 내용이 재미있어서 그런지 학생들 표정이 무척 밝다.

교사가 되려면 글쓰기시험을 치르는가.

"내가 교사로 입문할 때는 글쓰기시험이 없었지만 지금은 글쓰기시험(논술시험)이 의무다. 내가 (평교사에서) 관리직 교사에 올라가기 위해 기초 문학시험을 치른 적이 있다. 그때는 글쓰기시험을 치렀다. 제시문을 요약하고 내 생각을 논술하는 문제였다."

교사들 모두 글쓰기를 지도할 수 있는 준비를 해야 할 텐데.

"교사가 되려면 글쓰기를 가르칠 수 있는 역량을 닦아 놓는 게 마땅하다. 미국에서는 모든 신입 교사가 글쓰기 기본 능력을 평가하는 시험에 통과해야 한다. 글쓰기에 자신 없는 교사 지망생은 시험을 치르는 데 어려움을 겪는다."

글쓰기 교육을 위해 교사들이 어떤 식으로 협력하는가.

"우리 학교에서는 영어 교사들이 2~3주에 한 번씩 회의를 한다. 고등학교 교사들은 7~8학년 교사들과 일 년에 두 번 만난다. 저학년과 고학년의 글쓰기 교육을 어느 정도 이어지게 하기 위해서다."

부르클라인 고등학교에서 글쓰기 교육을 강조하는 사례로 어떤 게 있는가.

"졸업반 학생들은 졸업에 필요한 소논문을 써내야 한다. 그들은 영어 수업을 이수하고도 소논문에서 낙제한다면 졸업할 수 없다. 이것은 우리 학교를 졸업하기 위한 필수조건이다."

[미국 초등학교 글쓰기 교육]
미국 보스턴 베이커 스쿨의 쉬마 컬스타인 교사의 조언

"한국 학생들!
단락 이론에 맞춰 글쓰기공부하세요"

"한국에서 온 학생들을 매우 좋게 평가한다. 이들은 진지하게 공부하고 배움 자체를 사랑한다. 하지만 좀 더 집중해서 글쓰기공부를 하라고 조언하고 싶다. 글쓰기는 언어 능력을 끌어올리는 데 효과가 있기 때문이다."

… "한국 학생들은 단락 원리를 잘 모르더군요."미국 보스턴 베이커 스쿨의 쉬마 컬스타인 교사는 "한국 학생들을 매우 좋게 평가하지만 글쓰기공부를 더 했으면 좋겠다"고 말했다. 쉬마 교사는 또 한국 학생들이 문장 하나하나를 정확하게 쓰는 데에는 익숙하지만 단락 전개 원리에 맞춰 완성된 글을 한 편 구성하는 훈련은 부족하다고 지적했다.

미국의 교육도시 보스턴 근교에 위치한 부르클라인 지역은 '대한민국 교육특구' 대치동에

160

해당하는 동네다. 이곳엔 부유층이 살고 명문학교가 몰려 있다. 수풀이 우거지고 유럽풍 고급주택이 즐비해 미국 로스앤젤레스의 베벌리힐스를 떠올리게 하기도 한다.

부르클라인에는 베이커 스쿨이라는 한 초등학교가 있다. 좋은 학교라는 입소문 때문인지 서울 강남에서 온 조기 유학생도 많다. 방과 뒤에 자녀를 데리러 오는 한국 학부모들도 종종 볼 수 있다. 한국 학생 서너 명이 운동장에서 뛰어노는 장면을 보면 영락없는 서울 강남의 초등학교 풍경이다.

2007년 10월, 미국 초등학교의 글쓰기 교육을 취재하기 위해 베이커 스쿨을 방문, 쉬마 컬스타인 교사를 면접 취재했다. 쉬마 교사는 "한국에서 온 학생들은 어떻게 문장을 완성하는지는 알지만 단락을 어떻게 구성해야 하는지 모를 때가 많다"고 말했다. 이를테면, 문법

··· **"다양한 도구 활용"** 쉬마 컬스타인 교사는 글쓰기수업을 할 때에 그림을 비롯한 다양한 도구를 활용한다.

에 맞게 문장 하나하나를 정확하게 쓰는 데 신경쓰다보니 정작 단락 이론에 맞춰 체계 있게 글 한 편을 완성하는 능력은 부족하다는 이야기였다.

쉬마 컬스타인 씨는 미국 보스턴대학교에서 영어영문학(학부), 언어학(석사)을 전공했다. 농아를 위한 언어교육과 TESL교육(외국인에게

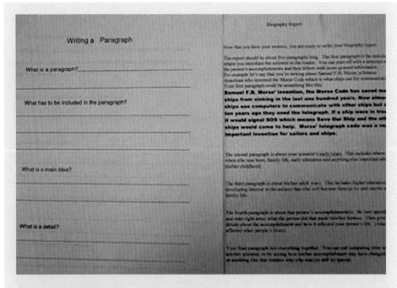

··· "글을 잘 쓰려면 단락 이론 활용하라." 미국 보스턴 베이커 스쿨의 쉬마 컬스타인 교사가 수업 시간에 활용하는 단락 이론 부교재의 일부.

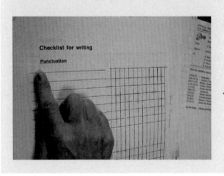

··· "글쓰기 점검표" 쉬마 컬스타인 교사는 "학생들에게 글쓰기 점검표를 나눠 준 뒤에 스스로 자기 글의 문제점을 찾아보도록 유도하는 방법도 효과가 있다"고 말했다.

영어를 제2외국어로 가르치는 교육)도 함께 공부했다. 교사 경력은 30여 년으로, 보스턴 부르클라인에서 25년째 산다."

한국에서 온 초등학생들에게 글쓰기를 지도한 적이 있나.

"(정규 수업 시간에도 한국 학생들을 지도하지만) 방학에는 좀 더 많은 한국 학생을 가르친다. 지난 여름방학 때도 2주간 집중해서 글쓰기 교육을 한 적이 있다. 다른 선생님은 읽기를 담당했고, 나는 다섯 단락 수필 작성법을 집중 지도했다."

한국 초등학생들은 어떤가.

"한국 학생들을 매우 좋게 평가한다. 진지하게 배우는 자세가 대견 스럽기 때문이다. 이들은 배우는 것 자체를 사랑한다. 매사에 관심을 기울이는 (적극적인) 학생들이다."

한국 학부모들은 어떤가?

"학부모들 인상도 좋다. 우리 학교는 대부분 한인 공동체를 아주 좋게 생각한다. 물론 가끔 학부모가 학생들에게 다소 지나치게 (공부 를) 강요할 때는 있다."

한국에서 온 초등학생들을 어떤 방식으로 지도하나.

"처음에는 대부분 한글과 영어를 함께 사용해 문장을 쓰게 한다. 영어를 습득하기 전까지 한글을 원하는 대로 쓸 수 있게 허용하는 것 이다. 하지만 이들은 시간이 지날수록 차츰 영어 단어를 사용하기 시작한다. (자기 능력껏 영어로 글을 쓰게 하면서) 영어를 익히게 한다."

그렇게 지도하면 어떤 변화가 있는가.

"학생들에겐 파란 글쓰기 공책이 있다. 이 공책 앞부분은 한글로 쓴 글이 많지만 뒷장으로 넘어갈수록 영어로 바뀐다. 학생들이 글쓰기를 배우는 여러 가지 방법 중에서 (한글과 영어를 함께 쓰도록 허용하는 것은) 학생들을 편안하게 공부하도록 배려하고 동시에 최대 효과를 내는 방식이다."

한국 학생들에게 도움말을 준다면.

"한국 학생들에게 하고 싶은 단 한 가지는 '그래, 더 많은 글을 쓰자'다. 좀 더 집중해서 글쓰기공부를 하는 게 한국 학생들에게 가장 필요한 부분이다. 대다수 한국 학생들은 항상 모두 이해하지는 못하겠지만 읽는 데 큰 지장은 없다. 여기서 언어 능력을 더 향상하려면 더욱 많은 생각을 종이에 또박또박 쓰는 훈련을 해야 한다. 한국 학생들은 훌륭하지만 나에게 도움말을 요청한다면 '글쓰기 교육 과정을 더 많이 활용하라'고 말할 것이다."

글을 잘 쓰려면 단락 구성을 잘해야 할 텐데.

"6학년 때부터 단락을 활용한 글쓰기이론을 가르친다. 단락이 무엇인지, 무엇이 중심생각이고, 무엇이 세부사항인지 설명한다. 단락 구성에 필요한 용어도 알려 준다. 그렇게 함으로써 제목, 소주제문, 중심생각, 뒷받침문장, 상술, 예시 등이 무엇인지 숙지하게 한다. 이러

… **"가을을 주제로 글을 쓰려면"** 쉬마 컬스타인 교사는 '가을'을 주제로 글을 쓸 때에 학생들이 야외에 나가 가을과 관련 있는 소재들을 직접 고르게 한 뒤에 글감으로 활용하게 한다고 밝혔다. 학생들이 일상생활 속에서 체험을 바탕으로 새로운(창의적인) 글을 쓸 수 있도록 이끄는 수업 방식이라고 할 수 있다. 쉬마 교사가 종이 위에 올려놓은 것은 학생들이 직접 주워 온 낙엽과 나뭇가지 등 가을과 관련 있는 소재다.

한 용어들은 학년 내내 사용할 것이기 때문에 익혀두어야 한다."

어떻게 지도하는지 자세히 설명해 달라.

"우선 단락의 소주제문 작성법을 가르치는 데 중점을 둔다. 작성한 소주제문을 1~2차례 정도 고치게 한 뒤 소주제문을 뒷받침하는 다양한 문장 전개 방식을 지도한다. (소주제문에 이어서 써야 하는) 뒷받침 문장들 범위를 어떻게 설정하고, 어떻게 상술하고, 어떻게 예를 드는지 익히게 한다. 이런 과정은 수업시간에 모두 마친다."

글쓰기에서 단락의 중요성을 어떻게 설명하나.

"(한국에서 온 기자가) 단락의 중요성을 질문하는 게 흥미롭다. 왜냐하면 한국에서 온 학생들은 단락을 어떻게 써야 하는지 모를 때가 많기 때문이다. 이 학생들은 어떻게 문장 하나하나를 완성해야 하는지는 안다. 하지만 (소주제문과 뒷받침문장들을 묶어서 한 단락으로 만드는 방식으로) 단락 이론에 맞춰 글을 전개하는 데 익숙하지 않다. 그래서 우리 학교에 온 한국 학생들은 뒤늦게 단락 원리를 배우면서 무척 재미있어 한다."

글쓰기에서 단락이 왜 필요한가.

"단락은 글쓰기에서 가장 중요한 부분이다. 글은 수필이든 소설이든 아주 많은 정보를 내포한다. 이러한 글들은 단락 여러 개로 생각을 정리하여 전개하면 (주제를 전달하는 데) 훨씬 더 능률적이다. 자기 생각을 명확히 표현하는 데 단락이 꼭 필요하다는 이야기다. 이것은 그림을 한 장 그리는 것과 같다. 그림을 아무것도 그리지 않으면, 아무런 정보도 얻을 수 없다. 심지어 그림에 관해 아무런 생각도 가질 수 없을 것이다. 하지만 단락 원리에 맞춰 글을 쓰면 작가의 느낌과 정보 등 세부사항들을 일목요연하게 정리하면서 이해할 수가 있다. 학생들에게 이런 점을 이야기하면서 단락의 중요성을 설명한다."

학생들에게 내주는 글쓰기과제를 한 가지 소개해 달라.

"글쓰기주제는 여러 가지가 있다. 예를 들면, '미국 과학자를 조사한 보고서를 써 오라'는 식이다. 학생들은 자신이 써내야 할 과학자 한 명을 고른 뒤에 여기에 관련 있는 정보를 찾아야 한다. 그 다음 짜임새 있게 단락 구성을 하여 보고서를 써내야 한다. 이것은 결코 쉬운 일이 아니다. 하지만 학년에 상관없이 학생들 모두 이것을 수행해야 한다. 물론 나는 그들을 도와준다."

제대로 보고서를 써 오는가.

"그렇다. 매우 짜임새 있는 글을 쓴다. 설명하는 글쓰기란 수업 시간에는 글쓰기의 기초를 가르친다. 첫 단락이 하는 역할은 무엇인지, 두 번째와 세 번째 단락은 어떤 기능을 하는지 지도한다. (문장 하나하나를 정확하게 쓰는 방법부터 단락 전개법에 이르기까지) 어떻게 글을 써야 하는지 공부한다. 또 친구들의 글을 단락별로 읽어가면서 비평한다. 이런 방식으로 글의 기초를 다지는 데에 많은 시간을 투자한다. 그렇기 때문에 (일정 단계가 지난 뒤에 '미국 과학자를 조사한 보고서를 써 오라'고 해도) 대견할 정도로 글을 잘 써 온다."

세부적인 부분은 어떻게 지도하는가.

"우선, 문법 요소에 신경을 쓴다. 문장은 모두 문법에 맞게 하나하나 완벽해야 하기 때문이다. 또 다른 하나는 글의 구성이 짜임새 있도록 지도한다. 그다음 생각을 효과적으로 표현하도록 안내한다. 생각을 잘 전달하는 것은 무척 중요하다고 강조하는 것이다. 바꿔 말한다면, 문장이 정확한가, 단락 구성을 원칙대로 했는가, 글의 주제(생각)가 명확한가, 배경지식이 있는가, 충분한 형용사로 인물들을 묘사했는가를 챙겨 주는 것이다. 물론 교사마다 학생들에게 지도하고자 하는 목표는 서로 다를 수 있다."

… "가을!" 미국 보스턴 베이커 스쿨의 한 초등학생이 '가을'을 소재로 쓴 글.

베이커 스쿨의 글쓰기 계획표(프로그램)를 소개해 달라.

"절대로 학생들에게 아무것이나 던져주고는 '이것으로 집에 가서 숙제를 해 와'라고 말하지 않는다. 항상 수업 시간에 이러한 작업을 하게 하고, 이것을 제대로 이해했는지 확인한다. 특별한 글쓰기 계획표(프로그램)가 별도로 있는 것은 아니지만, 군이 구분하여 소개한다면 '설명하는 글쓰기'와 '새로운(창의적) 글쓰기'가 있다. 설명하는 글쓰기란 실화(논픽션)를 뜻한다. 과학 글쓰기, 역사 글쓰기도 여기에 포함한다. 또 어떤 현상을 정확하게 묘사하는 방법도 여기서 지도한다. 새로운(창의적) 글쓰기란 좀 더 독창적인 생각을 할 수 있도록 지도하는 데 초점을 둔다. 이것은 학생들 주장을 글로 쓰고, (문예) 창작을 하는 데 도움을 주는 계획표(프로그램)다."

저학년 학생들은 어떻게 지도하나.

"저학년 반에서는 설명하는 프로그램이나 새로운(창의적) 프로그램에 많이 구속받지 않는다. 그야말로 다양한 주제와 방식으로 자유롭게 글쓰기를 한다. 평소 쓴 글을 모아 책을 만들기도 한다."

글을 잘 쓰려면 어떻게 해야 하나.

"좋은 질문이다. 학생들이 글쓰기를 즐길 수 있도록 안내해야 한다. 물

··· "즐거운 글쓰기" 미국 보스턴 베이커 스쿨의 한 초등학생이 수업 시간에 글을 쓰는 모습.

론 연습도 필요하다. 이를 통해 다양한 종류의 글쓰기를 접할 때도 글쓰기가 두렵지 않다. 다양한 글쓰기는 수필 쓰기, 요약하기, 창조하는 글쓰기, 일기 쓰기, 신문기사 쓰기 등을 포함한다. 이 과정을 거치면서 아주 좋은 글을 쓰는 학생이 될 수 있다. 열심히 하면 발전 속도가 놀라울 정도로 빨라진다.

내가 학교를 다닐 당시에는 글쓰기공부를 한 적이 한 번도 없었다. 하지만 이건 50년대 이야기니 옛날 얘기다. 고등학교에 입학하기 이전에는 아무런 글쓰기도 하지 않았다. 나는 항상 글을 못 쓴다고 생각했다. 하지만 대학에 갔을 때 글쓰기를 시작하면서 나도 글쓰기를 사랑한다는 사실을 깨달았다."

중학교와 초등학교의 글쓰기 교육은 어떤 식으로 연계하는가.

"우리에게 특별한 글쓰기 교육 과정은 없다. 이곳은 대학교나 고등학교와는 다르다. 일반 학급에 '언어 예술(Language Art)'이라는 과정이 있다. 이것은 미술과는 상관이 없다. '언어 예술'은 문법과 구두법을 다루는 것이다. 가장 명확하게 말하면 문학, 연극, 시를 읽고, 글을 쓰는 것이다. 글쓰기수업을 많이 하지만 독립시켜 설명할 수 있는 글쓰기 과정은 없다. 교사들이 그때그때 학생들 수준에 맞춰 부교재 프린트로 교재를 만들어 사용한다."

어려서부터 글쓰기공부를 하면 어떤 장점이 있나.

"글쓰기는 사고력과 언어 능력 발달에 도움을 주기 때문에 그 누구에게든지 매우 중요하다. 글쓰기를 하려면 단어를 알아야 하고, 정보

··· "저요! 저요!" 미국 보스턴의 베이커 스쿨에서 쉬마 컬스타인 교사가 수업을 하는 장면. 쉬마 교사의 질문에 학생들이 서로 발표하겠다면서 손을 번쩍 든다. 한국 학생들도 보인다.

도 필요하고, 창조적인 생각도 활용해야 한다. 글쓰기를 하면 깊이 생각할 수 있는 힘을 기를 수 있는 것이다. 그러므로 글을 잘 쓰는 사람들은 아마도 총명한 사람일 것이다. 훌륭한 글을 쓰려면 단락 구성을 잘해야 하는데 이를 위해서는 깊이 생각해야 하기 때문이다. (사고력이 부족하여) 학습에 장애가 있는 학생들이나 중간 석차 이하 학생들은 글을 잘 쓰지 못하지 않는가."

글쓰기공부로 또 어떤 효과를 낼 수 있는가.

"어휘력을 향상하는 데 큰 보탬이 된다. 단어를 많이 안다는 것은 교육받은 사람인지 아닌지를 판단하는 기준일 수 있다."

글쓰기공부가 사고력과 학업성적 향상으로도 직결한다는 이야기인가.

"꼭 그렇게 (단정해서) 말할 수는 없다. 글쓰기실력에 따라 사고력 수준을 판단할 수는 없다는 말이다. 글을 잘 쓰는 최고 작가들이 남들에 비해 무조건 똑똑하다고 생각하지는 않는다. 뛰어난 작가라고 해서 모두 학업성적이 좋다고 말할 수는 없다는 말이다. 실제로, 공부를 잘하는 데도 불구하고 글을 잘 못 쓰는 사람도 있지 않은가.

그동안 수학과 과학 실력이 뛰어난 남학생들을 많이 가르쳤다. 그런데 그들이 꼭 글을 잘 쓰는 것만은 아니었다. 내 남편은 기술자인데 글쓰기를 싫어한다. 오히려 내가 글을 다 써주는 상황이다. MIT나 스탠포드 등 명문대에 입학하는 이공계 학생들 중에 글솜씨가 부족한 경우도 얼마든지 있다.

글쓰기 실력은 여러 가지 능력을 향상하는 기술이지만 지능의 척도로 단정 지을 수는 없다. 아무튼 몇 가지 사례로 (글쓰기가 사고력 향상에 가장 많은 도움이 된다는 식으로) 일반화해서는 안 된다. 어떤 사회현상을 일반화하려면 매우 조심스럽게 접근해야 한다."

마지막으로, 글쓰기수업 방식 한 가지를 예를 들어가면서 소개해 줄 수 있나.

"좋다. 학생들에게 설명하는 글쓰기 방법을 가르치고, 글감을 준 뒤에 단락 전개 원

··· 여긴 미국 초등학교 복도 미국 보스턴 베이커 스쿨의 교실 복도. 천장에 달아 놓은 모빌이 인상적이다.

리에 맞춰 글을 쓰게 한다. 예를 들어, 설명하는 글쓰기를 학생들에게 먼저 소개한다. 여기서 학생들은 형용사가 무엇인지 배운다. 나는 학생들에게 형용사 목록을 나누어 주고, 그들이 생각해낸 형용사 목록에 이것들을 보태게 한다. 이런 방식으로 좀 더 다양하고 풍부하게 문장을 표현하도록 이끈다.

5학년 과정에서 우리는 야외로 나가 가을을 나타내는 것들을 수집한다. 그리고는 책 '계절의 동기'와 가을을 주제로 한 글을 읽게 했다. 학생들은 이 책에서 '추분', '경사', '회전'과 같은 어휘를 익힌다.

다음 과정에서 'Cross Stick Poem'이라는 활동을 하게 한다. 이것은 학생들이 글자를 세로로 넣은 뒤에 가로로 시詩를 만드는 활동이다. 각 문장은 한 글자로 시작한다. 학생들은 '달', '곧', '떨어지다', '낙엽'과 같이 가을과 관련 있는 단어를 선택해서 시를 쓴다.

이 단계에서 학생들은 단락 구성에 들어간다. 이들은 두 단락을 완성해야 한다. 첫째 단락에는 밖에서 수집한 가을을 나타내는 단어들을 활용하여 글을 쓴다. 둘째 단락에는 가을에 과학적으로 어떤 일들이 일어나는지 쓴다. 이러한 연습으로 창작 글쓰기와 과학 글쓰기를 동시에 공부할 수 있다. 체험을 바탕으로 한 이와 같은 활동으로 글쓰기에 재미를 느끼게 한다.

5학년을 대상으로 한 또 다른 글쓰기수업 방식도 있다.

··· 베이커 스쿨의 통학버스.

지난 여름에 학생들이 한 일들을 글로 쓰게 한다. 이때 '냄새'라든지 '시각'이란 소재를 포함하여 글을 쓰게 한다. 학생들은 공책에 이 소재로 글을 한 편 완성하는데 한 가지 주제를 한 단락에 담아야 한다. 이런 과정을 거치면 단락 전개 원리에 맞춘 글 한 편이 나올 수 있다."

그밖에 글쓰기지도에 효과적인 방법이 있다면.

"글쓰기 점검표(체크 리스트)를 활용하는 것도 좋다. 학생들에게 이것을 나눠 주고 스스로 점검하게 한다. 학부모들도 이 방식을 좋아한다. 엄청나게 큰 효과가 있기 때문이다. 예를 들어 보자. 3인칭 단수와 같은 문법을 가르치고, 학생들이 자기 문장에 오류가 있는지 점검하게 한다. 이 방법을 활용하여 아주 훌륭하게 글을 고칠 수 있다.

한국 학생들은 잘못된 문장을 지적해도 잘 이해하지 못할 때가 있다. 글쓰기 점검표는 그런 학생들에게 자기 실수를 직접 보고 깨닫게 하는 역할을 한다. 잘못된 부분을 직접 점검하게 함으로써 글쓰기 능력을 끌어 올릴 수 있는 것이다.

… "그림책도 활용" 베이커 스쿨의 쉬마 컬스타인 교사가 글쓰기수업에 활용하는 그림책 한 권을 들어 보인다. 학생들에게 글감을 줄 때에 관련 그림책을 보여 주면서 학생들의 상상력을 자극하는 방식이다.

2부

일본
활자문화
부흥운동

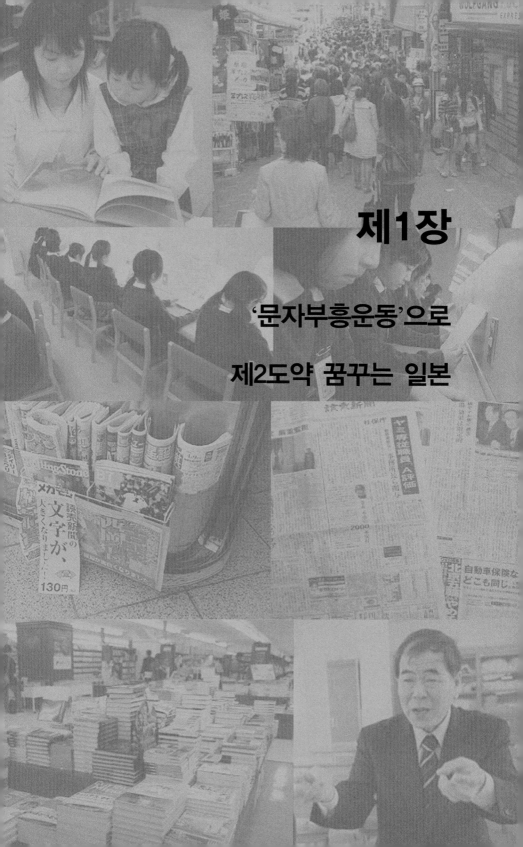

제1장

'문자부흥운동'으로

제2도약 꿈꾸는 일본

언어력·독서력으로 경제대국 등극한 일본
젊은층이 독서 멀리하자 '문자부흥운동' 전개

··· "활자 키웠으니 신문 좀 많이 보셔요." 일본 도쿄 중심가의 한 신문 가판대. 요미우리신문에서 본문 활자를 키웠다는 내용의 노란색 안내문을 걸어놓은 풍경이 이채롭다. 한 도쿄 시민은 "줄어드는 신문 독자들을 만회하려고 신문사들이 활자를 키우는 등 여러 가지 대책을 쓰는 것 같다"고 말했다.

중장년층은 책, 젊은 층은 휴대전화나 게임기···대비되는 열차 안 풍경

2008년 4월 11일 오전 8시, 일본 요코하마와 신주쿠를 연결하는 JR 신주쿠—쇼오난라인의 열차. 출근 시간이어서 승객들로 복잡한 객실에서 한 가지 재미있는 풍

경을 볼 수 있었다.

40대 중반 이후로 보이는 7~8명은 열심히 책을 읽고 있었다. 얼핏 살펴보니 그림 한 점 없이 문자만 빼곡하게 들어찬 책이었다. 대부분 문고판 크기로, 하차할 때엔 읽던 책을 주머니에 쏙 넣었다. 출근길에 요코하마와 신주쿠를 연결하는 혼잡한 급행열차를 타고 자투리 시간을 쪼개 독서하는 모습이 신선하게 다가왔다.

그런데 이것과 다른 장면도 볼 수 있었다. 젊은 층일수록 독서를 하지 않았다. 대신 젊은이 10여 명은 휴대전화나 휴대용 게임기를 만지작거렸다. 일부는 눈을 감고 음악을 감상했고, 일부는 휴대전화로 DMB 방송을 보는 데 빠져 있었다.

"일본이 경제대국이 된 것은 국민들의 왕성한 독서에 힘입었다고 들었습니다. 하지만 요즘 일본 젊은이들은 책이나 신문을 별로 보지

… "일본 초등학교의 아침독서 현장" 일본은 어린이와 청소년들이 인터넷과 텔레비전에 빠져 책과 신문읽기를 멀리하는 현상을 줄이기 위해 2005년에 '활자문화진흥법'을 만들었다. 사진은 일본의 한 초등학교 학생들이 '아침독서운동'을 하는 장면.

않습니다. 인터넷에 정보가 많이 담겨 있기 때문에 그것으로 해결하죠. 인쇄물을 보더라도 그나마 만화나 그림이 많은 책을 보는 데 그칩니다. 문자로 기록한 매체를 점점 멀리하는 현상이 뚜렷하게 나타납니다."(이케다 유키노, 40세, 회사원)

일본 젊은 층의 '활자 이탈', '문자이탈' 현상이 급증하자 일본 교육계와 출판업계는 위기의식을 느꼈다. 어린이, 청소년은 물론 어른들도 예전에 비해 책을 멀리하면서 신문과 책 판매량이 계속 줄어들었다.

중의원, 책과 신문 즐겨보도록 '활자문화진흥법' 제정

교육 관계자들은 젊은 세대가 독서와 신문읽기를 기피한다면 지적 역량이 떨어지는 것은 물론 정서에 부작용이 생길 수 있고, 경제와 과학기술 발전에도 지장을 초래할 수 있다고 본 것이다.

일부 교육자들과 시민운동단체들이 이 같은 문제점을 인식하고 자발적으로 아침독서운동과 북 스타트 운동을 펼치기에 이르렀다. 〈요미우리신문〉에서는 '21세기 활자문화 연구계획'을 실시하여 분위기를 조성하기도 했다. 여기에 일부 정치인들이 힘을 보태기 시작했다. 일본 국회 중의원인 이케노보오 야스코 의원(공명당, 현 일본 문부과학성 부대신)과 가와무라 다테오 의원(전 문부과학성 대신), 히다 미요코 의원 등이 주도하여 '활자문화의원연맹'을 만들고 '활자문화진흥법'

제정에 착수했다. 정당과 당파를 초월하여 의원 286명이 가입한 이 모임에서 어린이, 청소년들이 책과 신문을 즐겨 볼 수 있도록 법과 제도를 만들기로 한 것이다. 이런 과정을 거쳐 2005년 7월 22일 일본 국회에서 찬성 220표, 반대 1표로, 사실상 만장일치로 가결했다. 반대표 1표는 단추를 잘못 누른 것으로 밝혀졌다. 7월 15일 중의원 가결을 거쳐 참의원에서도 일주일 만에 통과, 7월 29일 공포와 동시에 시행에 들어갔다.

'활자문화진흥법' 제정의 주역인 문부과학성의 이케노보오 야스코 부대신은 "독서의 중요성을 알고 있는 의원들을 하나하나 만나서 의견을 듣고, 마침내 법까지 만들게 되었다"고 말하고 "시행한 지 3년밖에 되지 않아 아직 큰 성과는 없지만 조용한 성과를 낸다고 생각한다"고 말했다.

'활자문화진흥법'은 국민들에게 독서문화 환경을 제공하고, 학교에서 읽고 쓰는 능력을 길러 주는 것이 국가와 지방자치단체의 책무라고 명시했다. 또 이 법을 공포한 '7월 29일'을 '활자문화의 날'로 지정한다고 했다. 출판업계 지원책으로는 학술출판 지원, 출판물의 외국어 번역과 국제교류 지원, 학교 도서관 운영 지원, 독서진흥 민간단체 지원 등이 있다. 지역사회의 활자문화 진흥방안으로는 북 스타트 운동의 보급 지원, 책 읽어주기 사업 지원, 독서 조언자의 육성, 공공도서관의 기능 강화 등을 마련했다. 또 학교에서도 독서지도 강화, 독서 시간 확보, 언어능력 향상교육 지원, 교사 양성과정에서 '도서관'과 '독서' 과목 도입, 특수학교의 독서환경 정비, 신문을 이용한 교육활동을 명시했다.

도쿄 가미히라이 초등학교의 이시카와 히로시 교장은 "텔레비전과 인터넷에 빠진 젊은이들이 '활자문화진흥법' 덕분에 책과 신문읽기에 관심이 생겼다"고 말하고 "상대적으로 예산이 부족한 공립학교에서 이 법을 활용하여 독서교육을 강화하면 큰 성과를 낼 수 있고, 이것이 국가 경쟁력으로 이어질 수 있다고 본다"고 밝혔다.

〈일본 '활자문화진흥법' 전문〉

제1조(목적) : 이 법은 문자활자문화가 인류의 장구한 역사 속에서 축적한 지식과 지혜의 계승과 향상, 그리고 풍요로운 인간성의 함양과 건전한 민주주의 발달에 필수적이라는 점에 비추어, 문자활자문화 진흥에 관한 기본 이념을 정하고 국가와 지방공공단체의 책무를 명확히 함과 아울러 문자활자문화 진흥에 필요한 사항을 정함으로써, 우리나라의 문자활자문화 진흥 정책의 종합적인 추진을 기해 지적이고 풍요로운 국민생활과 활력 있는 사회 실현에 기여함을 목적으로 한다.

제2조(정의) : 이 법에서 '문자활자문화'라 함은, 활자와 기타 문자를 이용해 표현한 것(이하 문장이라 함)을 읽고 쓰는 것을 중심으로 이뤄지는 정신적 활동, 출판 활동, 문장을 제공하기 위한 활동, 출판물 등 문화적 소산을 말한다.

제3조(기본이념) :

〈1〉 문자활자문화 진흥에 관한 정책의 추진은 모든 국민의 자주성을 존중하고 평생 동안 지역, 학교, 가정, 기타 다양한 장소에서 거주 지역, 신체적 조건, 기타 조건에 구애하지 않고 동등하게 풍요로운 문자활자문화의 혜택을 누릴 수 있도록 환경을 정비한다는 취지로 시행해야 한다.

〈2〉 문자활자문화의 진흥은 국어가 일본 문화의 기반임을 충분히 고려해야 한다.

〈3〉 학교 교육에서는 모든 국민이 문자활자문화의 혜택을 향유할 수 있도록 하기 위해 교육과정 전반을 통해 읽기능력과 쓰기능력, 그리고 이러한 능력을 기초로 하는 언어능력 함양을 충분히 배려해야 한다.

제4조(국가의 책무) : 국가는 전조의 기본이념에 따라 문자활자문화 진흥에 관한 정책을 종합적으로 책정하고 실시할 책무가 있다.

제5조(지방공공단체의 책무) : 지방공공단체는 기본이념에 따라 국가와 연계를 도모하면서 지역의 실정에 맞춰 문자활자문화 진흥에 관한 정책을 책정하여 실시할 책무가 있다.

제6조(관계기관과 연계 강화) : 국가와 지방공공단체는 문자활자문화 진흥에 관한 정책을 원활히 실시할 수 있도록 도서관, 교육기관, 기타 관계기관과 민간단체의 연계를 강화하는 등 필요한 체제 정비에 노력해야 한다.

제7조(지역의 문자활자문화 진흥) :

〈1〉 기초 지방자치단체인 시정촌市町村은 도서관 봉사에 관한 주민의 수요에 적절히 대응하기 위해 필요한 수의 공공도서관을 설치하도록 노력해야 한다.

〈2〉 국가와 지방공공단체는 공립도서관이 주민에게 적절한 도서관 봉사를 제공할 수 있도록 사서의 충실 등 인적 체제의 정비, 도서관 자료의 충실화, 정보화의 추진 등 물적 조건의 정비, 기타 공립도서관의 운영 개선과 향상에 필요한 시책을 강구해야 한다.

〈3〉 국가와 지방공공단체는 대학과 기타 교육기관이 시행하는 도서관의 일반공중 개방, 문자활자문화와 관련 있는 공개강좌의 개설, 기타 지역의 문자활자문화 진흥에 공헌하는 활동을 촉진하기 위해 필요한 시책을 강구하도록 노력해야 한다.

〈4〉 앞의 제3항에서 정한 것 이외에 국가와 지방공공단체는 지역의 문자활자문화 진흥을 위해 문자활자문화 진흥에 도움이 되는 활동을 펼치는 민간단체의 지원과 기타 필요한 정책을 강구해야 한다.

제8조(학교 교육에서 언어능력 함양)

〈1〉 국가와 지방공공단체는 학교 교육에서 언어능력의 함양이 충분히 이뤄질 수 있도록 효과적인 방법의 보급과 기타 교육방법의 개선에 필요한 정책을 강구함과 아울러, 교원의 양성과 연수 내용의 충실화와 기타 자질 향상을 위한 시책을 강구해야 한다.

〈2〉 국가와 지방공공단체는 학교 교육에서 언어능력 함양에 필요한 환경 정비를 충실히 하기 위해 사서 교사와 학교 도서관에 관한 업무를 담당하는 여타 직원의 충실화 등 인적 체계의 정비, 학교 도서관 자료의 충실화와 정보화 추진 등 물적 조건 정비에 관해 필요한 시책을 강구해야 한다.

제9조(문자활자문화의 국제교류) : 국가는 가능한 다양한 나라의 문자활자문화를 국민에게 제공하고 우리나라 문자활자문화의 해외 발신을 촉진하기 위해, 우리나라에 그 문화가 널리 알려지지 않은 외국 출판물의 일본어 번역을 지원하고, 일본어 출판물의 외국어 번역을 지원하며, 기타 문자활자문화의 국제교류를 촉진하기 위해 필요한 시책을 강구해야 한다.

제10조(학술출판물의 보급) : 국가는 학술출판물의 보급이 일반적으로 어렵다는 점을 고려해 학술연구 성과에 관한 출판의 지원, 기타 필요한 시책을 강구해야 한다.

제11조(문자활자문화의 날)

〈1〉 국민 일반에 널리 문자활자문화에 관한 관심과 이해를 높이기 위해 문자활자문화의 날을 정한다.

〈2〉 문자활자문화의 날은 10월 27일로 한다.

〈3〉 국가와 지방공공단체는 문자활자문화의 날에 그 취지에 맞는 행사를 실시할 수 있도록 노력해야 한다.

제12조(재정상의 조치 등) : 국가와 지방공공단체는 문자활자문화 진흥에 관한 정책을 실시하기 위해 필요한 재정상의 조치와 기타 조치를 강구하도록 노력해야 한다.

부칙 : 이 법률은 공포한 날부터 시행한다.

[출처:일본 국회 '문자활자문화진흥법' 작성자 호크마]

"공산당까지 동참…'활자문화진흥법' 제정"

**국어 정확히 구사하는
사람이 영어도 잘해**

"국어는 그 자체가 그 나라
의 문화, 역사, 가치관, 이념이
다. 세계에 진출하기 위해 영
어가 필요하겠지만 영어교육
에만 비중을 두고 국어교육을
홀대하면 그 나라는 망할 것이
다. 나라의 정체성을 잃어버

… "한국인이 한국어를 제대로 못하면 전혀 매력 없죠." 일본
문부과학성의 이케노보오 야스코 부대신은 "일본에서는
영어보다 국어(일본어)를 더 소중히 하자는 여론이 많다"
고 말하고 "한국인이 한국어를 제대로 하지 못하면 전
혀 매력이 없을 것"이라고 밝혔다. 또 "한국어를 정확
하게 말하고, 이해하는 사람이 영어를 진정으로 구사할
수 있다"고 덧붙였다.

… "일본 과학기술 발전의 원동력은 독서의 힘!" 일본 문부과학성의 이케노보오 야스코 부대신이 일본 우주인들과 함께 촬영한 사진들 앞에서 활자문화의 중요성을 설명하고 있다. 이케노보오 야스코 부대신은 "일본의 경제, 과학기술이 발전한 원동력은 영어교육이 아니라 독서의 힘에 있다"고 밝혔다.

릴 수밖에 없기 때문이다."

일본 문부과학성의 이케노보오 부대신은 자공연립여당(공명당) 의원으로서, 지난 2005년 일본 국회에서 '문자·활자문화진흥법'을 제정하는 데 큰 공을 세운 정치인이다. 이케노보오 야스코 부대신은 "일본에서도 영어의 필요성을 느끼고 있으나 아직까지는 국어를 더 소중히 하자는 여론이 많다"면서 "한국인이 한국어를 제대로 하지 못하면 전혀 매력이 없을 것이다. 한국어를 정확하게 말하고, 이해하는 사람이 영어도 진정으로 잘 구사할 수 있다"고 밝혔다.

11일 오전 도쿄에 위치한 일본 문부과학성 집무실에서 이케노보오 야스코 부대신을 만나 일본 활자문화진흥법의 성과와 일본의 국어교육정책을 단독 면접 취재했다. 1942년생인 이케노보오 야스코 부대신은 천황 황족들이 주로 다니는 학습원대학의 문학부 출신이다. 96년에 일본 국회 중의원에 첫 당선한 뒤 현재 4선 의원으로 활약 중이다. 2003년에 중의원 문부과학위원장을 역임했다. 공명당 안의 어린이독서운동 책임자로서 '아침독서운동'과 '북 스타트 운동'을 이끌었다. 2005년엔 활자문화진흥법을 제정하는 데 큰 공을 세워 주목 받았다. 후쿠다 내각에 입각하여 교육정책을 지휘하고 있으며 친한파 정치인으로 통한다.

다음은 이케노보오 야스코 부대신과 나눈 일문일답 면접 취재다.

한국을 어떻게 생각하나.

"개인적으로 한국에 친밀감을 느낀다. 한국은 일본에서 가장 가까운 나라 아닌가. 일본 문화는 대부분 한국에서 전해온 것이다. 한국에서 건너온 문화가 일본 전통문화로 정착한 게 많다. 지난해에 두 번이나 한국을 방문했다. '한국 국립대학교들의 법인화'란 주제로 강연도 하고 왔다."

한국 사람들은 어떤가.

"한국 사람들은 서양 사람들과 비슷한 면이 있다. 자아의식이 강한

글쓴이 주
활자문화진흥법은 일본 젊은이들이 독서와 신문읽기를 소홀히 하는 현상을 막기 위해 2005년에 제정한 법이다. '문부과학성'은 한국의 '교육과학기술부'에 해당하고 '부대신'은 한국의 장관과 차관 사이의 중간 직급이다.

모습이 재미있다."

이명박 한국 대통령이 다음 주에 일본을 방문하는데 앞으로 한 - 일 관계를 어떻게 설정해야 한다고 보나.

"한국과 일본이 미래지향적으로 힘을 합치면 좋겠다. 두 나라는 과거에 불행한 일이 있었지만 아주 긴 역사에서 본다면 사이좋게 지내던 시기가 더 많았다고 본다. 한국과 일본이 사이좋게 지내면서, 각자의 문화를 결합하면 더욱 발전한 문화를 만들 수 있을 것이다. 한국인과 일본인 사이에서 태어난 아이들 중에 무척 재능이 풍부하고 활약상도 대단한 아이들이 많다고 생각한다."

책을 가까이 하면 다른 사람 배려하는 마음 생겨

활자문화진흥법은 훌륭한 법이다. 왜 이 법을 만들었나.

"일본 국민들이 문자문화를 소홀히 하는 현상과 학생들의 독해력 저하 현상을 막기 위해 활자문화진흥법을 제정했다. 지금 일본 젊은이들은 독서를 많이 하지 않고 있으며 이러한 일은 계속 번지고 있다. 1년간 초등학생들이 수업 받는 시간과 텔레비전을 시청하거나 게임하는 시간이 거의 똑같은 실정이다. 어린이들이 독서를 별로 하지 않는 것이다. 이들은 모르는 단어도 인터넷에서 손쉽게 변환해 볼 수 있기 때문에 사전을 찾는 일도 드물다. 내 생각엔 사전을 찾는 게 무척 중요하다."

독서를 하면 어떤 효과가 있다고 보는가.

"책을 가까이 하면 정의감을 기를 수 있다. 또 예측 능력도 커진다. 아울러 다른 사람들을 배려하는 마음도 생긴다. 상상력도 생길 뿐더러 인생에서 소중한 게 무엇인지 배울 수도 있다. 텔레비전 시청이나 게임하기로는 이런 효과를 낼 수가 없다. 게임에서는 사람이 죽고 되살아나기도 하는데 인생은 한 번뿐 아닌가. 어린 시절에 독서 습관을 기르면 입시 때문에 일시적으로 독서를 하지 못해도 어른이 된 뒤에 책을 읽는다. 이 같은 배경에서 활자문화진흥법을 만든 것이다."

활자문화진흥법에서 장려하는 세 가지가 있다고 하던데.

"먼저, '아침독서' 운동이 있다. 아침에 등교하여 10분간 아무 책이나 읽어도 된다고 보급하고 있다. 처음에는 이 방법이 효과가 적을 것이라고 의문을 품는 사람들도 있었다. 하지만 지금은 일본 전국에서 26,000개 학교가 아침독서를 실시한다. 집단따돌림이나 학급붕괴와 같은 문제를 극복한 학교도 많다. 등교거부학생이 전국에 13만 명 정도가 있다고 한다. 학교에 오자마자 보건실에서만 있으려고 하는 보건실 부동 학생들도 있다. 이들이 아침독서를 하기도 한다."

그 다음에는 무엇을 권장하나.

"북 스타트 운동을 펼치고 있다. 아기 검진 때 모자수첩과 함께 그림책을 주는 운동이다. 이것은 전국 634개 지방자치단체에서 실시한다. 어머니들에게 어떤 책이 좋은지 추천 도서 목록을 제공하기도 한다."

문자문화를 발전하게 하기 위해 또 어떤 활동을 하나.

"책 읽어주기 운동도 벌인다. 엄마 아빠가 자녀에게, 할아버지 할머니가 옆집 어린이들에게 책을 읽어주는 것이다. 이 운동을 하면 가정은 물론 지역 사회에서 의사소통이 훨씬 잘 될 것이다."

위에서 소개한 운동이 잘 진행되나.

"처음에는 무시당했다. 하지만 이것이 중요하다고 생각했기 때문에 풀뿌리 운동으로 연결했다. 마침내 2001년 11월에 어린이들의 독서활동 촉진에 관한 법률안을 만들었다. 이 과정에서 어린이들의 독서가 중요하다는 생각이 국민들에게 퍼졌다. 독서교육에 필요한 예산도 편성하고 4월 23일을 어린이 독서의 날로 정할 수 있었다."

활자문화진흥법처럼 꼭 법을 만드는 게 유리한가.

"세상을 좋게 개혁하기 위해서는 두 가지가 필요하다. 하나는 법과 제도다. 이것이 없으면 국민 생활을 보호할 수가 없다. 또 하나는 그 법과 제도를 활용하는 사회 구성원들의 실천이다. 이 두 가지가 있으면 사회를 개혁할 수 있다. 그래서 활자문화도 발전하게 하려고 활자문화진흥법을 제정한 것이다."

읽고 생각하고 표현하는 일은 인간생활의 기초

요즘 일본 국민들은 얼마나 '문자문화'에서 벗어나고 있나.

"어른들조차 활자를 멀리한다. 텔레비전이 더 편하다는 이유로 신문을 안 본다. 인터넷 뉴스만 보지 않는가. 그러나 문자는 인간 생활의 기반이 되는 큰 힘이다. 읽고 생각하고 표현하는 일은 아주 귀중한 인간생활의 기초다. 그런데 실제로는 일본 국민들이 독서와 신문읽기를 소홀히 한다. 그래서 국가와 기업, 지방자치단체가 협력하여 문자 활자문화를 실시해야 한다"

… "문자의 힘! 독서의 힘!" 일본 도쿄 근교의 소카 초등학교 학생들이 도서관에서 책을 읽고 있다. 일본 국회는 청소년들이 독서와 신문읽기를 소홀하게 여기는 현상을 극복하기 위해 2005년에 '활자문화진흥법'을 제정하여 아침독서운동, 북 스타트 운동 등을 활발하게 전개하고 있다.

활자문화진흥법이 잘 시행되고 있나.

"큰 성과가 있지는 않지만 조용한 성과를 낸다고 본다. 책의 중요성을 인식시키는 데 도움이 되었다고 할 수 있다. 국어에 관한 여러 가지 통계조사활동도 증가했다."

활자문화진흥법을 시행하기에 앞서 2001년도에 문화예술진흥기본법 안이 있었다던데.

"문화에서 기본은 국어다. 올바른 이념을 국어로 교육해야 한다는 법안이라고 보면 된다. 쉽게 말하면 국어를 깊이 있게 공부해야 한다는 법안이다. 또 외국인들이 일본어를 이해할 수 있도록 도와주고, 일본 문화를 번역하여 외국에 알리는 사업도 포함된다. 이것은 문자활자문화를 향상시켜 국어력 향상에 도움이 되고 있다."

활자문화진흥법을 제정하기 위해 처음에 어떤 식으로 활동했나.

"이 법은 의원입법으로 만들었다. 책을 좋아하는 의원들을 만나 의견을 주고받고 수없이 많은 회의를 하면서 공통목적을 확인했다. 활자문자문화의 중요성을 알고 있는 의원들이 모여서 어떻게 하면 국민들의 언어력을 향상할 수 있을지 지혜를 모은 것이다. 이런 과정을 거치면서 모든 정파를 초월하여 이 법안에 동의를 받았다. 법안이 통과한 뒤 동료 의원들에게 '아주 좋은 법을 만들었다'고 칭찬을 받았다."

한국도 활자문화진흥법, 꼭 만들어 보세요

활자문화진흥법을 만드는 데 얼마나 걸렸나.

"법안을 만들고 통과하기까지 약 6개월 걸렸다. 하루빨리 이 법을 만들어 국민들을 계몽해야 한다고 의원들이 의견을 모았기 때문에 쉽게 마무리할 수 있었다. 공산당을 포함하여 모든 의원이 반대의견을 거의 내지 않아 일사천리로 진행한 것이다."

(이에 대해 기자가 '축하한다'고 인사하자 이케노보오 야스코 부대신은 '한국에서도 활자문화진흥법을 꼭 만들어 보라. 일본법을 참고하여 더 우수한 법을 제정해 주기 바란다'고 답했다. '한국에도 이런 법이 생기면 좋겠다는 생각에서 취재를 왔다'고 하자 '정말로 기쁘다'고 말했다.)

'활자문화의 날'을 제정했다고 들었는데.

"4월 23일은 어린이독서의 날이고, 10월 27일은 활자문화의 날이다. 아직은 국민들이 이 날을 잘 모르고 있어 좀 더 홍보하려고 한다. 여성 의원들 중심으로 이 같은 날이 있다는 것을 도쿄 시내에서 홍보할 때도 있다."

(기자가 '한국에는 한글 창제를 기리는 한글날 〈10월 9일〉이 있다'고 말하자 이케노보오 야스코 부대신은 '한글날이 있는지 전혀 몰랐다'면서 깜짝 놀라는 표정을 지었다. 또 '한글날을 온 국민이 경축하는 날로 발전시켜 달라'고 말했다. '원래는 공휴일이었는데 6공화국(노태우 대통령) 시절에, 국민들이 더 많이 일을 해야 한다는 이유로 한글날을 공휴일에서 제외하는 바람에 국민들이 반발했다'고 말하자 '국민들이 그 일에 반발하는 것은 좋은 일'이라고 답했다.)

일본은 영어보다 자국어를 중시한다

일본은 영어보다도 자국어를 중시하는 정책을 편다고 들었는데.

"그렇다. 영어보다도 국어(일본어)가 중요하다. 세계 공용어가 필요할 수도 있고, 그것이 영어가 될 수도 있다. 하지만 어느 나라든지 자국어를 홀대해서는 안 된다. 왜냐하면 자국어는 그 자체가 그 나라의 문화, 역사, 가치관, 이념이기 때문이다."

일본 초등학교 영어교육정책은 어떤 내용인가.

"일본에서는 영어교육을 크게 중시하는 분위기는 없다. 국어교육 강화파와 영어교육강화파가 있지만 전자의 영향력이 더 강한 것 같다. 영어의 필요성을 느끼고 있으나 그래도 아직까지는 국어를 더 소중히 하자는 여론이 더 많다는 말이다. 이번에 초·중·고 교과과정을 개정한다. 교과서 내용도, 수업 시수도 바뀐다. 특징이 있다면 영어교육을 초등학교 교과과정에 포함하는 것이다. 사립초등학교에서는 이미 영어교육을 하고 있다. 그런데 공립초등학교 학부모들이 영어조기교육을 요구하여 이것을 반영한 것이다. 하지만 그렇다고 하더라도 영어를 중시하고 국어를 홀대하는 정책을 펴지는 않는다."

한국에서는 새 정부가 출범하면서 영어교육강화방안을 발표했는데 국어를 소외할 수 있다는 비판 여론이 있었다. 어떻게 생각하나.

"(세월이 흐르면) 영어가 한국과 일본의 공통어로 쓰일지도 모른다. 하지만 한국인이 한국어를 제대로 구사하지 못하면 전혀 매력이 없을 것이다. 한국어를 제대로 말하고, 이해하는 사람이 영어를 진정으로 구사할 수 있을 것이다. 다음 세대가 세계에 진출하기 위해 영어가 필요하겠지만 영어교육에 비중을 두고 자국어 교육을 홀대하면 그 나라는 망할 것이다. 그 나라의 정체성을 잃어버릴 수밖에 없기 때문이다."

일본이 경제대국이 된 비결은 영어교육에 있나, 아니면 다른 데 있나.

"일본 경제가 발전할 수 있었던 원동력은 역시 독서력(언어력)에 있다고 생각한다. 일본은 2차 세계대전에서 패하면서 국토가 완전히 황폐했다. 그런데 GDP가 세계 2위로 오를 줄은 아무도 예상하지 못했다. 이렇게 발전할 수 있었던 배경은 적극적인 교육에 있다. 교육이 큰 몫을 한 것인데, 교육의 근본이 바로 독서력이다."

한·일 간의 교류를 확대하면 좋을 텐데.

"어린이들의 교류부터 늘리면 좋겠다. 여름방학 때 한국, 중국, 일본의 어린이들이 합숙하는 행사를 한 적이 있다. 말이 통하지 않아 처음에는 서로 어색하게 지냈는데 헤어질 땐 아쉬워했다. 세 나라는 얼굴이 닮았지만 문화도 역사도 성격도 다 다르다. 국제사회의 발전은 다른 문화를 이해하는 데 있다고 생각한다. 문화 교류에서 새로운 에너지를 찾고 앞으로 나가는 게 중요하다."

일본인들이 한국어를 많이 배우면 두 나라가 더 친해질 텐데.

"일선 학교의 정규 수업 시간에 한국어를 의무로 배우게 하기는 불가능하다. 하지만 한국이 이웃나라이기 때문에 한국어를 배울 수 있는 기회를 늘릴 수 있는 방법을 생각해 보겠다."

(이케노보오 야스코 부대신은 '우리 딸이 독학으로 한국어를 배우는데 요즘 자음과 모음을 열심히 공부한다'고 말하고 '회화는 어려울 것 같지만 한글의 구성이 아주 합리적이라고 감탄한다'고 밝혔다. 또 '우리 딸이 나에게도 한글을 배우라고 권유한다'고 말하고 '일본인들에게 한글을 배우는 동기가 있으면 좋겠다'고 덧붙였다.

이케노보오 야스코 부대신은 '나는 고기를 좋아하는데 그중에서도 한국식 갈비와 불고기를 즐겨 먹는다'면서 '한국에서는 아직도 직접 가정에서 김치를 담가 먹느냐'고 물었다. '젊은 주부들 외에는 대부분 집에서 김치를 담근다'고 답변하자 '내 딸 친구가 재일동포 3세인데 집에서 담근 김치를 가져다 주어 아주 맛있게 먹는다'고 말했다.)

'문자이탈현상' 나타나자
신문 활자 키워 독자 확보

활자가 살아야 나라가 산다!

일본이 활자문화 살리기에 두 팔을 걷고 나섰다. 특유의 부지런함에 세계 최고 수준의 독서, 출판문화를 원동력 삼아 전후 경제 기적을 이룬 일본이 새삼 활자문화 살리기 운동을 펼치는 것이다.

… "활자를 키웠으니 신문 많이 보셔요." 일본 요미우리신문은 독자들을 많이 확보하기 위해 2008년 3월 31일부터 신문 본문 활자 크기를 좀 더 키웠다. 사진은 요미우리신문의 본문 활자 크기가 커진 상황을 시대별로 비교한 인터넷 누리집(홈페이지) 화면.

일본은 '활자문화 이탈현상'에서 비롯한 일본 사회의 '지식 공동화空洞化' 현상에 심각한 위기의식을 느끼고 있다. 그 단적인 예로 일본은 OECD(경제협력개발기구)가 전 세계 학생들을 대상으로 실시한 학력 평가 결과를 받아들고는 충격에 빠졌다. 최근 OECD가 세계 57개국 15세 학생들을 대상으로 한 학력 평가에서 일본은 독해력 부문 15위란 낮은 성적을 기록한 것이다. 활자와 출판문화 강국이라고 콧대가 높던 일본의 자존심에 커다란 금이 간 셈이다. 학생들이 TV와 인터넷, 게임기 등 속속 출현하는 영상 위주의 새로운 매체에 빠지고 글 읽기를 멀리한 결과가 고스란히 학력평가에 반영됐다.

이 같은 초라한 성적표 앞에 일본 열도의 활자문화부흥을 위해 최선봉을 자처한 곳이 바로 발행부수 1천만 부를 넘는 일본 최대 신문사인 요미우리신문사다. 요미우리신문은 '21세기 활자문화 프로젝트'

… "요미우리신문 '21세기 활자문화 프로젝트' 실시" 일본 요미우리신문은 '21세기 활자문화 프로젝트'란 이름 아래, 창간 130주년 기념으로 2002년 11월부터 전사적인 차원에서 활자문화 살리기에 총력을 기울이고 있다.

… "신문 판매도 감소" '활자문화 이탈현상'이 나타나고 있는 일본에서는 서적뿐만 아니라 신문 판매도 줄었다. 사진은 주요 일간지들을 판매하는 도쿄 지하철 가판대.

란 이름 아래, 창간 130주년 기념으로 2002년 11월부터 회사 전체가 활자문화 살리기에 온 힘을 다하고 있다.

요미우리 신문사가 이 프로젝트를 진행하는 취지는 다음과 같다.

"현재 젊은이들을 중심으로 '활자 이탈현상'이 빠른 속도로 진행되고 있다. 이런 상태로는 다음 세대의 사고

··· "젊은 층 중심으로 활자문화 이탈현상 '뚜렷'" 일본에서는 젊은이들이 책과 신문읽기를 게을리 하고 있어 문제가 되고 있다. 사진은 도쿄 도심에서 쇼핑을 즐기는 일본 젊은이들 풍경.

력과 창조력의 저하는 물론이고, 인간성의 쇠퇴까지 초래할 수밖에 없어 활자문화를 재정비하고 발전시키는 게 급선무로 다가왔다. 따라서 요미우리 신문사는 출판 관련 업계와 힘을 합쳐 활자문화 진흥회의를 새로 만들고, 책과 신문 등 활자문화를 지키고 키워나가기 위해 '21세기 활자문화 프로젝트'를 전개하기로 했다."

요미우리신문은 21세기 활자문화 프로젝트를 위해 각 연령층을 대상으로 활동 분야를 3단계로 나눠 역점을 기울이고 있다.

그 첫째가 '새로운 독서생활'. 아쿠다가와상이나 나오키상, 요시카와상 등 쟁쟁한 문학상을 수상한 유명 작가들과 사회 저명인사들을 초대해 '책'과 독서에 관한 열정을 청중에게 들려주고 의견을 나누는 행사를 열고 있다.

일본 전국을 순회하며 여는 강연회의 주제를 살펴보면 '책 오타쿠

(마니아)는 바보가 되지 않는다', '독서로 뇌의 힘(腦力)을 키우고 자신을 바꾸자' 등 책읽기와 활자문화의 중요성을 널리 알리는 내용으로 짜여 있다. 또 전국 서점과 연계해 책 관련 전시회도 기획하고, 작가나 저명인사들이 진행하는 독서 강연을 요미우리신문 지면에 싣고, 위성 방송 등에도 방영하고 있다.

둘째로는 '독서교양 강좌'다. 이 강좌는 활자문화 이탈현상이 심각한 일본 대학생들에게 초점을 맞추고 있다. 주요 대학들과 연계해 교양 수업에 전문 작가를 초청, 특별 수업을 진행한다. 수강 신청한 학생 이외에 일반에도 공개하는 특별 수업을 통해 작가들과 학생들이 눈높이를 맞추고, 호흡을 함께 하며 독서의 즐거움을 알리고 공유할 수 있는 시간을 보내게 된다. 이 같은 독서교육 강좌는 메이지대학, 오사카대학, 니혼대학, 아오야마학원 대학, 간사이대학, 긴키대학, 고

··· 일본 요코하마 역 근처에 있는 한 대형 서점 한때 출판왕국으로 통하던 일본은 젊은 층의 '독서 이탈현상'으로 서적 판매율이 점점 떨어지고 있다.

쿠시칸대학 등 일본 전국 28개 대학이 참가한다.

마지막 셋째로는 어릴 적부터 활자매체에 친근감을 심어주기 위해 어린이들을 대상으로 한 '책 읽어주기 교실'을 확대하고 있다. 어린이들에게 그림책을 읽어주는 교실을 열어 아이들이 일찍부터 책에 흥미를 느끼게 하고, 부모들에게는 가정에서 효과적으로 독서교육을 할 수 있는 방법을 알려주는 프로그램이다. 책읽기 교실의 한계를 뛰어 넘어 매일 각 가정에서도 부모와 자녀가 책을 보는 분위기를 조성하도록 유도하는 것이다. 도쿄, 오사카, 교토, 최북단 홋카이도 등 일본 전국에서 매 강좌 평균 200명 이상이 참가하는 등 호응이 뜨겁다.

야마자키 마사카즈 21세기 활자문화 프로젝트 추진위원장(극작가, 도아대 대학장)은 한 일본 언론과의 면접 취재에서 "활자문화란 인간다운 존재방식 그 자체다. 21세기 정보화 사회의 홍수 속에 사람이 방향을 잃고 표류하지 않기 위해서는 길 안내자인 활자매체를 적극 활용할 필요가 있다"고 말했다. 영상 미디어 등 과학 기술의 진보와 함께 쏟아지는 정보 가운데 활자매체만 사람의 두뇌를 적극 사용하게 만들고, 자신의 현실을 이해하게 돕고, 또 해석할 수 있게 한다는 설

글쓴이 주

요미우리신문의 '21세기 활자문화 프로젝트' 강연 주제

▲현자는 역사에서 배운다 ▲언어의 힘 ▲작가의 탄생 ▲책을 즐기는 방법 ▲읽기의 중요성 ▲번역 문학의 오늘 ▲우리들과 소설과… ▲어른이 돼 가는 여러분에게 ▲후련하게 시대를 심판한다 ▲일순간의 진실 ▲지식 여행 ▲격차 사회를 여유롭게 살아가기 위해서는… ▲역사와 인간, 시대와 마음 ▲마음과 언어 ▲당신에게 선물하는 한 여름의 책 한 권

명이다.

요미우리신문의 ‘21세기 활자문화 연구계획’은 일본 문부과학성과 문화청, NHK, 일본서적출판협회, 일본도서관협회 등 정부기관과 유력 민간단체들이 적극 후원해 그 열기가 일본 전국으로 퍼지고 있다. 요미우리에 뒤질세라 유력 종합일간지인 마이니치신문에서는 학생들의 책읽기를 장려하기 위해 매년 ‘독서 감상문 대회’를 열고 있다. 이 대회에는 일본 전국에서 400만 명의 학생이 참가할 정도로 인기를 끌고 있다.

일본 신문협회의 고위 관계자는 “일본은 전 사회적으로 활자 이탈 현상의 폐해를 뼈저리게 겪었고, 그에 따른 자구책의 하나로 활자문화 진흥을 위한 입법과 각종 홍보운동을 벌이고 있는 것”이라며 “한국도 전철을 밟지 않기 위해서는 일본의 사례를 연구해 볼 필요가 있다”고 조언했다.

야마자키 마사카즈 위원장의
'21세기 활자문화 연구계획' 취지 발언

"활자는 표류하는 정보 세계의 닻이다. 인간은 지금 넘쳐나는 정보 속에서 당황하고 있다. 영상이나 음향을 탄 정보는 자극적이지만 계속해서 흐르고 떠다니면서 도무지 갈피가 없다. 일관하게 정리하여 의미를 파악하려 하면 그림도 소리도 그 질을 바꾸어 버린다. 말과 활자만 현실을 응축해 의미 있는 것으로 변화시킬 수 있다.

조각난 직물처럼 맥락이 없는 정보는 사람의 감각만을 유혹해 침착하고 정연하게 사고하는 것을 방해하기 쉽다. 활자만 정보와 인간의 사이에 거리를 만들어 읽어내는 노력을 요구한다. 머리가 적극적으로 일하도록 함으로써 자기 자신의 힘으로 현실을 이해하거나 해석하는 사람을 만들어낸다.

활자는 비대해져 가는 정보 세계의 뼈대다. 질서 없이 부풀어 오르기만 한 정보 세계에는 어디가 중심인지 어디가 주변인지, 어디가 시작이고 어디가 마지막인지 도무지 알 수 없다. 활자는 편집이라는 작업을 통해 정보에 뼈대를 부여한다. 예컨대 신문에는 표제가 있고 기사의 장단이 있어 날마다 쏟아져 나오는 정보를 한눈에 파악할 수 있다. 책에는 단락과 목차가 있어 저자 생각의 구조를 분명히 할 수 있다.

인간이 지식을 얻는 것은 정보에 이러한 뼈대를 준다는 것과 같은 뜻이다. 때문에 활자는 꼭 필요한 매체다. 문자는 인간의 역사와 함께 태어났고, 활자는 지식이 전 인류의 것이 되었을 때에 태어났다. 활자 문화는 인간 본연의 인간다운 자세 그 자체이다. 21세기에 더욱더 성장해야 할 정보 세계가 무질서하게 표류하는 비만아가 되지 않으려면, 확실한 닻과 뼈대를 준비해야 한다."

[출처:http://www.kungree.com]

'일본=출판왕국'은 옛말…
책 멀리해 지적수준 저하 우려

일본 사람들은 한때 세계에서 독서를 가장 많이 하는 국민으로 통했다. 일본하면 떠오르는 풍경 가운데 하나로 책과 신문을 보는 승객이 가득 찬 전철을 꼽는 경우도 있었다. 전문가들은 일본 경제부흥의 원동력이 '언어력'에 있다고 할 정도였다. '언어력'은 읽고 쓰는 능력과 함께 자신의 생각을 조리 있게 전달하는 힘을 말한다.

하지만 이젠 '일본=활자문화국', '일본=출판왕국'은 옛일이 되고 말았다. 일본은 2005년에 '활자문화진흥법'을 만들어 책과 신문읽기 운동을 대대적으로 장려해야 할 정도로 '활자문화 이탈현상'을 겪는다. 일본 국민들이 책과 신문읽기를 멀리하고 인터넷과 텔레비전, 게임, 만화에 빠져 버려 지적 수준 저하를 걱정하게 된 것이다. 특히 일본의 출판물 판매액은 1996년 이후 내림세를 면치 못해 출판업계가 긴장하고 있다. 도쿄상공리서치 조사에 따르면, 2007년도에 1,000만 엔 이상의 부채를 안고 도산한 출판사는 66개로, 거품경제가 붕괴했던 1992년 이후 15년 만에 최고를 기록했다.

일본〈출판월보〉2008년 1월호에 따르면, 서적은 저가 상품으로 주력 출판물이 옮겨가며 매출이 감소하고, 잡지는 여전히 독자가 줄어드는 현상을 잡지 못하고 있다. 지난 2007년 일본의 출판물(서적, 잡지 합계) 추정 판매액은 전년 대비 3.1%가 줄어든 2조 853억 엔으로, 3년

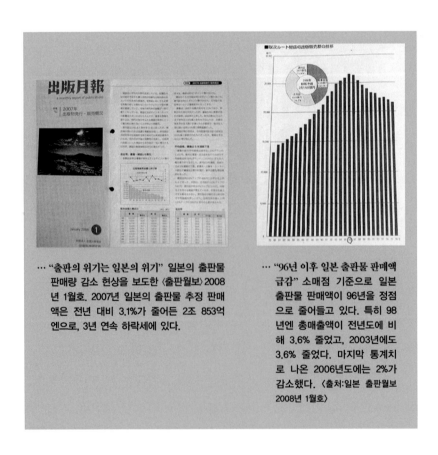

··· "출판의 위기는 일본의 위기" 일본의 출판물 판매량 감소 현상을 보도한 〈출판월보〉 2008년 1월호. 2007년 일본의 출판물 추정 판매액은 전년 대비 3.1%가 줄어든 2조 853억 엔으로, 3년 연속 하락세에 있다.

··· "96년 이후 일본 출판물 판매액 급감" 소매점 기준으로 일본 출판물 판매액이 96년을 정점으로 줄어들고 있다. 특히 98년엔 총매출액이 전년도에 비해 3.6% 줄었고, 2003년에도 3.6% 줄었다. 마지막 통계치로 나온 2006년도에는 2%가 감소했다. 〈출처:일본 출판월보 2008년 1월호〉

연속 내림세에 있다. 전년 대비 감소액은 672억 엔. 내역을 살펴보면 서적이 3.2% 줄어들어 매출 9,026억 엔, 잡지는 3.1%가 감소해 1조 1,827억 엔으로 서적, 잡지 모두 성장률이 줄어들었다.

서적은 『해리포터』 시리즈 등이 선전했지만, 저렴한 책 위주로 팔려 매출이 줄어드는 원인이 됐다. 잡지는 지난 98년 이래 10년 연속 감소세로 장기 추락을 막지 못하고 있다. 추정 판매부수는 서적이 전년과 비슷한 수준인 7억 5,542만 권, 잡지는 3.2% 줄어든 26억 1,269만 권이다. 서적은 전년에 이어 교양신서, 문고본, 휴대용 소설 등 저렴한 가격대의 상품이 잘 팔려 전년과 비슷한 보합세를 보였다. 잡지는 월간지가 전년 대비 4% 줄어든 17억 2,339만 권, 주간지는 1.6% 감소한 8억 8,930만 권이 돼 월간지의 추락이 심각했다. 서적은 저가 상품이 잘 팔려 판매부수는 전년과 비슷한 수준을 유지했지만, 매출은 오르지 않아 출판계의 고민은 여전하다. 독자가 '화제의 책' 예를 들면, 영화나 TV 등으로 영상화한 책으로 옮겨가는 현상이 두드러졌다. 반면 아동서는 『해리포터』 시리즈를 빼고는 매출이 매우 많이 줄었다.

잡지는 모든 분야에서 고전을 면치 못하고 있다. 이런 현상은 잡지 문화가 인터넷 문화에 밀렸기 때문에 발생하는 것으로 분석한다. 과거처럼 정보를 담고, 시대의 분위기를 전하던 잡지만의 매력이 더는 독자들을 사로잡지 못하고 있다.

서적의 신간 평균 가격은 전년 대비 1.9% 줄어 1,152엔이다. 신간의 평균 권당 가격은 3년 연속 내림세 중이다. 잡지의 신간 평균 가격은 468엔으로 전년 대비 근소한 상승에 그쳤다. 2007년 신간의 종류는 4만 7,417종으로 전년 대비 0.4% 줄었다. 신간 종류가 전년에 비해 줄어든 것은 지난 99년 이후 8년만이다. 신간의 추정 발행부수는 4억 405만 권으로 0.6% 늘었다. 또 신간별 평균 발행부수는 5,200권으로 지난 2005년 이후 비슷한 수준을 반복하고 있다.

단행본은 작은 휴대용 소설을 비롯해 저렴한 신간이 증가세를 보인다. 싼 책을 중심으로 팔려 권당 평균 가격은 41엔이 줄었다. 전문서적은 판매거점이 많이 변했다. 지방의 오래된 전문 서점은 폐업이 속출한 반면, 대형 서점이나 인터넷 판매로 전문서적의 유통이 옮겨가고 있다. 아동 분야의 신간 종류는 아동문고 등 읽어주는 책이 좋은 반응을 얻어 전년 대비 1.5% 늘었으나, 그림책은 반대로 5.4% 줄었다. 그림책의 신간 종류가 줄어든 것은 지난 98년 이래 처음이다.

2007년 잡지의 추정 판매금액은 월간지, 주간지 합계 1조 1,827억 엔이다. 이는 전년 대비 3.1% 줄어든 수치다. 이로써 잡지는 10년 연속 매출이 줄어들었다. 다른 미디어와의 경쟁과 중소 서점의 폐업, 젊은 층 인구감소 등이 악재로 작용했다. 휴간하는 잡지도 역대 최다를 기록해 독자와 유대관계가 급속히 무너지는 모습을 보였다.

일본 출판문화의 쇠퇴는 한국에도 적잖은 교훈을 안겨준다. 일본 최대 서적도매회사인 (주)도오한의 홍보실장 사가와 츠구스케 씨에게 일본 출판계의 현황과 대책을 들어봤다. 4월 9일 도쿄 가미히라이 초등학교에서 만나 면접 취재했다.

요즘 일본 젊은이들이 활자매체를 멀리하는 실정인가.

"요미우리나 마이니치신문 등 주요 언론사에서 실시한 여론조사

… "출판시장 자체가 침체기" 일본 서적 도매회사인 (주)도오한의 사가와 츠구스케 홍보실장은 "일본의 출판시장이 침체기에 빠져, 장기적으로 보면 국가 경쟁력 강화에도 지장을 초래할 수 있다"며 침울한 표정을 지었다.

결과도 그렇게 나타나고 있다. 교육계 현장의 목소리도 마찬가지다. 내가 볼 때도 일반 가정에서 책을 한 달에 한 권도 읽지 않는 경우가 많다."

책이 잘 팔리지 않아 일본 출판계가 어려움에 처했다던데.

"일본 출판계에서는 해마다 평균 7만여 권의 신간이 나온다. 그런데 최근에는 이런 추세가 줄어들고 있다. 또 출판시장 자체가 침체기에 접어들었다. 아무래도 여러 가지 새로운 미디어가 나타나고 있어 출판시장에 악영향을 끼치는 것 같다. 따라서 현재 일본 출판계의 최대 현안은 국민들을 활자매체와 친하게 만드는 환경을 조성하는 것이다."

현재 일본 출판시장은 자기개발서나 돈 버는 방법을 알려주는 책들이 많이 팔린다는데.

"그렇다. 현재 추세는 비즈니스 관련 책이 많이 팔린다. 크기가 작고 저렴한 책도 인기가 있다."

고전이나 교양서적은 잘 안 팔리는지.

"문학책은 잘 안 팔린다. 반면 '아침독서' 운동의 영향으로 아동서는 꽤 팔린다. 가정에서 손쉽게 책을 읽기에는 그림이 곁들여진 책도 괜찮다. 글자 수가 적고 그림을 통한 이해가 쉬워 남녀노소를 불문하고 가족이 책 내용을 공유하기 쉽기 때문이다."

출판 부수 감소가 일본 사회에 어떤 영향을 미치는가. 그에 따른 부작용은 무엇인가.

"책이 읽히지 않고 팔리지 않는다는 것은 일본의 문화 후퇴를 의미한다. 책을 읽지 않으면 국어(일본어)의 존립 자체도 위험하다. 국어의 문제, 문화의 문제, 인간성의 문제 등 출판 감소는 일본 사회에 있어 총체적인 위기인 셈이다. 이 때문에 일본 정부에서는 어린이 독서추진활동, 어린이 독서활동에 관한 법률 등 국가적인 입법을 통해 국민들이 책과 친할 수 있도록 힘쓰고 있다."

아침독서운동회 등 시민사회단체에서 그런 법을 만들도록 요구했나.

"그렇지는 않다. 다만, 아침독서운동의 실적과 효과를 입증해서인지 20년 전쯤부터 사회적으로 독서에 관한 법률을 만들기 위한 움직임이 있었다. 그런데 문제는 어른이다. '아침독서' 운동에 참가하는 어린이는 1천만 명에 육박하는 반면, 어른은 활자를 멀리하고 있다. 각 가정에서 어른이 책 읽는 모습을 찾아보기가 쉽지 않다. 이런 어른의 모습이 거꾸로 아이들에게 악영향을 끼칠 수 있다. 또 어린이와 부모, 가족끼리의 대화단절이 일본 사회의 큰 문제다. 의사소통이 단절되니 가족 간의 유대관계마저 위협받고 있다."

… "출판문화가 위축되어 걱정" 일본에서 가장 큰 서적도매회사인 (주)도오한의 사가와 츠구스케 홍보실장은 "출판물 판매가 점점 줄어들고 있어 걱정스럽다"고 말하고 "이런 현상은 일본 사회의 총체적인 위기를 반영한다"고 밝혔다.

그럼 어떤 대책이 필요한가.

"'아침독서' 운동을 통해 가족과 어린이가 책을 화제 삼아 가정의 의사소통을 다시 살려야 한다. 전국 지방자치단체와 연계해 책읽기 운동도 펼칠 필요가 있다. 독서를 활용한 가족문제 해결에 지방자치단체들도 큰 관심을 기울이고 있다. 현재는 매월 30일 독서를 하면서 가족 간의 유대관계를 복원하자는 운동을 펼치는 지자체도 있다."

일본이 경제대국으로 급성장한 원동력은 책읽기와 활자문화라는 분석이 있는데.

"과거에는 그랬지만, 요즘은 그 반대다. 부지런하고 활자매체를 애호하는 일본인의 모습은 이제 찾아보기 어렵다. 어떻게 보면 학생들에게 지나친 자유를 주다 못해 아예 방임하는 수준의 '여유 교육'의 역효과가 나타나고 있다고도 볼 수 있다. TV 오락 프로그램 등도 일본어와 문화를 훼손하는 데 한몫하고 있다. 일본의 미래는 지금 일본의 어린이들이 책을 읽느냐, 읽지 않느냐에 달려 있다고 해도 과언이 아니다. 책읽기는 한마디로 '나라 만들기', '인간 만들기'다."

TV 등 영상물을 보는 게 왜 나쁜가.

"TV 매체를 모두 부정하지는 않지만, 보통 사람들은 귀가하면 먼저 TV 스위치부터 켜는 게 습관이 됐다. 아니 온종일 TV를 켜고 있을 정도다. 영상매체가 가족의 단란에 나쁜 영향을 끼친다고 본다. 가끔은 TV 전원을 끄고, 가족과 대화하고 단란을 도모해야 한다. 또 TV 등 영상매체는 사람을 충동적으로 만든다. 반면 아침독서를 하면 사람의 표정부터 온화해진다."

출판인으로서 보람과 자부심을 느끼는지.

"원래 책이 좋았고, 그래서 출판사에 들어왔다. 예전에는 편집을 담당했는데 우연히 '아침독서' 운동을 접하고 적극 동참하고 있다. 아침독서운동과 집안독서운동은 내 인생에서 큰 보람이다."

"한국, 독해력 세계 1위" 일본 언론 대대적 보도

책읽기가 학생들의 학업성적 향상과 직접 관계가 있는 것으로 나타났다. 일본 주요 언론이 막연히 느껴지던 책읽기와 학업성적의 상관관계를 분석한 기사를 실어 눈길을 끌고 있다. 특히 한국은 OECD(경제협력개발기구)가 전 세계 57개국 15세 학생들을 대상으로 한 학력평가에서 '독해력' 부문 1위를 차지한 것으로 나타났다. 일본 언론은 한국 학생들의 독해력 향상 원인을 독서교육과 논술학원의 교육으로 꼽으

… "독서하면 학업성적도 쑥쑥 오른다." 각종 실험연구조사에서 독서를 많이 하면 학업성적이 오른다는 결과가 나왔다. 사진은 일본 도쿄 소카 초등학교 학생들이 도서관에서 책을 읽는 장면.

며 부러워했다.

최근 일본 〈아사히신문〉에 따르면 OECD가 전 세계 15세 학생을 대상으로 지난 2006년 실시한 '학습도달도 조사(PISA)' 독해력 부문에서 한국은 세계적인 '교육 강국' 핀란드를 제치고 1위를 차지했다. 한국 학생들은 독해력 부문에서 지난 2000년 6위에 머물렀으나, 2003년에는 2위로 치고 올라갔고, 2006년에는 당당히 1위에 오른 것으로 나타났다. 2000년과 2003년도 독해력 부동의 1위였던 북유럽 핀란드는 2006년 한국에 밀려 2위로 내려앉았다. 또 한국 독해력 1위의 특징은 점수가 낮은 학생층이 다른 나라에 비해 얇아 상향평준화를 이룬다는 점이다.

한국 교육과학기술부는 이처럼 한국 학생들이 독해력 1위를 차지한 원동력을 '독서교육'의 성과로 보고 있다. 그것도 정부 주도라기보

… "독서하면 수학 성적도 향상" 일본 문부과학성이 실시한 학력 테스트에서 '아침독서'를 실시 중인 학교가 그렇지 않은 학교에 비해 국어, 수학의 성적이 높게 나타났다. 사진은 문부과학성 학력 테스트 결과를 보도한 도쿄신문.

다는 대학입시의 영향이 큰 것으로 평가한다. '논술형' 대학입시를 도입하면서 전문 학원들이 대거 생겨나고, 논술형 입시를 잘 치르기 위해 독서를 장려하는 과정에서 학생들의 독해력이 향상했다는 것이다. 높은 교육열과 입시대책에 따른 논술학습이 독해력 전 세계 1위로 이어졌다는 분석이다.

반면 대표적인 활자문화 강국인 일본은 오히려 2000년 독해력 8위에서 2003년 13위, 2006년 15위로 떨어져 국가적인 독서 장려책이 절실한 것으로 나타났다. 실제로 일본에서도 독서는 국어, 수학, 산수 등 주요 과목 성적 향상에 도움이 되는 것으로 밝혀졌다. 이와 함께 〈도쿄신문〉 보도에 따르면, 문부과학성이 최근 실시한 학력 테스트에서 학생들의 '아침독서'를 실시 중인 학교가 그렇지 않은 학교에 비해 국어, 수학의 성적이 높게 나타났다. 대상학교 가운데 아침독서를

韓国は読解力でフィンランドを抜き世界一になった。得点分布を見ると、日本に比べ、低得点者の層が薄いのが特徴的だ。

文科省に相当する教育人的資源省は、「読書教育」の成果だと強調する。ただ、政府主導というより、大学入試の影響が大きいようだ。韓国では大学入試に「論述型」が導入され、この対策を

読解力世界一の韓国

大学入試と同傾向

掲げる学習塾が林立している。塾では論述問題をうまく書くため読書を奨励することが多い。もともと教育熱の高いお国柄だけに読書熱も受験対策のためのブームになり、読解力の向上に貢献したというわけだ。

さらに今回の問題では、実生活に根ざした素材が多く出題されたといい、「国語教科書で実生活中心の事例を盛り

… "한국 학생들의 독해력, 세계 1위" 한국이 OECD(경제협력개발기구)에 속한 전 세계 57개국 15세 학생들을 대상으로 한 학력평가에서 독해력 부문 1위를 차지한 것으로 나타났다고 보도한 일본 아사히신문. 이 신문은 한국 학생들의 독해력 향상 원인을 독서교육과 논술학원의 교육으로 나란히 꼽아 눈길을 끌었다.

실시하는 학교는 그렇지 않은 학교에 비해 국어B(응용)에서 3점, 산수 A(지식)에서 2.6점 정답률이 높게 나와 학업성적 향상에 있어 독서의 중요성이 또 부각됐다. 이로써 독서가 학생들의 집중력과 문제 해독력을 높여 학업성적을 높여준다는 이론이 구체적인 자료로 확인된 셈이다.

"게임할 땐 뇌 활동 거의 정지…
책 읽으면 정반대로 두뇌능력 향상"

머리가 좋아지려면 많이 읽어라!

'어떻게 하면 성적이 오를까?', '어떻게 하면 업무 능력이 향상할까?' 누구나 한번쯤 품어보는 궁금증을 시원하게 풀어주는 주목할 만한 연구 결과가 나와 화제다. 해외 연구진이 사람의 두뇌 능력, 이른바 '뇌력腦力'과 책읽기의 밀접한 상관관계를 검증한 데이터를 내놓은 것이다.

최근 일본 도쿄 민간교육연구소에서 실시한 실험에 따르면, 초등학생 10명에게 동화책을 2분 동안 소리내어 읽게 한 뒤 기억력 검사를 시행한 결과, 아무것도 하지 않았던 때보다 10~20%나 기억력이 증진

했다는 구체적인 자료가 나왔다. 이 실험을 주도한 도호쿠대학 미래 과학기술 공동연구센터의 가와시마 후토시 교수(뇌과학 전공)는 "독서가 두뇌를 활성화해 결과적으로 두뇌 능력이 향상한 것"이라며 이 같은 연구 논문을 뇌과학 관련 국제 학회에 발표했다.

가와시마 교수가 '독서의 무한한 능력'에 주목하는 데는 과학적 근거가 뒷받침된다. 가와시마 교수는 학생들에게 '내일 할 일을 생각한다', '트럼프 게임을 한다', '책을 읽는다', '음악을 듣는다' 등 100종류 이상의 과제를 준 뒤 fMRI(기능적 핵자기공명 영상법)로 뇌 내부 자장의 미세한 변화를 관측했다(뇌가 활발하게 움직이면 그 부분이 모니터 화면에 붉은 색으로 나타난다). 그 결과, 책을 읽을 때 놀라울 만큼 넓은 부위에 걸쳐 빨간색이 나타났다. 반면 '내일 할 일을 생각한다'에서는 거의 변화가 없었고, '트럼프 게임을 한다'는 과제 역시 뇌가 이렇다 할 변화를 보이지 못했다.

가와시마 교수는 또 다른 실험에서 치매 노인에게 하루 20분 동안

… "책을 많이 읽으면 지능지수 향상" 일본 도호쿠대학 미래과학기술 공동연구센터의 가와시마 후토시 교수(뇌과학 전공)는 최근 "독서가 두뇌를 활성화해 결과적으로 두뇌 능력을 향상하게 한다"는 내용의 연구 논문을 뇌과학 관련 국제 학회에 발표했다. 사진은 일본 도쿄 소카 초등학교의 사서 모리타 사치코 씨(왼쪽)가 저학년 학생에게 책을 읽어주는 장면.

'읽기·쓰기·계산' 과제를 부여했다. 그 결과 대상 노인들이 대소변을 가리지 못해 기저귀를 차는 일이 없어지고, 사람을 알아보고 일상 대화를 훨씬 자유롭게 구사한다는 효과가 발견됐다.

가와시마 교수는 "책을 읽으면 주의력, 창조성, 사람다운 감정, 의사소통(커뮤니케이션) 등과 깊은 관련이 있는 뇌 부위인 전두전야前頭前野가 활성화한다"고 밝혔다. 개나 고양이에는 이 전두전야가 없으며, 원숭이는 조금밖에 없다. 또 이곳이 발달하지 않거나 손상될 경우 성인이 어린아이 같은 행동을 하거나 감정 통제가 안 된다.

MRI 검사에서 책을 읽을 때 뇌가 빨간색을 띠는 것은 독서가 두뇌 전체에 흐르는 피의 양을 늘리고, 혈류 속도를 빠르게 하기 때문이다. 책읽기는 특히 두뇌의 전두연합령(이마 바로 뒤의 두뇌 부분)과 측좌핵을 활성화한다. 이 부분은 사고력, 판단력, 창조력과 같은 정신운동을 통제하는 부분이다. 따라서 책읽기는 뇌를 훈련하고 연마하는 가장 저렴하고 효율적인 활동인 셈이다.

… "독서하면 공해로 인한 인체 피해 줄어" 미국의 신경학 권위지인 뉴로지는 최근 '책읽기가 공해나 독성 물질로 인한 인체의 피해를 줄이는 효과가 있다'고 보도했다. 납 주조 공장 등 독성 물질이 있는 환경에서 일하는 노동자들을 대상으로 실시한 실험에서, 책을 좋아하는 사람들은 그렇지 않은 이들보다 신경계 손상이 적었으며 기억력과 집중력도 높은 것으로 나타났다.

그렇다면 현대인들이 흔히 빠져드는 게임이나 인터넷은 어떨까. 결론은 책읽기와는 정반대로 두뇌 활동을 향상하는 데 아무런 도움이 안 된다는 것이다. 일본 뇌신경 과학계의 권위자인 모리 아키오 교수 모듬의 연구 결과도 이를 뒷받침하고 있다. 모리 아키오 교수는 2002년 여름 장시간 게임이나 인터넷에 몰두하는 행동의 위험성을 알리는 연구 결과를 내놓았다. 게임을 매일 2~7시간 하는 아이는 뇌 활동 상태를 나타내는 뇌파가 전두전야에서 거의 감지되지 않았다. 즉 뇌가 거의 움직이지 않았다는 얘기다.

모리 교수는 이런 뇌를 '게임뇌'라고 불렀다. 게임뇌는 감정을 통제하는 기능이 눈에 띄게 떨어지고, 이성을 잃기 쉬우며 집중력도 낮아진다. 실제로 일본의 6~29세 사이 남녀 240명을 대상으로 조사한 결과 10% 정도가 게임뇌의 특징을 보였고, 이들은 집중력이 눈에 띄게 떨어지고, 신경질을 자주 부리거나, 친구와 사귀기도 힘들어 하는 등 자각 증상을 호소했다. 자못 심각한 표정으로 몰두하는 게임이나 인터넷 서핑은 겉으로 보기에 활발한 두뇌 활동이 필요한 것처럼 보여도, 정작 두뇌 활성화와 아무런 관계가 없다는 것을 과학적으로 증명한 셈이다.

이밖에 독서는 인체의 신경계통에도 좋다는 미국 의학계의 연구 결과가 나와 눈길을 끈다. 미국의 신경학 권위지인 뉴로지의 최근 보도에 따르면, 책읽기가 공해나 독성 물질로 인한 인체의 피해를 줄이는 효과가 있다는 것이다. 납 주조 공장 등 독성 물질이 있는 환경에서 일하는 노동자들을 대상으로 실시한 실험에서, 책을 좋아하는 사람들은 그렇지 않은 이들보다 신경계 손상이 적었으며 기억력과 집중력도 높은 것으로 나타났다.

과학자들은 책읽기로 신경계에 흐르는 혈액량이 늘고, 혈류 속도가 빨라져 독성 물질을 혈관계에 끼지 않고 몸 밖으로 빨리 배출하는 것을 돕는 것으로 본다. 막힌 하수도에 고압의 물을 주입하면 시원스레 뚫리는 것과 같은 이치다. 이처럼 독서가 두뇌 회전을 촉진한다는 사실이 속속 밝혀지면서 일본 과학계는 정부의 적극 지원 아래 추가 연구를 진행 중이다.

일본 히타치 제작소 기초연구소의 고이즈미 히데아키 연구장은 두뇌 속의 혈류 변화를 바탕으로 뇌 활동을 측정하는 광光 포토그라피 장치를 개발, 책 읽을 때 뇌기능이 활성화하는 과정을 연구 중이다.

… "책 읽었더니 성적도 올랐어요." '독서마을'로 소문난 일본 이바라기현 다이고 마치에 사는 후지타 유키코 양(10)이 "책을 날마다 한 권씩 읽었더니 한자 어휘 실력도 늘어나고 성적도 올라갔다"면서 환하게 웃고 있다. 일본에서는 최근 '책을 읽으면 두뇌력이 향상한다'는 연구 결과가 나와 화제가 되고 있다.

제2장

일본 초등학교

아침독서 현장탐방

'학교붕괴' 위기, '아침독서'로 극복

"안녕하셔요.(おはようございます.)"

"네, 안녕하셔요.(おはようございます.)"

4월 9일 오전 8시 10분, 도쿄 가츠시카구에 위치한 가미히라이 초등학교 정문. 등교하는 학생들이 교장, 교감 선생, 그리고 지역 주민들과 반갑게 아침 인사를 나눈다. 담임 선생들은 학교 건물 1층 입구나 교실 복도에서 이들을 맞이한다. 조용하던 학교는 "안녕하셔요(おはようございます)"로 메아리친다. 학생들이 재잘거리는 소리로 학교 주변까지 활기찬 동네로 바뀐다.

하지만 그것도 잠시. 정각 8시 30분에 맑은 음악소리가 울려 퍼진다. '아침독서' 시간을 알리는 음악소리. 학생들은 일사불란하게 반듯

하게 앉아 책을 펼쳐 들고 차근차근 읽기 시작한다. 독서삼매경에 빠진 학교는 오전 8시 40분까지 10분 동안 산사처럼 조용하다.

졸거나 딴짓하는 학생은 단 한 명도 없다. 기자의 사진 촬영을 호기심 어린 눈초리로 바라보면서 해맑게 웃는 개구쟁이들만 몇 명 보일 뿐이다. 모든 학생이 같은 책을 읽지는 않는다. 소설책부터 역사책, 동화책, 과학책 등 다양하다.

'아침독서'란 수업 시작 전에 10분이나 15분 정도 학생들과 교사가 함께 책을 읽는 활동이다. 지난 1988년에 하야시 히로시 교사가 창안했다. 한 여자고등학교에서 시작한 뒤 지금은 일본에서 2만여 개 학교가 참여한다. '아침독서'의 원칙은 ① 모든 학생과 교사가 참여하기 ② 하루도 빠트리지 않고 날마다 읽기 ③ 권장도서 대신 학생이 좋아하는 책을 스스로 선정하기 ④ 독후감을 쓰지 않고 그냥 읽기만 하기다.

'아침독서'는 학생들이 아무런 부담도 느끼지 않고 책에 재미를 붙이게 하기 때문에 독서 습관 형성을 돕는다고 한다. 평소 책을 읽지

… "안녕하세요~." 오전 8시가 지나면서 도쿄 가미히라이 초등학교 학생들이 교장, 교감, 마을 주민(왼쪽부터)과 인사를 하면서 등교하고 있다.

… "안녕! 안녕!" 가미히라이 초등학교 저학년 학생들이 담임의 안내를 받으며 학교 건물로 줄지어 들어가고 있다.

… "딴 짓하는 학생은 없지요." 가미히라이 초등학교의 '아침독서' 시간엔 단 한 명도 빠지지 않고 책을 읽는다. 담임 교사(맨 뒤의 중앙)도 학생들과 함께 독서한다.

않는 학생들까지 자연스럽게 독서에 합류하게 한다는 것이다. 2005년에 '활자문화진흥법'을 제정한 일본 국회는 각 학교에 '아침독서'를 적극 권장한다. 이를테면 '아침독서'는 활자문화부흥운동의 주요 정책이라고 할 수 있다.

가미히라이 초등학교에서 '아침독서'를 시작한 것은 지난 1996년. 당시 이 학교는 집단따돌림과 등교 거부, 기물 파손, 교사에 반항하기, 수업 불성실 등으로 '학교붕괴' 위기를 겪었다. 학부모들은 학생 지도를 소홀히 한다면서 학교를 거세게 비판했다.

"그 당시엔 출입문이나 창문 등 교내 기물을 파손하는 일이 많았다고 한다. 지역 주민들에게 수도없이 '이 학교 학생들은 문제가 많다'는 지적을 받았다고 들었다. 교사들이

… "이제 아침독서 시간" 오전 8시 30분에 '아침독서 시간'을 알리는 음악소리가 울리자 가미히라이 초등학교 학생들이 일사불란하게 책을 펼쳐 들고 독서를 시작했다.

… "독서가 재미있어요." 도쿄 가미히라이 초등학교 학생들은 날마다 수업 시작 전에 10분씩 '아침독서' 활동을 한다.

학생 생활 지도에 손을 놓은 것은 아니었지만, 열심히 해도 잘 되지 않았던 것 같다." (이자와 다큐야 부교감)

해결책을 찾던 학교에서는 '아침독서'를 선택했다. 한 교사가 우연히 하야시 히로시의 '아침독서' 이론을 접하고 "바로 이것이다"라며 제안한 것이다. 그 교사는 동료들을 설득하여 '아침독서' 이론을 함께 학습하고 실천에 옮겼다. 마침 가츠시카구에서 가미히라이 초등학교를 독서교육 연구학교로 지정했다.

교사들은 학생들에게 독서의 중요성을 일깨워주면서 독려했다. 하지만 효과가 바로 나타나지는 않았다. 일부 교사들은 오히려 이 방법에 회의를 느꼈다. 특히 '아침독서'를 시행한 이듬해에 교장과 부교장이 다른 학교로 전근하는 바람에 이것을 이어가는 데 잠시 어려움을 겪기도 했다.

… 책 읽어주기 가미히라이 초등학교에서는 '아침독서' 시간에 저학년 학생들에게 담임 교사가 직접 책을 읽어주기도 한다. 이런 과정을 거치면서 학생들이 자연스럽게 책을 가까이 할 수 있다는 것이다.

새로 부임한 교장은 학생들의 황폐한 모습을 보고 당황하면서도 '아침독서' 장면을 보고는 한줄기 희망을 보았다. 새 교장은 '아침독서'를 접지 않고 개선책을 동원했다. 교사들이 지역의 큰 도서관에 가서 아이디어를 얻게 하고, 학교 도서관을 매력 있는 공간으로 정비했다. 예산도 편성하여 도서 구입을 늘렸다. 학부모들에게도 책을 기증받았다. 교사들도 연구수업을 하면서 독서지도법을 함께 배웠다. 독후감 작성하기, 독서 토론회 열기, 책 읽어주기 행사도 마련했다. 교사 한 사람 한 사람이 독서에 열의를 보이면서 학생들에게 자극을 준 것이다. 아무리 책을 읽으라고 강요해도 소용없다는 생각에 '독서 시간=재미있는 시간'으로 인식하도록 만들었다.

기적은 '아침독서'를 실시한 지 3년째부터 일어났다. 협조하지 않던 학생들도 자연스럽게 '아침독서' 운동에 합류했다. 책을 준비하지

··· **"책에 푹 빠진 어린이"** 가미히라이 초등학교의 한 학생이 '아침독서' 시간에 열심히 책을 읽고 있다.

않는 학생은 단 한 명도 나타나지 않았다. 8시 30분에 음악소리가 울리면 놀이와 잡담을 멈추고, 독서삼매경에 흠뻑 빠졌다.

먼저, '아침독서'로 차분하게 하루 일과를 출발하면서 학교 전체의 규율이 잡혔다. 책을 읽으면서 사리판단을 잘하게 되어 생활도 올바르게 변했다. 국어와 산수 성적도 믿기 어려울 정도로 올랐다.

놀라운 것은 집단따돌림이 완전히 사라졌다는 점이다. 교사에게 반항하거나 등교를 거부하는 일도 없어지고, 오히려 수업 참여도가 좋아졌다. 서로 인사도 많이 하고, 도와주는 분위기가 되었다. 4년째 '아침독서'를 하면서 학교는 물론 집에서도 책을 읽는 바람이 불었다.

도쿄 가미히라이 초등학교에서는 12년째인 지금도 '아침독서'를 활발하게 하고 있다. 지역 주민들도 '아침독서'를 참관한 뒤 도서를 기증하고, 독후감쓰기 행사와 독서토론회에 협조하기도 한다. 학부모들이 지역 도서관에서 단체 대출을 해 오기도 한다. 학급문고도 항상 새로운 책으로 가득 찬다. 또 방과 후 '집안독서'를 하는 가정도 늘었다. 이 학교 학부모의 62%가 아이들에게 책 읽어주기를 실천한다고 한다.

'아침독서'로 '학교붕괴' 위기를 극복한 가미히라이 초등학교는 2007년 10월에 일본 전국출판협회 주최 '제1회 다카하시 마츠노스케 기념 아침독서 대상'(초등학교 부문)을 받았다. 이시카와 히로시 교장은 "지금은 학생들이 양로원을 찾아 책 읽어주기 봉사활동까지 한다"고 말하고 "이런 봉사활동을 보육원, 유치원에서도 펼치고 싶다"고 말했다. 또 "영상매체에만 빠지면 단편적인 사고방식이 자리 잡고, 깊고 넓게 생각하기가 어렵다"고 말하고 "그런데 우리 학교는 일본 전국에서도 보기 드물게 '아침독서'를 성공적으로 실천해 오히려 교장이 교사들과 학생들에게 고맙다"고 말했다.

일본 열도에 화제를 뿌렸던 도쿄 가미히라이 초등학교의 '아침독서' 운동. 가미히라이 초등학교를 방문하여 '아침독서'의 성공담을 들어봤다. 이시카와 히로시 교장이 취임한 지 한 달여밖에 되지 않아 '아침독서'를 총괄지휘하는 이자와 다쿠야 부교장(교감)을 면접 취재했다. 이자와 다쿠야 부교장은 도쿄 학예대학에서 이과를 전공한 뒤 25년째 교직에 몸담고 있다.

'아침독서'의 구체적인 성과는.

"'아침독서'를 하면서 제1교시 수업을 차분한 마음으로 시작할 수 있다. '아침독서'를 통해 단어의 쓰임새를 정확하게 습득한다. 알맞은 표현을 자연스럽게 익히다보니 상대방을 배려하는 말을 하면서 서로 존중하는 것이다. 당연히 거친 말로 상대방에게 상처 주는 일도 줄어든다. 또 학습 집중력도 높아진다. 대단히 높아진다고 말하기는 어렵지만, 공부를 대하는 학생들의 태도가 달라진다."

일본의 심각한 문제인 집단따돌림에 '아침독서'가 어떤 효과를 발휘했나.

"괴롭히거나 괴롭힘을 당하는 일은 '말' 때문에 생길 때가 많다. 남의 마음에 상처를 주는 것은 '잘못된 말'이기 때문이다. 그런데 '아침독서'를 한 덕분에 상대가 이러이러한 말을 들으면 어떤 상처를 받을지 미리 알게 되어 서로 조심하는 것이다."

… 서적 장식 가미히라이 초등학교의 계단 모퉁이에 설치한 '북 디자인'. 학생들이 조금이라도 책과 친해지게 만들기 위해 계단에 이 같은 작품을 설치한다고 한다.

'아침독서'를 하면서 학업성적도 올랐나.

"독서 자체만으로 성적이 크게 올랐다고는 말하기 어렵다. 하지만 확실히 학생들의 학업성적이 올랐다. '아침독서' 덕분에 차분한 마음으로 수업에 참가하다보니 성적이 오른 것으로 분석한다."

'아침독서'를 한 뒤 특히 어떤 과목의 성적이 올랐나.

"산수 성적이 많이 올랐다. '아침독서'로 집중력이 좋아져서 그런 것 같다. 읽기훈련을 겸해서 그런지 국어 성적도 올랐다."

지난 96년부터 '아침독서'를 시작했는데 무엇이 가장 힘들었나.

"학생 지도 방법을 찾으려고 고심하다 나온 게 '아침독서'다. 처음에는 그 효과가 잘 나타나지 않아 고민했다고 한다. '아침독서'가 효과적인지 의심이 생겼다는 것이다."

학생들의 아침 일정은.

"오전 8시 10분에 등교한다. 교사들은 8시까지 출근한다. '아침독서'는 오전 8시 30분에서 40분까지 10분 동안 진행한다. 10분만 집중해 책을 읽어도 마음이 차분히 가라앉는다. 제1교시 수업은 오전 8시

45분에 시작한다.”

'아침독서'의 의미는.

“지식 흡수라기보다는 아침의 시작을 알차게 여는 데 의미가 있다. 곧 차분한 마음가짐으로 하루 일과를 준비하는 과정이 바로 '아침독서'다.”

주로 어떤 책을 읽는지.

“학생들이 읽는 책 중에 간혹 바람직하지 않은 것도 발견한다. 그러면 담임이 개인지도를 한다. 저학년은 그림책을 좋아하고, 고학년은 추리소설을 좋아한다.”

바람직하지 않은 책이란.

“바람직하지 않은 책은 사람을 살해하거나 폭력성 있는 내용을 다룬 책이다. 바람직한 책은 모두 읽고 좋아하는 책, 끝까지 읽을 수 있는 책을 말한다.”

… **책 반환 수거함** 가미히라이 초등학교 학생들이 도서관에서 빌린 책을 반환하는 수거함.

좋은 책을 고르는 방법을 지도하나.

“(강요하지는 않지만) 우리 학교에서 정한 필독서를 권유한다.”

이상한 책을 가져오는 학생은 어떻게 지도하나.

"학부모가 그런 책을 발견하고 상담해 오는 일도 있다. 그럴 경우 학생과 면담해 '이런 내용은 읽지 않는 게 좋지 않을까'하면서 지도한다."

그래도 바람직하지 않은 책을 고집하면 어떻게 하나.

"담임의 지도를 받으면 대부분 그런 책을 읽지 않는다. 하지만 가정에서 나쁜 책을 읽는 것까지는 어쩔 수 없다."

'아침독서'를 위해 학교에서는 무엇을 준비하나.

"일단 책을 마련하게 해야 한다. 학급문고나 도서실에 있는 책이나 가정에서 구입한 책을 읽게 한다. 일부 학급은 다음날 아침에 읽을 책을 전날 귀가하기 전 미리 책상 위에 펼쳐놓게 하기도 한다."

예산 지원은.

"지방자치단체에서 지원하는 예산밖에 없다. 일 년에 50만 엔(한화 약 500만 원) 정도다."

'아침독서' 활동의 목표는.

"앞으로도 이것을 계속 연구 발전시키기 위해 교내에 독서추진위원회를 만들었다."

독서 외에 글쓰기와 토론까지 함께 할 수는 없나.

"'아침독서' 시간에 글쓰기와 토론까지 할 수는 없다. 단, 국어시간에 이런 활동을 곁들여 한다. 교내 계단 모퉁이에 학생들의 독서 감상문을 게시해 놓았다. 정기로 독서 감상문을 발표하는 행사도 연다."

아침독서활동을 위한 연구수업이 있는지.

"작년에 '독서활동 연구 모듬'을 만들었다. 학생들이 읽을 책을 교사가 직접 연구하기도 한다. 이밖에 생활습관확립 모듬, 체력 만들기 모듬 등이 있다."

똑같은 책을 보게 하는 게 아니라 학생들이 스스로 책을 고르게 하는 이유는.

"특정 책을 강요하면 흥미를 잃는다. 재미있게 읽을 수 있도록 자신이 직접 책을 고르게 한다. 선생님이 전 학년을 대상으로 책을 읽어주거나 6학년 학생이 1학년 학생에게 책을 소개하는 프로그램도 있다."

교사나 고학년 학생이 저학년 학생들에게 책을 읽어 주면 어떤 효과가 있는지.

"읽어주기는 책에 흥미를 느끼게 만드는 효과가 있다. 학생 스스로 읽고 싶게 만드는 게 첫째 목표다."

학부모와 지역 주민들도 도와주나.

"도서실을 정비하고 청소도 해 준다. 도서관을 밝은 환경으로 만들기 위해 계절에 맞춰 실내장식을 해 주시는 분도 있다."

'아침독서'에 잘 참여하지 않는 학생은 어떻게 지도하나.

"동물을 좋아하는 학생에게는 원색 도감을, 운동을 좋아하는 학생은 스포츠 관련 서적을 읽게 권장한다. 그러면서 독서에 흥미를 느끼게 만든다."

교사들도 '아침독서'에서 도움을 받나.

"교사들에게도 도움을 주는 시간이다. 먼저 학생들에게 좋은 책을 소개해 주기 위해 교사도 책을 읽어야 한다. 이 과정이 교사들에게 좋은 자극이 된다. 또 학생과 함께 책을 읽으면서 교사 스스로 차분한 마음으로 첫 수업을 진행할 수 있다."

책과 아이들이 더욱 친숙해지기 위해서는 환경도 중요할 텐데.

"도서관에 오고 싶도록 하기 위해 밝은 분위기를 만들려고 애쓴다. 교사들도 학생들에게 좋은 책을 소개하려고 힘쓴다."

'아침독서'를 '집안독서'로 연결할 때도 있나.

"수업이 끝난 뒤에 '집안독서'를 하기 때문에 정확하게 현황을 파악하기는 어렵다. 다만 학생들이 독서카드를 만들어 읽은 도서목록을 기록하게 하는데, 이 목록을 보면 많은 학생이 집에서도 책을 읽는 것을 알 수 있다.”

학부모들의 반응은.

“이제 가미히라이 초등학교는 ‘아침독서 학교’라는 인상이 생겼다. 그래서 자녀들을 우리 학교에 입학시키려고 애쓰는 학부모들도 있다. 지난 12년 동안 성실하게 ‘아침독서’ 운동을 펼친 성과라고 본다.”

일본에서 우수한 독서학교로 몇 위인가.

“독서가 중요하기 때문에 열심히 가르칠 뿐이다. 순위는 잘 모르겠다. 하지만 지난해 ‘아침독서대상’을 받았다. 초등학교에서는 유일하게 우리 학교만 수상했다.”

문자문화를 멀리하는 ‘활자 이탈’ 현상이 심해지면 어떤 문제가 발생하나.

“화상문화에 무방비로 노출되면 수동형 인간이 된다. 텔레비전은 그냥 보고 기다리면 결과가 나온다. 반면 책은 다르다. 설레는 마음으로 다음에 무슨 내용이 나올지 기대하면서 책장을 넘기게 된다. 독서는 영상매체를 보는 것보다 훨씬 더 적극적인 지식 흡수 방법이다.”

… “‘아침독서 대상’ 수상” 가미히라이 초등학교 이시카와 히로시 교장이 2007년 10월에 수상한, 전국출판협회 주최 ‘제1회 다카하시 마츠노스케 기념 아침독서 대상’ 표창장을 가리키고 있다. 이 학교는 모범적으로 독서활동을 펼쳐 헤아릴 없이 수많은 표창을 받았다.

책읽기는 어른들이 더 모범을 보여야 하지 않을까.

"어른들이 함께 책을 읽으면 어린이들도 자연스레 따라온다. 어린이들에게 책 내용을 들려주면 책에 더 흥미를 느낀다."

현재 학생 수는.

"올해 한 학급이 더 늘어 학생 수는 476명이고, 교사는 30명(담임 15명 포함)이다."

일본 2만 5천여 학교에서는 왜 아침독서를 하나

　일본 열도가 '아침독서' 열풍으로 후끈 달아오르고 있다. 매일 아침 학교에 등교하자마자 책읽기에 빠져드는 학생과 교사가 크게 늘어나면서 일본 전국의 아침에 긍정적인 힘을 불어넣고 있다.

　벌써 일본 전역의 초, 중, 고 4만여 학교 가운데 절반인 2만 4,394개교가 아침독서에 참가하고 있다(일본 공명신문 2007년 4월 26일자). 일본 전국으로 따지면 약 780만 명의 학생이 아침 맑은 정신에 책읽기를 함께 하는 것이다.

　'아침독서'란 매일 아침 각급 학교에서 특별활동과 수업 시작 전 10분 동안, 학생과 선생님 모두 자신이 읽고 싶은 책을 읽는 활동이다. 독서 감상문을 쓰거나 독서목록을 기록할 필요가 없는, 경쟁과 평가

… 일본 '아침독서 추진협의회'에서 펴낸 아침독서 안내 책자들.

는 하지 않는 순수 독서교육이다. 지난 98년 처음 실시한 '아침독서'
는 '모두 참여한다, 매일 한다, 각자 좋아하는 책을 읽는다, 그냥 읽는
다'는 간단한 4원칙 아래 진행한다.

- 모두 참여한다=학급 전원이 동시에 일제히 실시한다. 모두 참여
  함으로써 혼자서는 읽지 않던 아이도 자연히 책을 잡게 된다. 또
  '아침독서'는 학생뿐만 아니라 교사와 모든 교직원이 동시에 실
  시해야 효과가 더 크다.
- 매일 한다=하루 10분 정도의 짧은 시간만 있어도 아이들의 집중
  력이 지속돼 학생들의 읽는 힘은 향상하고 책읽기를 몸에 익숙
  하게 할 수 있다.

- 각자 좋아하는 책을 읽는다 = 읽을 책은 학생 스스로 선택하게 한다. 스스로 책을 선택함으로써 독서에 흥미를 느끼고 주체성을 키울 수 있다.
- 그냥 읽는다 = 책을 읽는 즐거움을 체험하는 것이 목적일 뿐, 자칫 아이들의 마음에 부담을 줄 수 있는 독서 감상문이나 독서 목록 기록을 요구하지 않는 게 좋다.

이런 4원칙의 독서법을 실천하면서 일본 학생들은 거부감 없이 독서를 받아들이고 있다. 교육현장에서는 '독서를 싫어하는 아이가 사라졌다', '학생들의 태도가 차분해졌다', '집단따돌림(이지메)이 없어졌다', '남을 배려하는 마음이 생겼다', '지각이 줄어들었다', '결석하는 아이가 많이 줄었다', '독해력이 좋아졌다', '문장력이 향상했다', '학과목 성적이 올라갔다' 등 '아침독서'의 구체적인 효과가 나타나고 있다.

위에 언급한 성과 외에도 '집중력이 좋아졌다', '어휘가 늘어나고 언어능력이 신장했다', '수업을 부드럽게 진행할 수 있게 됐다', '생활태도가 달라졌다', '여유로운 마음가짐과 인간관계가 형성됐다', '자신감과 긍지가 생겼다' 등 예상을 훨씬 뛰어넘는 내용들이 아침독서 추진위원회 사무국으로 속속 보고되고 있다.

일본에서 '아침독서' 운동을 전국 규모로 전개한 것은 학생들의 독서 기피 현상과도 관계가 깊다. 태평양 전쟁 뒤 일본 학생들의 독서 기피 현상이 점차 심해져 1990년대 후반에 그 정점에 달한다. 그 예로 지난 97년 제43회 학교독서 조사(마이니치신문, 전국 학교 도서관협의회

조사)를 보면, 초·중·고교생의 한 달 독서량은 각각 6.3권, 1.6권, 1권으로 이 조사를 실시한 이래 최저를 기록했다.

그럼 왜 당시 학생들의 독서 이탈현상이 최고조에 달했을까. 그것은 당시 사회 현상을 살펴보면 금방 알 수 있다. 이때는 고성능 비디오 게임이 대유행하여 어른, 아이 할 것 없이 게임에 빠져들었고, 가정에서도 감각적인 TV 화면에 몰입하는 사회 현상이 나타났다. 동시에 학교 현장에서는 집단따돌림(이지메), 학급 붕괴, 학생 흉악 범죄 등의 문제가 많이 증가했다. 고베에서 중학생이 연쇄 살인한 사건도 이때 발생했다.

아침독서 추진협의회 오츠카 에미코 이사장(62)에 따르면, 이 사건이 보도된 뒤 일본 전국의 각 급 학교에서 '아침독서' 도입 문의가 몰려들었다. 이제까지 주입식 교육에만 충실했던 교육현장에서 정작 중요한 '심성 교육'이 부족한 사실을 뒤늦게 깨달은 교육 관계자들이 곧바로 실천할 수 있으면서도 가장 효과적인 대책으로 독서에 주목한 것이다. 그때까지 해마다 200개 교 정도씩 늘어나던 '아침독서' 학교가 이듬해부터는 3배 이상인 약 700개 교로 늘어났다. 이후 해마다 평

… "독서삼매경에 빠진 어린이들" 일본 도쿄 가미히라이 초등학교 학생들이 '아침독서'를 하는 장면. 가미히라이 초등학교는 지난 1996년부터 하루도 빠트리지 않고 '아침독서'를 실시하고 있다. 집단따돌림과 등교 거부, 기물 파손, 교사에게 반항하기, 수업 불성실 등으로 '학교붕괴' 위기를 겪고 있었으나 '아침독서'로 이 같은 문제를 말끔하게 해결했다고 한다.

균 3,000개 교가 '아침독서'를 시작했다. 일본에서는 이 해를 '아침독서의 해'로 선포하고, 이듬해 12월 아이들을 대상으로 한 '독서활동추진법'을 제정해 시행하고 있다. 이 법률에 의해 전국 지자체는 지역 어린이들의 독서활동 계획 수립과 환경 정비를 의무적으로 실시하게 되었다. 그리고 2005년 전 세계적으로 유례를 찾아볼 수 없는 '문자·활자문화진흥법'을 공포했다. 국민의 활자 이탈현상에 제동을 걸기 위한 것으로, 국가와 지자체에게 활자문화 진흥과 독서환경 정비에 필요한 재정상 각종 조치를 취하는 것을 법으로 규정했다.

일본 사회에서 이처럼 '아침독서'를 강조하는 것은 일본 학생들의 충격적인 성적표도 한몫했다. 지난 2004년 발표한 경제협력개발기구(OECD)에 의한 학습도달도 조사에서 일본 학생의 학력이 이전 조사에 비해 많이 떨어진 것으로 나타났다. 이 조사는 실생활에 필요한 지식과 기능을 학생들이 어느 정도 익히고 있는가를 OECD 가맹 41개국 15세 학생을 대상으로 평가한 것으로, 일본 학생들의 성적이 수학 분야에서 전년 1위에서 6위로, 독해력은 8위에서 14위로 크게 추락한 것으로 나타나 충격을 줬다.

특히 주목할 것은 모든 학력의 토대인 독해력 저하다. 독해력이 떨어지면 모든 교과에 나쁜 영향을 끼치는 것은 필연이고, 공부 이외에도 한 사람의 인간으로 살아가는 기본 능력에도 영향을 미친다. 이런 가운데 일본 교육전문가들 사이에 인간성을 키우는 독해력을 익히는 방법으로 독서의 습관화가 가장 효과적으로 꼽히며 책읽기의 중요성이 부각되는 것이다.

'아침독서'를 실시한 지 3년째 접어들었을 때 일선 학교 내부에서

香川県	232	145	64	23
愛媛県	425	269	109	47
高知県	365	222	114	29
福岡県	942	580	265	97
佐賀県	300	172	93	35
長崎県	556	310	182	64
熊本県	482	282	148	52
大分県	396	256	112	28
宮崎県	351	193	116	42
鹿児島県	730	436	231	63
沖縄県	395	227	150	18
合計	25,569	15,972	7,739	1,858

… "아침독서 참여 학교 급증" 일본에서 '아침독서'에 참여하는 학교 숫자를 집계한 통계 도표. 일본 공명신문 2007년 4월 26일자 보도에 따르면, 일본 전역의 초, 중, 고 4만여 개 교 가운데 절반인 2만 4,394개 교가 '아침독서'에 동참한다고 한다.

… "선생님도 아침독서 동참" 일본 도쿄 가미히라이 초등학교의 한 여교사가 '아침독서'를 하고 있다. 이 학교에서는 학생들뿐만 아니라 모든 교사가 함께 이 운동에 참여한다.

는 '그냥 읽게만 해도 좋은가, 혹시 타성에 젖는 것은 아닌가'와 같은 다양한 의견이 쏟아졌다. '아침독서'는 특별한 지도가 필요 없기 때문에 뭔가 부족하다고 생각하는 교사도 많았던 것이다. 그러나 왜 '아침독서'를 아이들이 거부감 없이 매끄럽게 받아들였는지를 살펴보면 이런 교사들의 염려가 쓸데없는 것임을 알 수 있다.

일본의 '아침독서'가 학생들에게 자연스레 뿌리내릴 수 있었던 가장 큰 이유는 '감상문을 요구하지 않는다'는 점에 있다. '아침독서'는 아이들이 독서에 친근감을 느끼게 하기 위한 첫걸음으로, 독서가 즐거운 활동이란 점을 느끼게 하는 것이 중요하다. 읽기 능력이 아직 부족한 아이들에게 감상문을 목적으로 '아침독서'를 시키면 독서 기피 현상을 초래하기 쉽다. 결과를 강요하지 않는 자연스러운 책읽기만으로 성과를 낼 수 있다는 이야기다.

아침독서의 효과를, 일본 이와테 현의 한 초등학교에 근무하는 A교사의 육성으로 들어본다.

"학교에서 '아침독서'를 도입한다고 발표하자 독서보다 산수, 한자, 문법 등의 공부를 아침 자습형태로 진행하고 싶다는 생각이 더 강해 독서교육에 거부감마저 느꼈다. 그러나 전교 일제히 '아침독서'가 4원칙에 따라 실시된 뒤 아이들의 생활이 변했고, 독서의 즐거움과 기쁨을 자신의 언어로 표현할 수 있게 됐다. 이런 아이들의 변화와 성과를 목격한 뒤 나 자신도 생각이 달라져, 이제는 아이들과 함께 독서의 즐거움에 푹 빠졌다."

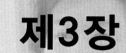

제3장

일본 독서 전문가들

"독서 안 하면 나라 발전 힘들다"

10월 30일 오전 11시, 일본 도쿄 신주쿠에서 한 시간 거리인 치바
현 야치오미도리가오카 역. 전철에서 내려 대합실을 빠져나오자 도로

… "반대하던 동료들도 나중엔 '아침
독서' 신봉자 변신" '아침독서' 운
동를 창안한 하야시 히로시 선생.
"'아침독서'를 처음 시도할 때 반
대하는 사람이 없었냐"는 질문에
"교장과 동료 교사들이 처음에는
이것을 탐탁치 않게 여겼지만 시
범 실시한 '아침독서' 효과를 본
뒤로는 열렬한 신봉자가 됐다"면
서 활짝 웃었다.

한켠에 '林(하야시)'라고 적은 쪽지를 차창에 부착한 소형 승용차가 보였다. 일본에서 '아침독서' 운동을 일으킨 하야시 히로시 선생(65)과 부인 유미코 여사(61)였다. 1988년에 '아침독서' 운동을 시작해 2008년 현재 일본 전국 25,000여 개 학교에서 독서교육을 할 수 있도록 이론적인 배경을 만들고 실천 방법을 전파한 주역이다.

"저는 한국 탤런트 욘사마(배용준) 팬입니다. 드라마 '호텔리어'를 보고 감동을 많이 받았지요. 그래서 한국을 방문해 그 드라마 촬영지인 (서울 광장동) 워커힐 쉐라톤 호텔에서 한강을 바라본 적도 있어요. 욘사마가 출연한 '첫사랑', '겨울연가'가 무척 재미있었는데 '태왕사신기'는 별로였어요."

운전대를 잡은 유미코 여사는 배용준 이야기를 열심히 들려 주었다. 궁금한 것은 '아침독서' 운동이었는데 그 이야기를 듣다보니 갑자기 기자가 '욘사마 열풍'을 취재하러 온 것 같은 착각마저 들었다. 그래도 기분이 좋았다. '욘사마 열풍'이 얼마나 대단한지, 그로 인해 한

··· 하야시 히로시 선생과 부인 유미코 여사 하야시 히로시 선생이 '아침독서' 운동에 헌신할 수 있도록 내조한 부인이자 동지인 유미코 여사(오른쪽). 이들은 지난 70년 하야시 선생의 첫 직장인 다이쇼보 출판사에서 동료로 만나 결혼한 뒤 20년간 '아침독서' 보급에 정성을 기울였다.

국과 일본이 얼마나 가까워졌는지 엿볼 수 있었기 때문이다.

"한국 목욕탕에서 때밀이 체험도 하고, 한국 음식도 맛있게 먹었습니다. 한번은 길을 찾고 있는데 한국 학생들이 친절하게 안내해 주더군요. (자기 일만 신경 쓰고 남에게 무관심한 편인) 일본에선 이런 일이 드물지요. 한국이 정말로 친절한 나라라고 느꼈어요."

유미코 여사는 욘사마에 이어 한국 칭찬으로 화제를 바꿨다. 승용차는 깔끔한 아파트 단지를 지나 한적한 시골길을 달렸다. 원래 목장자리였는데, 10여 년 전에 주거 단지로 탈바꿈했다고 했다. 가을걷이에 나선 들녘이 한국과 그리 다르지 않았다.

운전석 옆 좌석에 있던 하야시 히로시 선생은 아무 말도 없이 기자

··· 화제가 됐던 대담기사 하야시 히로시 선생이 자신의 대담 기사가 실린 'MOKU'(2002년 3월호)를 들고 있다. '아침독서' 성과를 소개한 이 기사를 계기로 하야시 선생은 텔레비전에도 자주 출연해 독서 중요성을 전파했다고 한다.

··· 하야시 히로시 선생 등이 저술한 '아침독서' 관련 서적들 이 같은 독서교육방식을 신문과 방송에서 보도하면서 유명세를 탄 하야시 히로시 선생은 일본 전역을 돌면서 '아침독서'를 전파하는 데 헌신했다. 마침내 20년 만에 일본 전국 25,000여 개 초, 중, 고가 이 운동에 동참하기에 이르렀다.

와 자기 부인이 나누는 대화만 듣고 있었다. 마치 잔뜩 화난 사람처럼 느껴졌다. 원래 말수가 적은 것일까, 아니면 욘사마 이야기에 끼어들기 싫어서일까.

의문은 하야시 선생 자택에 도착해서야 풀렸다. 대화를 하기가 힘겨울 정도로 몸이 불편한 상태였다. 하야시 선생은 도쿄 근교 치바 현 자택에서 요양하던 중에 기자의 면접 취재(인터뷰) 요청을 받은 것이다.

하야시 선생은 지난해 7월 일본 벳푸에서 열릴 예정이던 독서 강연을 준비하다 쓰러져 아직도 회복하지 못하고 있다. 걷는 것도 약간 불편하고, 언어 장애 증세도 보인다. 부인에 따르면 뇌에 문제가 있는 것 같다고 한다. 정확한 병명은 알려주지 않았다. 부인은 "한때 건강이 좋아졌다가 최근에 다시 악화됐다"고 말하고 "아픈 몸 때문에 이번 인터뷰에 응하지 못하게 하려고 했는데, 남편이 기자를 만나겠다고 해 수락했다"고 밝혔다.

하야시 히로시 선생은 1988년 봄에 '아침독서' 운동을 시작했다. 당시 후나바시학원 여자고등학교 영어 교사였던 하야시 선생은 독서에 관한 영어권 서적 번역본을 보고, 이 운동을 착안했다. 학업성적이 부진한 학생들에게 아침마다 책을 읽도록 하면 집중력이 향상되고, 학업성적도 좋아질 것이라고 본 것이다.

면접 취재는 기자 질문에 하야시 히로시 선생이 간단하게 핵심어 위주로 답변하고, 부인이 이것을 부연·보충설명하는 방식으로 진행했다. 구두로 자세하고 정확하게 답변하기 어려운 대목은 관련 자료(책자, 간행물)를 대신 제공해 줬다.

··· "아침독서운동 평생 동지" 하야시 히로시 선생 부인인 유미코 여사는 아침독서운동을 일본 전역에 전파하던 남편을 내조한 평생 동지다.

··· "한국에도 아침독서운동이 퍼졌으면 좋겠군요." 하야시 선생이 요양 중인 일본 치바 현 자택 입구에서 부인 유미코 여사와 함께 기자를 배웅하는 장면. 하야시 선생은 "한국에도 아침독서를 소개한 책이 두 권 정도 있을 것"이라면서 "한국에서도 아침독서운동이 퍼졌으면 좋겠다"고 말했다.

아침독서운동을 착안한 계기는 무엇인가요?

"공부를 잘 못하는 학생이 많아서 이 운동을 시작했습니다. 그랬더니 눈에 띄는 학습효과가 나타나더군요. 독서를 활용하여 공부하는 능력을 기른 것이라고 할 수 있지요."

아침독서는 언제 시작했나요?

"일본 후나바시학원 여자고등학교에 교사로 재직 중이던 지난 88년 처음 시도했습니다. 당시 외국 서적에서 '매일 조금씩이라도 꾸준히 책을 읽으면 학습능력이 향상되고 인성을 함양하는 데도 좋다'는 내용을 보고 '아침독서' 운동을 생각해냈습니다."

아침독서를 한 효과는 무엇인가요?

"이전까지는 학생들 이해력이 크게 부족했습니다. 많은 학생들이 교과서는 물론이고 짧은 글도 독해하지 못했고, 당연히 성적도 부진했습니다. 하지만 아침독서를 시작한 뒤로는 공부할 수 있는 능력이 생겼습니다. 독서를 통해 생긴 이해력과 사고력이 수업시간과 성적에 고스란히 반영된 셈이죠."

아침독서를 시작할 때 주변에서 반대하지는 않았나요?

"물론 쉽지는 않았습니다. 교장과 동료 교사들이 처음에는 이것을 탐탁치 않게 여겼습니다. 독서보다는 교과서로 공부하는 게 낫다는 단선적인 생각을 했기 때문이었죠. 하지만 이런 분들도 시범 실시한 아침독서 효과를 본 뒤로는 열렬한 아침독서 신봉자가 됐습니다."(웃음)

학부모들 반응은 어땠는지요?

"무척 환영했습니다. 자녀들이 집에서까지 책 읽는 모습을 보여 주었기 때문이죠. 이전에는 짧은 문장도 잘 읽으려 하지 않던 학생들이 귀가해 책을 꺼내드는 모습을 보고 감동했다는 학부모가 많았습니다. 아침독서에 참여하면서 학생들 정서와 가정 생활도 훨씬 안정됐다는 말을 많이 들었습니다."

책읽기의 장점은 무엇인지요?

"앞서도 언급했지만, 독서만큼 이해력과 사고력을 키워주는 것은 없습니다. 책을 읽으면서 나와 다른 사람의 인생을 알고, 공감대를 형성할 수도 있습니다. 책을 읽으면 당연히 생각이 깊어지고, 삶에서 벌어질 수 있는 여러 가지 상황에도 현명하게 대처할 수 있습니다. 만약 책이 없었다면 요즘 사람들이 과거 일본이 저지른 전쟁과 그로 인해 발생한 여러 가지 비극적 상황도 알 수 없을 것입니다. 물론 텔레비전도 있지만, 책만큼 진실을 속속들이 알려주는 것은 없습니다."

일본에서도 최근 활자매체를 멀리하는 현상이 있다고 하던데, 어떻게 생각하는지요?

"무척 안타깝습니다. 과거에는 없던 휴대전화, 인터넷, 게임기 등 사람들이 빠져들만한 것이 늘긴 했지만, 독서를 대신할 수는 없다고 단언합니다. 이런 것들은 찰나의 즐거움을 줄 수는 있겠지만, 책읽기만큼 깊이있는 사고를 하게 하지는 못합니다. 그것은 불가능합니다."

자녀에게도 독서교육을 했는지요?

"두 딸이 있습니다만, 어릴 적부터 책을 읽어주며 책에 관심과 흥미를 느끼도록 했습니다. 예를 들면, 보육원에서 추천하는 도서는 꼭 구입해 아이들에게 읽어주며 상상력을 길러줬습니다. 지금도 두 딸은 바쁜 직장생활 가운데서도 틈만 나면 책을 손에 잡는 독서광들입니다."(웃음)

어릴 적부터 독서교육을 해야 하는 이유는 무엇인지요?

"책읽기 습관은 단기간에 형성되지 않습니다. 어릴 적부터 꾸준히 책을 접해야 성인이 돼서도 책을 가까이 합니다. 또 어릴적 일찌감치 책을 읽기 시작한 사람은 뒤늦게 독서를 시작한 사람보다 독해력이나 사고력이 월등하다는 연구 결과도 있습니다."

일본은 다른 나라에는 없는 '활자문화진흥법안'을 2005년에 제정했는데 어떻게 평가하나요?

"정말로 다행이라고 생각합니다. 국가 차원에서 활자문화의 중요성을 인식한다는 얘기니까요. 활자문화가 없었다면 오늘날 찬란한 인류문명도 없습니다. 젊은이들이 활자매체를 점점 멀리하는 상황에서 국가적으로 '문화의 마지노선'을 친 것인 만큼 이 법을 높게 평가합니다."

아침독서 창시자, 하야시 히로시는 누구?

'아침독서' 운동 제창자인 하야시 히로시 선생은 1943년 일본 사이타마 현에서 태어났다. 1968년 명문 도쿄대학 문학부 철학과를 졸업한 하야시 선생은 첫 직장인 출판사(다이와쇼보)에서 근무한 뒤 1971년부터 후나바시학원 여자고등학교에서 교편을 잡았다. 영어와 사회 선생으로 일하며 독서 지도에 남다른 정성을 기울였다.

하야시 선생은 1988년 후나바시학원 여자고교에서 수업 전 10분간 학생과 교사가 책을 읽는 아침독서를 처음 시작했다. 현재 일본 전국 아침독서연락회 명예회장을 맡고 있으며, '아침독서가 기적을 낳았다', '아침독서 실천 매뉴얼', '아침독서 원점을 찾아서' 등 수많은 독서 관련 서적을 출간했다. 일본 전역에서 열리는 강연회 등에 연사로 참가하며 '아침독서' 운동 전도사로 활동했다. 현재 일본 전국 초, 중, 고 25,000여 개 학교에서 아침독서를 하는 등 뜨거운 반응을 불러 일으켰다.

하야시 선생은 아침독서 제창자로 공로를 인정받아 〈제44회 기쿠치 칸 상〉을 받기도 했다. 일본 유명 작가이자 〈문예춘추〉를 창간한 기쿠치 히로시의 이름을 딴 〈기쿠치 칸 상〉은 권위있는 문화 관련 상으로 꼽힌다. 59세에 교직에서 은퇴한 뒤 일본 전국을 돌면서 아침독서 강연을 하던 중 지난해 7월부터 노환으로 도쿄 근교 치바 현 자택에서 요양 중이다. 지난 70년, 첫 직장(다이와쇼보 출판사)에서 동료로 만나 결혼한 부인 유미코 여사(61)와 2녀를 두었다.

‘아침독서 4대 원칙’, 날마다 꾸준히 실천하는 게 중요

"독후감 강요하지 말고 부담 없이 책 읽게 하라"

일본 학생과 교육계를 사로잡으며 짧은 시간에 일본 열도에 뿌리 내린 ‘아침독서’ 운동. 독후감도 낼 필요 없고, 읽은 책의 목록을 정리할 필요 없는 그야말로 자유롭게 진행하는 ‘아침독서’ 운동이지만, 여기에는 중요한 4대 원칙이 있다.

일본 ‘아침독서’ 추진위원회의 이사장을 맡은 오츠카 에미코 씨(62)는 "‘아침독서’에는 철학이 담긴 4대 원칙이 있다"고 강조했다. 오츠카 이사장에 따르면 ‘아침독서’는 ● 매일 학교에서 수업 시작 전 10분 동안 ● 학생과 교직원이 모두 참여해 ● 각자가 좋아하는 책을 교실에서 읽고 ● 결과물을 요구하지 않는다는 4원칙이다. 이것은 교육실천으로는 매우 간단한 방법이지만, 여기에는 각각의 특징이 있다.

① 전교생이 한꺼번에 실시한다.

학생도, 교사도 모두 참여한다는 것인데 이것은 학교 교육을 모든 교사가 책임지고, 모든 학생에게 똑같이 책임을 느낀다는 사고를 담았다. 또 이것은 학교라는 기관이 독서활동에 가장 효율적이므로 최대한 활용한다는 뜻도 포함한다. 혼자라면 절대로 책을 읽지 않는 학생이라도 학교가 온 힘을 기울여 움직이면 자연스레 동화할 수밖에 없다는 얘기다.

② 10분 동안이라도 매일 한다.

여기에는 학생에게 '살아가는 힘'을 심어주기 위한 교사의 바람이 담겨 있다. 교사는 독서를 학생이 성장하는 데 없어서는 안 될 영양소라고 생각하기 때문이다. 요즘 아이들은 몸에 필요한 영양분은 넘쳐나지만, 마음에 필요한 영양소는 많이 부족하다. 아침 10분이란 시간은 책을 읽을 수 없는 아이에게 책을 읽을 수 있는 힘을 심어준다. 사람의 능력을 키우는 비결은 조금씩이라도 끈기 있게 뭔가를 계속하는 것이다.

③ 책이면 뭐든지 좋다.

학생 한 사람 한 사람이 자신을 응시하고, 다시 발견하고, 자신의 숨겨진 능력과 가능성을 찾기 바라는 마음이 담겨 있다. 학생 모두 각자의 흥미와 관심 분야가 다른 만큼 능력과 이해력도 다르다. 자신이 배우고 싶은 것, 필요하다고 생각하는 것을 각자 하는 게 무엇보다 중요하다. 따라서 책도 자신이 읽고 싶은 책을 골라 읽는 것이 좋다.

④ 책을 읽는 것 이외에 아무것도 바라지 않는다.

학생들에게 책을 읽는 것 이외에, 예를 들어 독서감상문이나 기록

같은 것은 요구하지 않는다. 책을 읽는 그 순간, 생생하고 충만감이 느껴지는 그 시간만 중요할 뿐이다. 현대인은 늘 뭔가 목적의식이 필요한 상황에서 살아간다. 그래서 지금 하고 있는 일 자체의 즐거움을 느낄 기회가 그다지 많지 않다. 단 10분만이라도 아이들은 아이들대로 독서를 통해 자유롭게 해방감을 느낄 필요가 있다.

"예전에는 TV도 없고, 오락거리는 라디오나 책 정도가 전부인 시절이 있었다. 하지만 요즘 아이들은 태어나서부터 TV, 게임기, 컴퓨터, 휴대전화가 있다. 도무지 책을 읽을 시간이 없다. 아예 집안에 이렇다 할 책이 없는 가정도 있다. 이런 세태에서 어떻게 하면 아이들이 책을 접할 기회를 만들 수 있을까. 이런 와중에 아침독서는 아이들에게 10분 동안 읽고 싶은 책을 마음대로 읽게 한다. 이 얼마나 자유로운 접근법인가. 극단적인 사례지만 일부 선생님 가운데는 '나는 책을 읽지 않고 이제까지 살았고, 앞으로도 읽을 필요가 없다'는 분도 있다. 그러나 이런 사람은 아주 운이 좋아 선생님이 됐을 뿐이다."

… '아침독서'를 소개한 일본 〈아사히신문〉.

… 일본 도쿄 가미히라이 초등학교 게시판에 실린 이 학교의 '아침독서' 활동사진들.

오츠카 이사장의 말이다. 오츠카 이사장은 같은 '아침독서'의 4대 원칙에도 조심해야 할 점은 있다고 주의를 환기한다. 일부 학교에서는 읽는 책의 목록을 기록해 집계하는 사례도 있지만, 책은 숫자와 분량으로 따지는 것이 아니라고 지적한다. '아침독서'의 기본은 '그 아이에 딱 맞는 것이어야 한다'는 것. 책의 권수를 따지기 시작하면 우수한 일부 학생들에게는 좋겠지만, 전체로 봐서는 도움이 안 된다는 것이다. 질투와 갈등을 만들어 내지 않는 학급운영을 최우선시해야 한다는 게 오츠카 이사장의 지론이다.

아침독서 때 사용하는 책 고르기는 따로 지도하지 않는다. 그냥 읽고 싶은 책을 학급 문고에 넣어 놓고 꺼내 읽게 한다. 아침독서의 원칙이 '선생님도 학생도 좋아하는 책을 그냥 읽을 뿐'이라고 돼 있기 때문인지 일부 교사 가운데는 독서 시간에 떠드는 아이, 책을 읽지 않는 아이에게 아무런 지도를 하지 않는 경우도 있다.

… 일본 아침독서 추진위원회의 이사장을 맡은 오츠카 에미코(62)씨.

그러나 오츠카 이사장에 따르면 지도는 필요하다. 예를 들어 집에서 책을 챙겨오지 않거나, 책을 읽지 않는 데는 학생 나름의 이유가 있을 것이다. 그 가운데는 선생님의 관심을 끌기 위해 책을 읽지 않는 아이가 있을 수도 있다. 책을 읽지 않는데도 각각의 이유가 있는 만큼, 그에 관한 지도를 계기로 학생과 교사가 대화를 나누고 좀 더 서로 잘 알 수 있게 된다는 설명이다. 선생님들은 결코 '평론가'가

돼서는 안 되며, 학생 한 사람 한 사람을 알기 위해 노력하는 '실천가'가 돼야 한다는 게 오츠카 이사장의 소신이다.

그럼 일본 학교의 교실에서 아침독서는 구체적으로 어떻게 진행할까. 오츠카 이사장이 현역 교사 시절 진행한 '아침독서' 장면을 아래 소개한다.

"먼저 교무실에서 오전 8시 15분부터 5분 정도 교직원의 회의가 있다. 가능한 한 시간을 줄이기 위해 연락사항은 각각 담당자가 회의 시작 전 칠판에 써 둔다. 회의가 끝나면 담임 외에도 교장 이하 모든 선생님들이 배당된 학급에 간다. 전교에서 일제히 진행하는 '아침독서'인 만큼 모든 교직원이 참여하는 자세가 필요하다. 이렇게 해야만 학생들에게 '선생님들이 이번에는 정말로 뭔가 하려는군', '학교 전체가 하는구나'라는 의식을 심어 진지하게 '아침독서'에 참가하도록 만들

… **"책 읽어주기도 효과 만점"** 일본 가미히라이 초등학교에서는 '아침독서' 시간에 저학년 학생들에게 교사가 직접 책을 읽어주기도 한다.

수 있다. 오전 8시 25분 벨이 울리면 동시에 10분 동안 전교 일제히 '아침독서'를 각 교실에서 진행한다. '아침독서'를 마치고 오전 8시 35분부터 8시 45분까지는 특별활동시간으로 출석을 확인하고 통지사항을 전달한다. 오전 8시 45분부터는 제1교시 수업을 시작한다."

그럼 학생들은 아침독서를 하면서 무엇을 얻었을까. 오츠카 이사장은 담임교사 시절 고교 1학년 학생에게 받은 감사 편지를 기자에게 공개했다.

"중학교 때까지 나는 책을 대충 읽는 습관이 있어 끝까지 한 권을 다 읽지 못했다. 하지만 지금은 책 읽는 시간이 정말로 소중하다. 책을 읽으며 이야기 구조뿐만 아니라 잘 모르던 한자도 새로 익힐 수 있

… 아침독서 풍경 일본 도쿄 가미히라이 초등학교 학생들과 교사가 함께 '아침독서'를 하고 있다. '아침독서'는 '매일 학교에서 수업 시작 전 10분 동안', '학생과 교직원 모두 참여', '각자가 좋아하는 책을 교실에서 읽는다', '결과물을 요구하지 않는다'는 4원칙으로 구성했다.

고, 몰랐던 낱말의 뜻도 알게 되는 등 책 읽는 재미 외에도 얻는 수확이 많다. 앞으로도 책 읽는 시간을 더욱 늘려가야겠다. (오카야마 미카)"

"나는 독서가 싫어 초등학교 때부터 전혀 책을 읽지 않았다. 독서실의 도서 카드는 항상 백지였고 책을 빌려도 읽지 않고 반납했다. 그때문에 편지를 쓰거나 책을 읽거나 하는 것이 고역이었다. 우리 학교 '아침독서' 시간에도 처음에는 10분이 길게 느껴지고 지루해 책을 읽지 않고 페이지만 건성건성 넘길 뿐이었다. 그런데 무슨 마술에 걸렸는지 어느새 10분이란 시간이 짧게 느껴지고 '아침독서' 시간 외에도 따로 책을 읽는 시간이 늘어났다. 책을 읽으면 마치 내가 등장인물이 된 듯한 느낌이 든다. (아이하라 치하루)"

"이제까지 소설 등은 전혀 읽지 않았다. 그래서인지 국어성적도 나빴다. 지문이 긴 시험 문제는 아예 뜻도 파악하지 못해 간신히 일부분만 읽고 답안을 작성할 정도였다. 그래서 처음에는 '아침독서' 시간이 싫었다. '아침독서' 시간에도 글자만 생각 없이 읽은 탓에 내용이 머리에 들어오지 않았다. 그러던 것이 어느새 머릿속에 책에서 묘사한 정경이 떠오르기 시작했고, 이제는 '아침독서' 시간이 하루 중 가장 즐거운 시간이다. (이토 기미코)"

"'아침독서' 목적은 지식흡수보다 정서안정"

'출판 대국'이라던 일본도 최근에는 국민들의 '독서 기피와 활자 이탈' 현상으로 고민 중이다. 남녀노소 가릴 것 없이 영상과 게임 등 자극적이고 감각적인 매체만 즐기면서 범죄율 증가와 학업 능력 저하, 집단따돌림 현상 만연 등 심각한 사회 문제에 시달리기 때문이다.

한 예로 한국형사정책연구원의 최근 자료에 따르면, 일본은 인구 10만 명당 범죄율이 2,240건으로, 한국의 1,647건을 훨씬 뛰어넘었다. 일본이 더는 안전한 나라가 아니라는 것이다. 이에 따라 일본 사회도 '읽기 문화를 활용한 국민들의 정서순화 기능'이 제대로 작동하지 않는 것을 인정하고 반성하는 분위기다.

이처럼 국민들의 '활자 이탈과 책읽기 기피 현상'으로 속앓이를 하는 일본 사회에 대안을 제시한 게 바로 '아침독서' 운동이다. 기자는 '아침독서' 운동을 일본 교육 현장에 도입해 큰 성과를 거뒀고, 지금도 그 전도사를 자처하는 주인공을 만나보지 않을 수 없었다.

시민단체인 '아침독서 추진협의회' 오츠카 에미코(62) 이사장. 첫 인상은 이웃집 아주머니처럼 푸근하면서도 일본 국가대표급 육상선수 출신이란 이색 경력에 걸맞게 여장부 같은 강단도 엿보였다.

오츠카 이사장이 독서 운동을 시작한 것은 그가 교사가 된 해인 지난

··· "아침독서했더니 학업성적도 향상" 아침독서추진위원회의 오츠카 이사장은 "아침독서를 열심히 한 학생들은 독해력이 좋아져 시험 문제도 잘 파악하고 학업성적도 올랐다"고 말했다.

70년. 담임을 맡았던 후나바시학원 여자고등학교 교실 사물함 위에 야한 주간지와 만화가 쌓여 있는 현실을 어떻게든 바꾸고 싶어 이것을 시작했다. 학교 전체의 분위기를 바꾸고 싶었지만, 선배 교사들의 호응을 받지 못해 먼저 자신이 맡은 학급부터 시작했다.

"고등학교를 졸업한 학생들은 취직을 하든, 대학 진학을 하든 내신 성적이 좋아야 합니다. 그래서 좋은 방법이 없을까 고민한 끝에 주 1회 배정하는 특별활동 시간에 독서교육을 하기로 결정했습니다. 그 당시 홈룸 시간은 담임이 자유롭게 진행할 수 있었습니다."

오츠카 이사장에게 '독서이론' 같은 특별한 방법이 처음부터 있지는 않았다. 오츠카 이사장은 서점에서 자비로 책 100권을 구입해 교실에 비치했다. 처음에는 책을 읽어 주었다. 당시 오츠카 이사장이 근무하던 학교는 대학 진학이 목표인 인문계 고교가 아니어서 취업을 앞둔 졸업반 학생들의 이력서에 특기든 취미든 한 줄이라도 더 써 넣는 게 필요했다. 그래서 이들에게 '독서 경력'을 적으면 좋을 것이라고 설득하면서 독서수업을 밀고 나갔다.

그런데 일일이 낭독해 주다보니 너무 힘이 들었다. 그다음에는 책을 낭독한 음성 테이프도 활용했다. 시詩와 신문기사를 읽어 주기도 했다. 이런 식으로 독서교육을 했다.

"폭발적인 반응이라 저도 놀랐습니다. 학생들 반응이 무척 좋았고, 성과도 컸습니다. 우리 반 학생들의 대학 진학률과 취업률이 독서교

… "아침독서 지침서" 일본 아침독서 추진협의회에서 오츠카 이사장이 펴낸 아침독서 지침서(왼쪽과 가운데 책)와 아침독서운동 사례집(오른쪽 책).

… 일본 도쿄 가미히라이 초등학교 교실의 칠판에 적어 놓은 아침독서 안내문.

육을 한 뒤 눈에 띄게 높아졌습니다."

그런 와중에 오츠카 이사장은 동료 교사인 하야시 선생이 고안한 '아침독서' 프로그램을 알게 됐다. '아침독서' 프로그램은 학생들이 등교하자마자 교사와 함께 약 10분가량의 시간을 정해 책을 읽는 방식으로 진행했다.

오츠카 이사장은 학생들에게 첫 수업 시작 전 묵독의 형식으로 책을 읽게 했다. 그전까지는 주 1회 특별활동 시간에 50분씩 독서했는데 '아침독서'는 날마다 10분씩 책을 읽는 방식이었다. 교사가

··· "저요~ 저요~." 일본 도쿄 가미히라이 초등학교 학생들이 아침독서를 한 뒤에 교사의 질문에 답하기 위해 서로 손을 들고 있다.

읽어주는 게 아니라 학생들 스스로 책을 읽게 한 방식이었다. 이것이 더 효과가 크다는 사실을 나중에 알게 됐다.

오츠카 이사장에 따르면, 당시 학생들 중에는 경제적으로 어렵거나 고민거리가 있는 학생이 많았다. 그런데 독서를 꾸준히 하다 보니 그들의 정서 불안이 줄어드는 부수적 효과도 생겼다고 한다.

"'아침독서'를 다른 반에서도 실시하기를 희망했지만 동료 교사들이 별로 관심을 기울이지 않았습니다. 교사 대부분이 반대했습니다. 독서교육을 안 해 본 교사들은 무엇이 유익한지도 모르는 것 같았습니다."

그렇다면 '아침독서'를 하면 어떤 효과가 있을까. 오츠카 이사장은 "먼저 책을 읽으면서 배경지식을 키울 수 있다"고 말하고 "물론 이것

은 독서할 경우에 얻을 수 있는, 정말로 당연한 성과"라고 밝혔다.

"그런데 지식흡수보다 더 중요한 것은 정서안정입니다. 정신적으로 불안정한 시기인 청소년기에 독서를 하면서 마음이 침착해지는 효과를 냅니다. 등록금을 내기 어려울 정도로 경제가 어려운 학생들조차 '아침독서'를 하면서 불안한 마음을 털어내고 밝은 표정으로 첫 수업을 맞이했습니다. 정말로 기쁜 일이었습니다."

오츠카 이사장은 "그 뒤 '아침독서' 덕분에 학생들 사이가 화목해지고 집단따돌림 현상도 사라졌다"며 "자살까지 생각했던 아이가 우리 반으로 옮긴 뒤에는 평화로운 일상을 보내기도 했다"고 당시를 떠올리며 뿌듯한 표정을 지었다.

"공부든 운동이든, 승리한다는 것은 꼭 상대방과의 경쟁에서 이긴다는 뜻만을 담고 있는 것은 아닙니다. 나 자신에게 이긴다는 의미가 더 큽니다. 그래서 이겼다고 해서 남을 낮춰 보거나 남의 아픔을 모르는 사람은 미숙한 사람입니다. 성적이 나쁜 아이들은 나쁘고 싶어서 나쁜 게 아닙니다."

교사로서 바람은 이상한 행동으로 주목받는 게 아니라 선량한 일을 해 주목받는 학생이 되도록 이끄는 일이었다. 공부를 잘하든, 못하든 지금보다 더 나은 모습으로 성장하기 바라는 것이었다.

오츠카 이사장은 "'아침독서'는 교사가 원하는 성과를 낼 수 있는 훌륭한 교육"이라며 "모든 담임교사들이 좋은 반을 만들려고 노력한다"고 말했다. 그는 이어 "여기서 중요한 것은 잘하는 아이가 아니라 못하는 아이들을 얼마나 끌어올리느냐다"라고 말하고 "공부를 못하는 아이들은 마음속 깊이 잘하고 싶어 한다"고 강조했다.

오츠카 이사장이 담임을 맡았던 반은 학기말 평가시험에서 학년 1위로 올라갔다. 날마다 책읽기를 단련하므로 독해력이 향상해 시험 문제를 잘 파악한 덕분이었다.

"예전에는 시험 문제 자체를 파악하지 못하던 아이들이 제 시간 안에 모든 문제를 풀 수 있게 됐습니다. 사실, 공부를 못하는 학생 대부분이 문제 자체를 이해하지 못하는 경우가 많거든요."

오츠카 이사장은 이처럼 좋은 효과가 꼬리에 꼬리를 무는 '아침독서'를 한국 교육계도 적극 도입할 것을 권유했다. 오츠카 이사장은 "'아침독서'는 학생 개인의 학업성적 향상과 정서 함양에 도움이 될 뿐만 아니라 학교 폭력과 사회 문제를 예방하고 치유하는 특효약"이라며 "교직을 은퇴한 뒤에도 '아침독서'를 전파하는 데 매진하는 이유는 나 자신이 '아침독서'의 효과를 온몸으로 체험한 당사자이기 때문"이라고 말했다.

"학생·학부모 함께 읽는 학급통신 만들어 봐요"

일본 독서교육의 성공 사례로 꼽히는 '아침독서'. 일본 교육계도 예상하지 못할 만큼 '아침독서'가 폭발적인 확장세를 보이며 뿌리내린 데는 어떤 비결이 숨어 있을까.

'아침독서 전도사'를 자처하는 오츠카 에미코 씨(62·일본 아침독서 추진협의회 이사장)는 여기에도 비법이 있다고 소개한다. 한국의 교육 현장에 접목하면 좋은 효과가 있을 것이라며 밝힌 '아침독서' 정착 비결은 바로 '학급통신' 만들기와 '나의 역사' 쓰기다.

여고 교사로 일할 때 담당하는 학급에 '아침독서'를 도입한 오츠카 이사장은 하루 10분 동안 '아침독서'를 하고 나면 학생들에게 학급통신을 나눠 줬다. 또 학생들에게 '나의 역사'를 쓰게 해 자신을 차분히

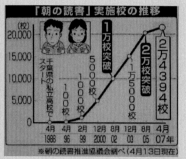

… "학급통신 만들어 보셔요." 일본 초, 중, 고교에서는 '학급통신'을 날마다 발행하여 아침독서운동의 성과를 더 끌어올리기도 한다.

… "아침독서 참가 학교, 2만 4,394개 교" 일본 공명신문 2007년 4월 26일자는 일본에서 아침독서운동에 참가하는 학교가 2007년 4월 13일 현재 2만 4,394개 교라고 보도했다.

돌아볼 기회를 주었다. 이런 지도 방법은 현재 일본 각 급 학교에서 '아침독서'를 보급하는 가장 효과적인 방법으로 주목받으며 널리 시행하고 있다.

오츠카 이사장의 학급통신이 특별한 이유는 바로 '아침독서'와 연계한 내용으로 꾸몄기 때문이다. 오츠카 이사장은 담임 시절, 반장의 구령 아래 학생들과 "안녕하십니까"라고 아침인사를 나눈 뒤 곧바로 학급통신을 나눠주고 거기에 담긴 시를 읽어줬다.

어려운 어휘가 있으면 설명하고, 시의 의미 등 교사의 감상 소감을 학생들에게 말해 준다. 그 뒤 학생들은 담임이 학급통신에 쓴 그날 하루의 학교 일정과 전달 사항, 교사의 쪽지 편지 등을 속으로 읽는다. 그다음, 오전 8시 45분부터 제1교시 수업에 들어간다.

오츠카 이사장이 교사 시절 학생들을 위해 만든 학급통신에는 '아침독서'의 주요 요소인 '매일 한다(학급통신을 날마다 발행)', '모두 한다(모든 학생의 의견을 공평히 게재)', '자신의 능력에 맞는 것을 한다(잘 못 쓴 글도 싣는다)'는 3가지 원칙을 그대로 반영했다.

① 학급통신을 날마다 발행한다.

교사가 하루도 빠짐없이 학급통신을 만들면 학생들도 하루하루를 중요하게 여기고, 그날그날의 과제를 만들어가는 과정도 소중하게 생각한다. 꾸준하게 실천하는 모습을 학생들에게 보여주면서 일관성 있는 생활을 하도록 유도하는 것이다. 이렇게 하면 학생들에게 전달하고 싶은 내용을 빠뜨리는 일이 없다.

② 모든 학생의 의견을 공평히 싣는다.

교사가 전달하고 싶은 사항과 함께 학생들의 심성을 온화하게 만드는 시를 날마다 싣는다. 그런데 여기서 그치는 게 아니라 학생 한 사람 한 사람의 의견을 공평히 학급통신에 반영하도록 노력한다. 하루 한 사람씩이면 학급생 모두 한 바퀴 도는 데 한 달 이상 걸리지만, 하루 4명씩 글을 게재하면 2주일 정도면 다 소화할 수 있다. 학생들은 자신의 순서가 돌아오길 기다린다. 자신이 쓴 글이 학급통신에 실리면 열심히 읽는다.

③ 잘 못 쓴 글도 싣는다.

학급통신에 학생 성적과 순위를 발표하거나 잘 쓴 글만 골라 실으면 교육에 좋지 않다. 뛰어난 학생의 능력을 더 향상시키는 것도 필요하지만, 보통이거나 부진한 학생들을 얼마나 끌어올리느냐가 더 중요하다. 교사는 우수한 학생들에게만 관심을 기울이지 말고, 자칫 소외될 수 있는 제자들을 더 챙겨야 한다.

'아침독서' 기본 원칙과도 일맥상통하는 학급통신은 학생들이 반드시 집에 가져가도록 하는 게 좋다. 학급통신은 학생뿐만 아니라 학부모가 읽어도 효과가 있기 때문이다. 학생 전원이 쓴 글을 매일 순서대로 게재하는 학급통신을 학부모들도 즐겁게 읽을 수밖에 없다. 학부모들이 학교에 관심을 기울일 수 있고, 일상적인 교실 풍경을 읽을 수 있으며, 자녀의 학교생활과 성장모습을 객관적으로 파악할 수 있다.

학생들 중에는 집에 가면 이야기도 별로 하지 않고, 방에 들어가 자신만의 세계를 만들고 싶어 하는 경우가 많다. 그러면 학부모들은 자녀의 가정교육에 자신감을 잃고 만다. 그런데 자칫 폐쇄적이기 쉬운 학급 운영 상황을 학급통신문에 개방하면 좀 더 열린 교육을 할 수 있다.

학급통신 발행으로 끝나는 게 아니다. 보통 일본 학교들은 '아침독

… "아침독서하러 가자!" 일본 도쿄 가미히라이 초등학교 학생들이 오전 8시 10분경에 등교하고 있다. 이들은 날마다 오전 8시 30분부터 10분 동안 '아침독서'를 한다. 10분만 집중해 책을 읽어도 마음이 차분히 가라앉기 때문에 하루 일과를 좀 더 능률적으로 시작할 수 있다고 한다.

서'가 끝난 뒤 약 5분 동안 짧은 특별활동 시간을 연다. 이때 학급통신문을 나눠주고 거기에 나와 있는 시를 읽어준다.

이 시는 학생들 마음에 진하게 스며들 수 있다. '아침독서'로 정서에 안정을 찾은 직후이기 때문에 자연스럽게 조용히 시 낭송을 경청한다. 아침에 이런 분위기를 만들면 그날 하루를 차분하게 보낼 수 있어 학습 효과도 올릴 수 있다.

오츠카 이사장은 "학급통신을 (때로는 밤을 새워가면서까지) 아무리 열심히 만들어도 학생들이 진지하게 읽지 않으면 그냥 종이쪽지에 불과하다"며 "학생들이 교사가 읽어주는 시에도 귀 기울여 주고 전달사항도 차분히 들어주는 것은 오로지 '아침독서'가 학생들의 심성을 차분하게 만들어준 덕분"이라고 말했다.

오츠카 이사장이 권하는 '아침독서' 효과를 높이는 또 다른 방법으로 '나의 역사' 쓰기가 있다. 고교 입학이 결정된 학생들에게 입학식까지 남은 시간 동안 태어나서부터 고교에 입학할 때까지 자신이 살아온 역사를 원고지 수십 장에 쓰는 과제를 주는 일이다. 이것은 꽤 어렵고 방대한 과제이기 때문에 미처 완성하지 못하는 학생도 많다. 그래서 '태어날 때의 모습', '이름의 유래', '어린 시절', '초등학교 추억' 등 글을 써야 할 세부 항목을 미리 알려준다.

나의 역사는 교사들에게 학생 지도에 참고로 활용할 수 있는 훌륭한 자료가 된다. 입학부터 졸업 때까지 3년 동안 학생들에게 이것을 작성하게 하면 좋다. 학교 행사와 학기가 끝날 때마다 감상을 쓰게 하고, 잘못을 저지르면 반성문도 작성하게 한다. 물론 미래 어떤 사람이 되어서 어떤 일을 하고 싶은지 포부를 쓰게 하는 것도 필요하다.

이것은 자신의 언어와 표현으로 일상을 쓰는 것이기 때문에 다른 사람이 대신해 줄 수 없다. 또 스스로 가능한 범위에서 작성하는 것이라 큰 부담이 되지 않는다. 이런 과정이 또 한 번 작문 능력이 향상하는 비결이 된다.

또 하나 일본 교사들이 중시하는 것은 학생들과 개별적으로 대화를 많이 하는 것이다. 살아가는 데 중요한 '듣기'와 '말하기' 그리고 '서로 이해하는 것'을 목표로 학생 한 사람 한 사람과 이야기를 나눌 기회를 가급적 많이 만들도록 노력한다. 보통 일본 학교에서는 적어도 학기 초에 개인 면접 주간을 설정하고 매년 최소 3회 정도는 학생 전원과 개별 면접을 한다. 다시 말하면 '나의 역사'로 학생들을 파악하고 '아침독서'에서는 책을 읽는 실력을 붙이게 하며 '학급통신'으로는 자신의 생각을 쓰는 훈련을 하게 한다. 그다음 '개별 면담'을 하면서 교사와 학생들 전원의 상호 이해를 늘이는 것이다.

요즘 적잖은 학생들은 책을 잘 읽지 못하는 것 이상으로 다른 사람의 말을 듣지 않고 자신의 의견도 표현하지 못한다. 청취력과 표현력이 부족한 것이다. 이런 문제를 해결하기 위해 일본 교사들이 실천하는 방법은 특별활동 시간에 학생들에게 사회를 보도록 맡기는 것이다. 그것도 학생 전원을 대상으로 매번 교대로 사회를 보게 한다.

이로써 학생들이 적극적으로 말을 하게 하고, 그것을 다른 학생들이 모두 듣게 하는 것을 매일 훈련한다. 시간이 짧은 오전 특별활동 시간에 이것을 하기는 불가능하지만, 귀가 전 특별활동 시간에는 시간 제약이 없어 학생들을 사회자로 세우는 데 별 지장이 없다. 학생들은 겉으로는 쑥스러워하면서도 막상 자기 순서가 되면 즐겁게 하고 싶은 얘기를 동료들에게 털어놓는다. 이런 섬세한 과정과 교사들의 부단한 노력을 밑바탕으로 '아침독서'가 일본 각급 학교에서 성공적으로 뿌리내리고 있다는 게 오츠카 이사장의 설명이다.

이순신·김정호 위인전 등 한국 책도 수두룩

일본 도쿄 외곽 고다이라 시市에 있는 소카 초등학교. 도쿄의 베드 타운 격인 이곳의 한적한 주택가에 자리한 이 학교는 일본에서 이른바 '꿈의 학교'로 통한다. 부잣집 아이들만 다니는 학교도 아니고, 그렇다고 학교 건물이 호화판이라서도 아니다.

교육 전문가들과 이 학교의 학생, 학부모들이 한 목소리로 소카

… "어떤 책을 골랐니?" 여학생 세 명이 소카 초등학교 로망도서관에서 책을 고른 뒤 이야기를 나누고 있다.

279

초등학교를 '니혼 이치日本一(일본 최고)'로 꼽기를 주저하지 않는 이유는 바로 이 학교의 도서관 때문이다. 지난 1998년 개교 20주년 기념으로 만든 이 도서관은 이름부터 '로망도서관'이다. 그야말로 꿈을 담은 도서관을 만들어냈다는 학교 측의 자부심이 담겨 있다. 또 하나, 이 학교는 일본인이나 한국인 어떤 쪽의 처지에서도 유별나게 다가온다. '과거 일본 군국주의를 반성하여 한국에게 사죄해야 하며, 올바른 역사인식을 바탕으로 평화와 우호의 길을 나아가야 한다'고 가르치는, 일본에서는 아주 드문 교육방침을 내걸고 있기 때문이다.

최근까지 소카 초등학교의 교장으로 근무하다 얼마 전 재단의 부학원장으로 자리를 옮긴 와카이 사치코 여사가 학교를 방문한 기자를 반갑게 맞이했다. 역시나 가장 먼저 안내한 곳은 이 학교의 자랑거리인 '로망도서관'. 로망도서관에 들어서자 가운데 '미래의 사자'라는 일필휘지가 눈길을 끈다. 이케다 다이사쿠 창립자가 쓴 이 휘호는 '나

… "여기가 꿈의 도서관!" 도쿄 소카 초등학교 로망도서관에서 학생들이 자유롭게 책을 읽는 장면.

이가 어리다고 아이처럼 대하면 안 된다. 아이들은 미래를 만드는 인격자'라는 뜻을 담고 있으며 로망도서관도 이런 사상을 바탕으로 삼고 있다는 설명이다. 와카이 부원장은 "창립자가 매년 입학식 때 학생들에게 'TV나 인터넷에만 빠져서는 안 된다. 독서를 많이 하라'는 메시지를 주는데 그것이 학생들의 6년간 학교생활에 큰 원칙이 된다"고 말한다.

일본 도서관에서 발견한 이순신 전기

밝은 조명에 깔끔하게 단장한 도서관에서는 바닥에 배를 깔고 누워 책을 보는 아이, 쿠션에 기댄 채 책을 읽는 아이 등 저마다 가장 편안한 자세로 독서에 빠져든 모습이 인상적이었다. 로망도서관의 수용 인원은 120명으로 최대 3개 학급이 동시에 이용할 수 있는 크기다. 세계 수십 개 나라 서적 3만 권의 장서를 갖추고, 도서관에서 세계 각국의 문화를 간접 체험할 수 있게 했다. 아직 활자매체에 익숙하지 않은 저학년 학생들을 위해서는 세계 각국의 그림과 사진 책을 갖춰 독서를 돕는다. 얼마 전에는 몽골의 교육 관계자가 이 학교 도서관을 견학한 계기로 몽골 도서 코너를 별도로 만들기도 했다.

… "책 읽어주는 공간" 도쿄 소카 초등학교 로망도서관에 있는 '책 읽어주는 공간'. 빨간색 의자에 책을 읽어주는 선생이 앉고, 카펫 바닥에 학생들이 앉아 독서삼매경에 빠진다. 저학년 학생들을 대상으로 책을 읽어주는 프로그램도 잘 진행하고 있다고 한다.

… "한국 도서 코너" 소카 초등학교 로망도서관에 있는 한국 도서 코너. 책상 외에 책꽂이에도 한국 관련 책이 수두룩하다.

… "한국 책도 있군요." 소카 초등학교 로망도서관의 한국 도서 코너에 마련해 놓은 한국 책들. 한글로 '김정호', '이순신', '허준'이라고 적혀 있는 책 제목이 정겹다.

한국 서적 코너도 따로 있는데 한글을 모르는 일본 학생들이 보기 쉽도록 그림책이 많이 있었다. 특히 이 가운데는 이순신 장군의 위인전도 있어 기자를 놀라게 했다. 도요토미 히데요시가 파견한 침략 원정군을 물리쳐 풍전등화 조선을 지켜낸 이순신 장군의 위인전을 일본 초등학교 도서관에서 발견할 줄은 상상도 못했기 때문이다. 이것은 역시 일본의 우경화를 경계하고 올바른 역사를 교육해야 한다는 이 학교 건학이념이 뒷받침됐기에 가능한 발견이었다.

로망도서관은 크게 〈독서 공간〉, 〈읽어주기 공간〉, 〈연구/조사 공간〉 세 공간으로 나누었다. 〈독서 공간〉에는 테이블별로 갖춘 그룹 공간과 1인용 독서 공간이 있다. 1인용 독서 공간에는 각 좌석마다 밝기 조절이 가능한 독립 조명시설이 있어 학생들이 책읽기에 몰입할 조건을 잘 갖추었다.

··· "도서 관리는 모두 전산처리" 대출과 반납 등 소카 초등학교의 도서관리는 모두 전산처리하고 있다.

··· "어떤 책을 읽을까요?" 소카 초등학교 학생들이 로망도서관에서 책을 고르는 장면.

〈읽어주기 공간〉에서는 교사뿐만 아니라 학부모나 지역 주민, 자원봉사자 등 다양한 참가자들이 학생들에게 책을 읽어주며 독서의 즐거움을 선물하기도 한다. 〈연구/조사 공간〉은 자연과학, 사회과학, 역사/지리, 기술/공업 등 네 부문의 관련 도서를 갖추었다. 학교 측은 앞으로 연구/조사 공간에 초고속 인터넷 전용선을 깔아 학생들이 멀티미디어를 활용하여 호기심을 충족하고 세상과 소통할 기회를 제공할 계획이다.

유치원과 초, 중, 고 등 모두 7개 학교로 구성한 소카학원과 소카대학의 이른바 '소카 일관교육'에서 이케다 창립자가 가장 중시하는 것이 바로 독서교육. 마음이 건강해야 신체도 건강하다는 교육 방침 아래 독서교육에 열성을 다하고 있다. 이 학교 도서관이 일본 내에서 널리 알려지자 일본 문부과학성의 이케노보오 야스코 부대신이 특별히 참관 방문을 하기도 했다. 도서관을 학교 건물의 한가운데 배치한 것에서도 소카 초등학교 도서관의 위상을 읽을 수 있다.

학생들의 독서량도 대단하다. 지난해 총 대출량이 7만 권으로 학생 1인당 무려 108권을 읽었다. 어마어마한 대출량에 기자가 잘 믿지 못하겠다는 표정을 짓자 컴퓨터 바코드로 관리하는 도서관 체계의 자료를 보여준다. 믿을 수밖에 없는 객관적 수치였다.

학생들이 책을 무척 많이 읽다보니 책이 금방 찢어지거나 닳아서 걱정일 정도란다. 학생들 사이에 좋은 책이라고 입소문이 나면 너도나도 빌려 보기 때문이다. 아침 조회 때 어떤 학생이 전교생 앞에서 "삼국지가 좋은 책"이라고 발표하자 이 책을 빌리려는 학생이 몇 십 명씩 대기한 일도 있다고 한다.

학생들의 독서 열기로 늘 책이 부족하기 때문에 창립자가 책을 많이 기증하고, 졸업생들도 서적을 증정한다. 이밖에 도서관을 방문하거나 취재한 인사들이 기증한 책도 많다.

책읽기 강요하지는 않지만…

소카 초등학교는 1년에 3회 독서주간을 두고 있다. 1년에 한 차례 연례행사로 독서주간을 두는 다른 학교들과 비교되는 대목이다. 학교 차원에서 보통 졸업 때까지 6년간 한 학생당 500권을 읽도록 유도한다. 많이 읽는 학생은 무려 5,000여 권을 독파하고 졸업하기도 한다.

"2주일에 5~6권 정도는 꾸준히 읽는다. 독서가 무척 재밌다. 마법이나 불가사의한 세계, 해리포터 이야기를 홍미롭게 읽고 있다. 요즘에는 '매직트리 하우스'라는 책을 가장 재미있게 읽었다."

이날 도서관을 찾은 'ㄱ'군(5학년)은 이 같이 말하며 소년 독서예찬론자의 면모를 보였다('개인정보 보호 차원에서 학생들의 실명을 기사에 싣지 말아 달라'는 학교 측의 요청으로 실명 대신 약칭을 씀). 또 다른 학생 'ㅁ'군(4학년)은 "편도 2시간이 걸리는 장거리를 통학한다"면서 "등하교 전철과 버스 안에서도 독서를 많이 하는데 작년에만 147권을 읽었다"고 자랑한다.

로망도서관에 관한 교직원들의 자부심도 대단하다. 미추하타 토시아키 소카학원 교육연구부장은 "보통 일본 초등학교에서는 학생 1인당 한 달 평균 9.7권의 책을 읽는다는 통계가 있는데, 우리 학교는 학

… "평화, 인권, 환경" 마쓰나가 마코토 교장이 로망도서관에서 소카 초등학교의 교훈을 손으로 가리키며 설명을 하고 있다.

… "3년 고개…" 도쿄 소카 초등학교 로망도서관에 있는 '3년 고개'란 제목의 한국 동화책.

생 한 명이 한 달 평균 20권 이상 읽는다"면서 "학생들의 책읽기 열기를 가정으로 퍼뜨리기 위해 학부모들을 대상으로 한 독서 프로그램도 계획 중"이라고 말했다. 또 쌍방향 독서를 지향하며 책을 읽은 소감을 토론하는 '북 토크' 프로그램도 진행 중이라고 설명했다. 4~6학년은 독서토론인 '북 토크' 활동을 국어시간에 하고 있고, 저학년 때는 책 소개 수준으로 한다고 한다.

미추하타 토시아키 소카학원 교육연구부장은 다음과 같이 말한다.

"감상문을 강요하면 책을 잘 읽지 않게 된다. 그것보다는 책에 대해 질문하고 답하는 대화가 더 효과적이다. 우리 학교는 글쓰기 교육에 비중을 두고, 전국대회 입상 경험도 많지만, 독서와 글쓰기를 같은 것으로 생각하지는 않는다. 읽은 것을 글로 옮기라고 강요하면 학생은 독서 자체에 부담을 느낀다. 그냥 사람을 만나고 감사 편지를 쓴다든지 하는 정도의 자연스러운 글쓰기 교육이 좋다. 읽은 것이 천천히 마음속에 스며들고 그것이 자연스레 글쓰기로 이어진다는 선순환 구조가 바람직하다.”

한편, 구체적인 도서관 운용방식에 대해 와카이 부원장은 “로망도서관은 학교가 열려 있는 시간엔 항상 이용할 수 있고, 아무 때나 대출도 가능하다”면서 “방학에는 보안상 도서관을 운영하지 않지만, 방학 전에 7권까지 책을 빌릴 수 있고, 또 지역도서관에서도 방학 때 책을 빌릴 수 있기 때문에 문제없다”고 말한다.

독서를 강요하지는 않지만 독서 카드, 독서 이력서를 두고 관리한다. 무작정 독서를 하게 만드는 게 아니라 1년 단위 계획 아래 책읽기 지도를 한다. 그 예로 시간이 넉넉한 방학엔 장편소설을 읽게 하는 것을 들 수 있다.

소카 초등학교 학생들은 특히 평화, 인권, 환경 등 세 가지 주제의 책을 많이 읽는다. 창립자의 바람이 학생들과 일맥상통하고 있기 때

··· “학년별 독서목표량” 도쿄 소카 초등학교 1층 복도 게시판에 적힌 학년별 연간 독서목표량. 5학년과 6학년은 연간 50권이지만 저학년일수록 연간 독서목표량이 많다. 저학년들이 읽는 책은 활자가 크고 그림도 많아 고학년에 비해 책을 읽는 속도가 빠른 점을 반영한 목표치다.

문이다. 방학 때는 전쟁이나 원폭, 2차 세계대전, 진주만 폭격 등 일본의 과거 역사 반성을 독서 과제로 삼기도 한다. 실제로 하와이 진주만까지 답사하여 일본의 진주만 폭격에 관한 보고서를 쓰는 학생도 있다고 한다.

"일본은 역사나 문화적으로 한국에게 큰 은혜를 입은 문화 대은의 나라"라는 이케다 창립자의 역사인식에 따라 한국 역사를 다룬 독서와 교육에도 신경 쓴다.

이 학원의 진노 노부히로 홍보실장에 따르면 이케다 창립자는 한국의 효도 문화를 높게 평가한다는 설명이다. 진노 실장은 "창립자가 평소 한국은 효의 나라, 동방예의지국이라고 강조한다"며 "효도심을 일본에 전파해 준 게 한국이라는 가르침을 학교에서도 교육에 적극 반영한다"고 말한다.

일본 교육계에서 들불처럼 번져나가는 '아침독서'도 소카 초등학교에서는 별다를 게 없다. 와카이 부원장은 다음과 같이 설명했다.

"우리 학교의 1, 2학년은 아침독서를 한다. 이들은 등교하자마자 도서관에서 책을 빌려오는 것을 과제로 삼는다. 3학년 이상은 휴식 시간에 도서관에 가서 자유롭게 책을 읽는다. 우리 학교의 독서는 밖에서 들어온 것이 아니라 예전부터 알아서 정착된 경우다. 오고가는 전철 안에서 독서하는 게 습관이 된 학생도 많다."

소카 초등학교의 또 하나 강점은 독서지도를 전문적으로 한다는 점이다. 도서관 사서 1명과 사서 교사 3명이 연계하여 합리적으로 독서지도를 하는 것이다. 소카 초등학교 졸업생으로, 로망도서관에서 3년째 사서로 일하는 모리타 사치코 씨는 "아이들이 독서가 즐겁다고 말할 때 가장 큰 보람을 느낀다"며 "추천 도서를 고르기 위해 매주 책을 10권 정도씩 읽는다"고 말했다.

이런 노력이 쌓여 소카 초등학교가 일본, 아니 전 세계에서 최고 수준의 독서 학교가 된 셈이다. 취재를 마친 기자가 "독서교육을 이렇게 열정적으로 하는 학교는 다른 나라에서도 찾기 힘들 것이다, 보람 있는 취재였다"고 인사하자 마쓰나가 마코토 교장은 "앞으로 더 열심히 하겠다"고 말한 뒤, 자리에서 일어나 정중히 허리를 굽히며 한국말로 "진심으로 감사합니다"라고 화답했다.

글쓴이 주

소카 초등학교는 어떤 학교?

지난 78년 도쿄 인근 고다이라 시市에 설립한 사립학교로 학생 수는 한 학년당 약 100명이다. 남녀공학인 이 학교는 창립자인 이케다 다이사쿠 선생의 뜻에 따라 '건전한 영재주의', '인간성이 풍부한 실력주의'를 교육방침으로 삼는다. 특히 이 학교의 독서율은 일본에서 최고 수준으로 유명한데, 학생 1인당 연간 108권의 책을 독파하는 것으로 나타났다.

"일본의 진주만 폭격도 보고서 과제로… 역사의식·목적의식 뚜렷한 독서가 중요"

"어? 이순신 장군 위인전이 다 있네. 김정호도 있고, 허준도 있고……."

지난 4월 11일 도쿄 근교 고다이라 시市의 소카 초등학교 로망도서관. 동시에 120명을 수용할 수 있는 이 도서관 한 컨엔 한국 도서 코너를 따로 마련했다. 와카이 사치코 소카학원 부원장에게 도서관 취재 안내를 받은 기자는 한국 도서 코너를 둘러보다 외마디 탄성을 질렀다. 표지에 '성웅 이순신

… 소카학원 창립자 홍보책자에 실린, 이케다 다이사쿠 소카학원 창립자.

장군이 왜적을 향해 활을 쏘는 그림'이 있는 '이순신 위인전'이 덩그러니 놓여 있었기 때문이다. 그 왼쪽에는 김정호, 오른쪽에는 허준 위인전이 있었다.

"역사를 제대로 인식하고 (일본이 한국을 침략한 데 대해서도) 지도한다. 역사 사실을 정확하게 가르치는 것이다. 특히 소카학원 창립자가 '한국은 역사나 문화적으로 일본에게 큰 은혜를 베푼 문화 대은의 나라'라고 평가했다. 우리 학생들은 그 같은 역사를 잘 알고 있다."

와카이 사치코 부원장의 설명에 이어 진노 노부히로 소카학원 홍보실장은 "한국 손님들이 수업을 참관하면서 한국과 일본의 역사를 직접 설명할 때도 있다"면서 "책으로만 역사를 공부하는 게 아니라 한국 사람들에게 정확한 역사를 듣기도 한다"고 말했다.

소카 초등학교가 일본 최고의 독서학교로 자리 잡은 비결은 무엇일까? 이 학교의 교훈은 무엇이고, 교사들의 교육 방침은 무엇일까?

소카 초등학교 응접실에서 학교 관계자들과 일본의 문자부흥운동, 그리고 독서교육을 주제로 이야기를 나눴다. 참석자는 마쓰나가 마코토 소카 초등학교 교장, 와카이 사치코 소카학원 부원장, 미추하타 토시아키 소카학원 연구부장, 진노 노부히로 홍보실장이다. 한국의 교육정책 담당자들과 일선 교사들이 참고할만한 내용을 간추려 정리한다.

일본 젊은이들이 독서와 신문읽기를 멀리해 걱정이 많다던데.

"젊은이들이 책을 읽지 않는 것은 전 세계 공통의 문제다. 서적과 신문이 잘 팔리지 않는다. 문자매체보다도 텔레비전, 영화, DVD와 같은 영상물이 인기가 많다. 이것은 어쩔 수 없는 현상일 수도 있다. 그래서 우리 학교에서는 독서교육에 열성을 다하는 것이다." (와카이 사치코 소카학원 부원장)

교장 선생이 학창 시절에 독서한 정도와 현재 일본 젊은이들의 독서량을 비교한다면.

"요즘 젊은이들은 전철 안에서도 만화나 휴대전화, 게임을 즐긴다. 소설책을 보는 사람이 줄어들고 있는 듯하다. 그런데 우리의 학창 시절에는 그렇지 않았다. 우리 또래들은 학생운동을 열심히 한 세대였으므로 여러 가지 사상이나 철학에 빠진 세대라고도 할 수 있다. 어려운 철학책을 일부러 찾아서 읽고, 이론 투쟁을 벌였다. 여하튼, 과거와 비교할 수 없을 정도로 요즘 젊은이들은 책을 보지 않는다고 말할 수 있다." (마쓰나가 마코토 소카 초등학교 교장)

일본이 경제대국이 된 원동력이 독서에 있다는 이야기를 들었는데.

"그것은 오로지 그 학자 나름의 견해인 것 같다. 내 관점은 약간 다르다. 이미 150년 전에 빅토르 위고가 '레 미제라블'을 발표하면서 '활자가 없으면 세상이 어두워진다'고 이야기한 바 있다. 독서를 많이 해서 경제가 발전하는 것이 시급한 게 아니라 마음을 풍부하게 하는 게 더 중요하다고 본다. 독서는 사람들의 미래를 만들어간다. 그래서 책을 읽고 글 쓰는 게 무척 필요하다. 단순히 경제성장을 위해 독서를 하자는 논리에는 찬성하지 않는다." (미추하타 토시아키 소카교육연구소 연구부장)

활자를 멀리하고 영상만 추구하면 왜 문제가 되나.

"영상문화만 쫓으면 신경질을 내기 쉽고, 판단력도 흐려지기 쉽다는 경향을 보인다는 말이 있다. 텔레비전이 청소년 범죄의 원인이 된다. 그에 반해 독서는 단순한 글 읽기가 아니라 인격 형성의 골격이다." (미추하타 토시아키 연구부장)

그렇게 보는 이유는 무엇인가.

"쉽게 말해서, 보는 것만으로는 생각을 하지 않기 때문이다. 문자로 된 정보를 읽으면 모르는 세계를 인지하고 창조력도 쌓을 수 있다. 영상은 실체험이 아니라 모의체험이기 때문에 마음과 머리, 몸을 제대로 움직이게 할 수가 없다." (미추하타 토시아키 연구부장)

영상문화와 활자문화를 비교한다면.

"영상문화는 수동 문화이고, 활자문화는 능동 문화다. 책 읽어주기는 음성언어다. 독서를 통해서 사고력과 판단력 등을 길렀기 때문에 고등학교에서 활발하게 토론 수업도 할 수 있는 것이다." (와카이 사치코 부원장)

그럼 어떻게 해야 하나.

"어른들이 먼저 독서하고 아이들에게 독서를 권해야 진정한 독서교육을 할 수 있다. 소카학원에서는 창립자 정신을 초등학교부터 고등학교까지 똑같이 적용한다. '독서를 활용한 인간형성'을 중시하는 창립자의 교육이론을 실천하는 것이다. 학부모들도 이것을 돕는다.

그래서 집안독서도 적극 장려하고 있다. 어린이들의 미래를 암담하지 않게 하려면 먼저 어른들이 진지해져야 한다. 이젠 어린이 교육이 힘든 세상이기 때문이다. 게임이나 휴대전화나 텔레비전 등 공부하지 않게 하는 물건들이 얼마나 많은가." (마쓰나가 마코토 교장)

독서와 다른 과목의 관계는 어떻게 설명할 수 있나.

"독서는 모든 공부의 기초이므로 정말로 중요하다. 우리 학교에서는 교육의 분량보다도 질적 향상으로 이끌기 위해 애쓴다. 이 과정에서 자신의 생각과 정보를 남에게 전달하는 능력이 필요하다. 이런 능력을 키우는 방법의 하나로 (일본의 공립 초등학교들과는 달리) 영어 지도를 철저하게 하고 있다. 초등학교 때 영어를 배우면 중학교, 고등학교에 가서 훨씬 도움이 된다. 우리 학교는 일반 교육을 하는 교육공간이다. 때문에 졸업생들이 세계 평화의 기초를 다지는 일을 할 수 있게 지도하려고 노력한다. 그런데 그 토대가 바로 독서다." (마쓰나가 마코토 교장)

일본이 2005년에 활자문화진흥법을 만들었는데 이 법의 의의가 무엇이라고 보는가.

"소카 초등학교는 활자문화진흥법 시행에 큰 영향을 받지 않는다고 생각한다. 공립 초등학교는 지역 평등교육을 해야 하는 과제가 있다. 하지만 우리는 공립이 아니라 사립학교다. 활자문화진흥법이 나오기 전부터 학생들이 문자문화에 익숙해지도록 지도했다. 독서교육을 철저하게 시행하라는 창립자의 당부가 있었고, 교직원들도 그것이 필요하다고 믿었기 때문이다. 하지만 다른 공립 초등학교 학생들에게는 활자문화진흥법이 긍정적인 기능을 할 것이다. 먼저 예산을 지원해 주고, 의무로 사서를 두게 하므로 공립학교에는 아주 유익한 법이다." (마쓰나가 마코토 교장)

"활자문화진흥법은 쉽게 말해서 도서관이나 사서를 늘리자는 법이다. 우리 학교에서는 이미 이것을 실천하고 있다." (미추하타 토시아키 연구부장)

소카학원은 모든 직원이 다 독서전문가라고 들었는데.

"사서가 몇 명 근무하는지가 아니라 교사들이 다 독서전문가가 되려고 노력하는 점이 중요하다. 우리 학교 도서관은 사서 한 명이 관리하는 게 아니다. 교사는 물론 학부모와 졸업생이 모두 독서지도요원이라는 마음으로 여러 가지 형태의 도서관 운영에 참여한다. 학부모와 졸업생, 그리고 외부에서 시찰 온 손님들이 책을 많이 기증한다."

(와카이 사치코 소카학원 부원장)

소카 초등학교의 독서교육은 세계에서 어느 정도 수준이라고 자체 평가하나.

"세계에서 가장 우수할 것으로 본다. 학교마다 교육방침은 있겠지만 현장에서 제대로 독서교육을 실천하는 학교는 드물 수도 있다고 생각한다." (마쓰나가 마코토 교장)

그밖에 소카 초등학교의 독서교육정책과 다른 학교의 차이점이 있다면.

"먼저, 독서주간을 충실하게 운영한다. 다른 학교는 보통 1년에 단한 번 독서주간을 두는데 우리는 세 번이나 독서주간을 둔다. 6월 6일, 11월 18일, 2월 11일이다. 또, 꼭 읽어야 하는 추천도서를 제공한다. 많이 읽는 학생은 무려 5,000권을 읽기도 한다. 어느 2학년 학생은 (지금까지) 2,000권을 읽었다고 한다. 많이 읽는 것도 중요하지만학생 모두 졸업 전까지 500권을 독파하자는 게 목표다. 사서와 교사들이 여러 방면의 책을 읽고 연구하여 다양한 책을 추천한다."

(와카이 사치코 부원장)

"일주일에 한 번 1학년에서 4학년까지 도서관에서 도서시간을 설정하는 것도 특징이다." (진노 노부히로 홍보실장)

소카 초등학교에서는 학생들에게 주로 어떤 책을 읽게 권유하나.

"세 가지 주제, 즉 평화와 인권, 그리고 환경을 주제로 한 책을 많이읽게 한다. 6학년 때 졸업논문을 쓰는데 전쟁이나 원폭, 2차 세계대전, 진주만 폭격 등을 연구 과제로 삼기도 한다. 직접 하와이에 가서일본의 진주만 폭격을 주제로 보고서를 쓰기도 한다. 그냥 독서하게하는 게 아니라 목적의식이 뚜렷한 독서를 하도록 지도한다." (와카이사치코 부원장)

평화, 인권, 환경의 중요성을 일깨우는 독서교육을 한다고 했는데, 그 렇다면 일본이 과거에 한국을 침략한 역사도 가르치고 있나.

"역사를 제대로 인식하고 (일본이 한국을 침략한 데 대해서도) 지도한 다. 역사 사실을 정확하게 가르치는 것이다. 특히 소카학원 창립자가 '한국은 역사나 문화적으로 일본에게 큰 은혜를 베푼 문화 대은의 나 라'라고 평가하기 때문에 우리 학생들은 그 같은 역사를 잘 알고 있 다." (와카이 사치코 부원장)

어떤 과정을 거쳐 이런 역사를 접하나.

"우리 학교를 방문한, 한국을 비롯한 세계 각국의 손님들이 수업을 참관하거나 강연할 기회가 많다. 학생들은 이들을 직접 접하는 과정 에서 많은 것을 배운다. 이것이 바로 소카 초등학교의 최대 특징이다. 책으로만 보는 게 아니라 세계 여러 나라 사람들의 이야기를 들으면 서 (제대로 된 역사를) 배운다고 할 수 있다." (진노 노부히로 홍보실장)

한국에 관해 또 어떤 교육을 하나.

"효도 교육도 신경 쓴다. 독서와 외국어 교육을 중시하지만 부모에 게 효도하는 사람이 되어야 한다고 가르친다. 특히 창립자는 한국이 효도의 나라, 동방예의지국이라며 한국을 본받아야 한다고 학생들에 게 강조한다. 효도를 가르쳐 준 게 한국이라며 이것을 학교에서 실천 하게 하는 것이다." (진노 노부히로 홍보실장)

앞으로 독서교육의 방향은.

"이미 독서교육 체계가 있기 때문에 권수보다는 질적 향상을 꾀하는 방식으로 운영하겠다. 일본에서는 독서교육을 국어교육의 하나로 진행하기 때문에 따로 교재가 필요하지 않을 수도 있다. 소카학원에서는 초, 중, 고 모두 교재를 직접 만든다." (마쓰나가 마코토 교장)

··· "독서가 재미있어요." 소카 초등학교 학생들은 1인당 연 108권을 독파하고 있다. 6년간 한 학생당 최소 500권을 읽도록 유도한다. 많이 읽는 학생은 무려 5,000여 권을 읽고 졸업하기도 한다.

··· "아~ 이순신 장군!" 도쿄 소카 초등학교에서는 일본이 과거 한국을 침략한 역사도 교육하는 것으로 알려졌다. 사진은 로망도 서관에 비치해 놓은 이순신 위인전.

… "숲속 같은 등하굣길" 전철역에서 소카 초등학교까지 가는 길(도보로 약 15분)은 수풀이 우거진 오솔길이다. 한 시민은 "학생들이 일반 도로로 다니면 위험할 수가 있기 때문에 정서에 좋은 오솔길을 만든 것 같다"고 말했다.

… "연구/조사 공간" 소카 초등학교 로망도서관은 〈독서 공간〉, 〈읽어주기 공간〉, 〈연구/조사 공간〉 세 공간으로 나누었다. 사진은 〈연구/조사 공간〉으로 자연과학, 사회과학, 역사/지리, 기술/공업 네 부분의 관련 도서를 갖추었다.

… "활자가 없으면 세상이 어두워집니
다." 미추하타 토시아키 소카학원 연
구부장은 "150년 전 빅토르 위고가
'레 미제라블'을 발표하면서 '활자
가 없으면 세상이 어두워집니다'라
고 말했다"면서 활자문화의 중요성
을 이야기했다.

… "역사 사실을 정확하게 교육" 와카이
사치코 소카학원 부원장은 "소카초등
학교에서는 역사를 제대로 인식하고
역사 사실을 정확하게 가르친다"고
말했다.

… "우리 학교, 독서교재입니다." 마쓰나가 마코
토 교장이 소카 초등학교의 독서 교재와 독서
지침서를 설명하고 있다. 활짝 웃는 얼굴에서
훌륭하게 독서교육을 한다는 자신감을 엿볼
수 있다.

… "하와이에 가서 '진주만 폭격 보고서'도 씁니다." 도쿄 소카 초등학교에서는 무작정 독서하게 하는 게 아니라 목적의식이 뚜렷한 독서를 하도록 지도한다고 한다. 소카학원의 와카이 사치코 부원장은 "평화와 인권, 환경을 주제로 한 책을 많이 읽게 한다"고 말하고 "(이런 독서교육을 한 결과) 직접 하와이에 가서 진주만 폭격을 주제로 보고서를 쓰는 학생도 있다"고 밝혔다. 왼쪽부터 미추하타 토시아키 소카학원 연구부장, 와카이 사치코 소카학원 부원장, 마쓰나가 마코토 소카 초등학교 교장, 진노 노부히로 소카학원 홍보실장.

제4장

일본 이바라키 현의 명소

'독서마을'

일본에는 '독서마을', 한국에는 적자투성이 '영어마을'… 정말로 서글픈 현실

　일본에서 최초로 '독서마을'을 선포한 곳이 있다. 지방자치제도가 발달한 일본에는 별의별 '~마을'이 있지만, 마을 모든 주민이 활발한 책읽기 활동을 펼치는 '독서마을'은 바로 이바라키 현 북서부의 '다이고 마치'다(일본에서 '마치'는 한국의 읍이나 면을 뜻한다).

　도서관과 서점이 각각 한 곳뿐으로 문화의 소외지역이었던 다이고 마치가 일본에서 최초로 독서마을을 선포한 것은 지난 2007년 6월. 다이고 초등학교와 다이고 서중학교 등 관내 학교가 수업 전 아침독서 활동을 벌이고 있고, 가정에서 가족들이 모두 책을 읽는 '집안독서' 운동까지 펼치고 있다.

　인구 약 2만 2천 명의 작은 마을 다이고 마치의 이러한 시도는 끊어진 가족 유대관계 복원의 새로운 특효약으로 일본 전국의 주목을 받고 있다. 다이고 마치는 이런 노력을 인정받아 지난해 일본 전국 출판협회가 제정한 제1회 '문자·활자문화 진흥대상'을 수상하기도 했다.

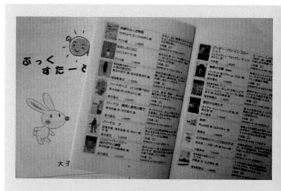

… '독서마을' 다이고 마치의 추천 도서목록.

다이고 마치가 '독서마을'로 태어난 것은 와타히키 히사오 정장(62)이 취임하면서부터다. '독서운동'을 선거공약으로 내걸어 눈길을 끌었던 와타히키 정장은 책읽기가 마을에 활력을 불어넣고 주민들의 생활을 윤택하게 만든다고 굳게 믿는다(일본에서 '정장'은

… "일본에선 유명한 독서마을이죠." '독서마을' 다이고 마치의 독서 활동을 크게 보도한 일본 신문. 다이고 마치의 주민 독서 활동이 성공적으로 자리 잡으면서 다른 지방자치단체들이 뒤따르고 있다.

한국의 군수나 면장에 해당한다).

와타히키 정장은 책읽기는 사람들의 심성을 곱게 만들고, 가족과 친구, 생명의 소중함을 일깨워 줘 범죄와 살인, 가정파탄 등 반사회적 질병들을 치유할 수 있다는 믿음으로 주민들과 힘을 합쳐 독서마을을 선포하고 실행하기에 이르렀다.

실제로 이 마을의 초·중·고교는 아침독서를 실시한 뒤 청소년 탈

선행위가 줄어들고 학업성적이 증진됐다고 한다. 다이고 마치의 학생들은 국어와 수학 시험 문제 정답률이 일본 다른 지역 학생들에 비해 5~10% 정도 높다는 보고도 나왔다.

주민들의 호응도 폭발적이다. 독서운동을 적극 펼친 이후 최근 6개월 사이 마을 도서관 이용자가 50%나 늘었다. 또 다른 지방자치단체도 앞 다투어 다이고 마치의 독서운동을 뒤따르기 시작했고, 국내는 물론 해외 언론의 조명까지 받기에 이르렀다.

'독서마을' 선언과 책 읽는 마을을 만드는 운동의 부수적인 효과도 기대된다. 다이고 마치는 일본의 다른 소도시들과 마찬가지로 젊은이들의 도시 이주와 급격한 노령화로 인구가 매년 약 450명씩 줄어들고 있다. 하지만 침체하기 쉬운 마을 분위기가 '아침독서' 운동과 책읽기를 통한 가족관계 강화를 위한 집안독서 캠페인으로 되살아나고 있다는 게 주민들의 설명이다.

… "독서운동 알림 그림" 일본의 첫 '독서마을'인 이바라키 현 다이고 마치의 독서운동 알림 그림.

… "독서마을이 선거 공약!" 일본 이바라키 현의 다이고 마치는 마을 모든 주민이 활발한 책읽기 활동을 펼치는 '독서마을'이다. 다이고 마치의 와타히키 히사오 정장(사진 가운데)이 청사 앞 독서운동 알림그림 앞에서 독서운동을 설명하고 있다.

일본 이바라키 현 다이고 마치의
'독서마을' 선언서

우리 일본인은 '스스로 노력'과 '타인 배려'를 소중히 여기며 세계에서 보기 드문 마음이 풍성한 나라를 만들어 왔습니다. 그러나 최근 마음의 여유를 잃어버리는 것 같은 사건이 많이 발생하고 있습니다.

일본인의 둘도 없는 보물인 마음의 풍요로움을 지키고, 육성하고, 퍼뜨려 다음 세대에 전해주는 것이 지금 우리의 큰 숙원입니다. 우리는 이 바람을 독서로 실현하겠습니다. 책읽기는 우리를 시간과 거리를 초월해 풍요롭고 윤택한 사상과의 만남으로 이끌어 줍니다. 특히 유아와 청소년의 독서는 그들에게 많은 지적 소산을 안겨 주는 것과 동시에 다양한 창조력을 키우고 풍요로운 감성을 살려줍니다.

우리는 이런 독서의 장점을 살려 독서를 즐기는 사람이 넘쳐나는 마을을 만들고, 독서를 통해 마음의 풍요로움을 키울 수 있는 마을 만들기, 독서의 훌륭함을 전국에 퍼뜨리는 마을 만들기를 지향합니다.

1. 아기 때부터 독서의 세계로 이끌기 위해 '보건센터'에서 'BOOK START'를 전개합니다.

1. 유치원생에게 독서의 즐거움을 전해주기 위해 '보육원, 유치원'에서 '책 읽어주기'를 시작합니다.
1. 어린 학생에게 독서 습관을 길러주기 위해 '초, 중학교'에서 '아침독서'를 실시합니다.
1. 부모와 자녀의 독서를 통한 의사소통을 증대하기 위해 '각 가정마다' '집에서 책읽기'(집안독서)를 펼칩니다.
1. 다이고 마치의 독서환경을 정비하기 위해 '마을에서' 힘을 합쳐 전력을 다합니다.

2007년 우리 다이고 마치 주민들은 이런 가치 있는 사업에 총력을 펼칩니다. 그리고 독서마을, 고향 다이고 마치에 자부심을 갖고, 일본 국민들에게 독서의 훌륭함을 전하겠습니다.

이상 '독서마을' 다이고를 선언합니다.

2007년 6월 13일

다이고 마치

"일본 경제성장 원동력은 독서의 힘…
책 읽지 않고 경제만 외치면 일본은 붕괴"

'독서마을' 다이고 마치(일본 이바라키 현, 인구 2만 2천 명)까지 가는 길은 멀고 복잡했다. 지난 4월 13일 오전 7시. 도쿄 근교 베르디 가와사키의 호텔을 출발하여 요코하마 역에 도착했다. 그 다음, JR 도오카이도선東海道線으로 요코하마橫濱~도쿄東京 역(27분), JR 게이힌도호쿠선京濱東北線으로 도쿄東京~우에노上野 역(7분),

… 벚꽃이 아름다운 독서마을 '독서마을'로 알려진 일본 이바라키 현의 다이고 마치는 벚꽃으로도 유명하다.

JR 슈퍼히타치(Super日立－특급열차)로 우에노上野~이바라키 현茨城縣의 미토水戸 역(80분), JR 수이고선(水郡線－수동식 개폐문의 디젤차량)으로 미토水戸~히타치다이고常陸大子 역(75분)….

다이고 마치 역에 도착하자 활짝 핀 벚꽃과 상쾌한 봄바람이 다가왔다. 아침 식사도 거른 채 3시간 넘게 달려왔지만 금세 피곤함을 씻었다. 고향에 온 듯한 포근한 분위기에 휩싸여 버린 것이다.

··· '독서마을' 다이고 마치 풍경.

··· "여기가 '독서마을' 다이고 마치입니다." 일본 이바라키 현 북서부에 있는 다이고 마치는 인구 약 2만 2천 명의 지방 자치단체. 독서운동을 활발하게 벌여 2007년에 일본 전국 출판협회가 제정한 제1회 '문자, 활자문화 진흥대상'을 받았다. 사진은 다이고 마치 역 입구.

그런데 벚꽃과 봄바람만 기자를 기분 좋게 한 게 아니었다. 다이고 마치를 '독서마을'로 꾸민 주인공, 와타히키 히사오 정장(62). 일요일인데도 출근하여 한국 기자를 반갑게 맞이하는 와타히키 정장은 첫 인상부터 예사롭지 않았다 (일본에서 '정장'은 한국의 군수나 면장에 해당한다).

"독서는 인간 형성의 기본입니다. 또 사회 질서 유지의 바탕입니다. 사회를 건강하게 지탱하는 데 책읽기가 꼭 필요합니다. 그래서 독서운동을 아예 선거공약으로 내걸었습니다. 책읽기 없이 경제성장만

··· "제가 '독서마을' 정장입니다."
'독서마을'을 조성하여 일본 전역의 관심을 끌고 있는 이바라키 현 다이고 마치의 와타히키 히사오 정장

추구한다면 일본은 무너질 수밖에 없습니다. 활자문화를 가까이 하면 사람들이 다투지 않고, (자연스럽게 평화의 중요성을 깨닫게 할 수 있어) 세계 평화에도 이바지할 겁니다."

기자가 "다음 선거에서도 당선하여 연임하면 '독서마을'이 완전히 정착할 것 같다'고 말하자 와타히키 히사오 정장은 "정치는 오래하면 안 된다. 아무리 성실한 사람도 이것을 오래하면 부패하기 쉽다. 임기가 끝나면 욕심을 버리고 열심히 등산이나 하겠다"면서 손사래를 쳤다. 그 순간 '일본 사람=(우리 민족을 괴롭힌) 나쁜 사람'이란 고정관념이 사라졌다.

일본에도 주민들에게 존경받는, 제 정신 차린 정치인이 있다는 생각이 든 것이다. 와타히키 정장은 이농현상으로 피폐한 고향, 다이고 마

글쓴이 주

와타히키 히사오 정장은 누구?

와타히키 히사오 정장은 바로 다이고 마치 출신으로 명치대학 법학과를 졸업했다. 이바라키 현청에서 공무원으로 근무한 뒤에 이바라키 현 의회 의원, 이바라키 현 의회 환경상공위원회 부위원장을 거쳐 2007년 1월에 다이고 마치 정장에 당선했다. 20년 전에 하버드에서 유학한 적이 있다. 일본뿐만 아니라 한국에도 와타히키 정장의 모범 사례가 알려졌다. 한국지방자치단체국제화재단 관계자와 한국 공무원 등 15명이 16일 다이고 마치를 방문 시찰했다.

치를 활기 넘치는 지역으로 되살리기 위한 공격적인 정책으로 주민들의 신망을 받고 있다. 그 과정에서 '독서마을'을 선포하고 주민들에게 독서운동을 펼치는 것이다. 책을 읽어야만 주민들이 스스로 자기 고장을 되살릴 수 있다는 생각에서다. 다음은 와타히키 정장과 나눈 일문일답이다.

독서는 살인까지 막아준다

문자 중요성을 어떻게 생각하나.

"인간은 항상 학습이 필요한 동물이다. 체험을 통해서만 학습하면 부분적으로만 지식을 흡수한다. 하지만 문자를 활용하면 더 많이 챙길 수 있다. 독서를 하면서 직접 경험한 것과 같은 효과를 얻는 것이다. 그래서 문자는 인간 성장의 바탕이라고 할 수 있다. 문자를 가깝게 해야 훨씬 더 능률을 올릴 수 있다는 말이다."

일본의 문자이탈현상을 어떻게 생각하나.

"요즘 일본 젊은이들은 정말로 책을 읽지 않는다. 내가 젊었을 땐 게임기나 휴대전화가 없었다. 학생들은 책

… "독서마을 민원실" '독서마을' 다이고 마치의 청사 1층에 위치한 민원실. 와타히키 히사오 정장은 "이농현상으로 피폐해지는 다이고 마치를 살릴 수 있는 힘을 얻기 위해 주민 독서운동을 시작했다"고 말했다.

읽는 게 일과였다. 아무리 책을 안 읽어도 일주일에 한 권은 읽었다. 요즘은 1년 내내 단 한 권도 읽지 않는 학생이 많다. 이런 식으로 가면 일본의 사회질서가 유지되지 않는다."

그렇게 생각하는 이유는 무엇인가.

"싸우지 말고, 살인하지 말고, 서로 도와가면서 사는 게 중요하다. 그런데 독서하지 않으면 이런 질서를 잡기가 힘들다. 얼마 전에 '갑자기 사람을 죽이고 싶다'는 생각이 들어 실제로 살인한 사람이 있었다. 이 사람은 책을 읽으면서 '살인해서는 안 된다'는 가치관을 배우지 못해 그런 일을 저지른 것이다. 원래 이런 가치관은 가정과 학교와 사회에서 배워야 하는데 요즘 학생들은 남의 영향을 받는 일이 적어졌다. 그래서 이들에게 독서교육을 해서라도 사회생활에 필요한 규범과 가치관을 알게 해야 한다."

문자를 가까이 하면 어떤 효과가 생긴다고 보나.

"실제로 영국 버밍햄에서 통계를 낸 적이 있다. 독서를 많이 한 집단과 그렇지 않는 집단을 비교한 결과 전자가 훨씬 더 성적이 올랐다. 입학 뒤 성적 격차가 엄청나게 벌어진 것이다."

신문읽기를 어떻게 생각하나.

"신문은 날마다 읽어야 한다. 신문을 20~30년 읽은 사람과 그렇지 않은 사람은 많은 차이가 있다. 신문을 읽으면 정치, 사회, 경제, 문화의 동향을 볼 수 있다. 그러면서 사회 적응력과 판단력을 키울 수 있다. 긴 인생을 놓고 볼 때 신문을 보느냐, 안 보느냐는 중요한 문제다. 그래서 학교의 입학식, 졸업식이나 직원회의에서 신문을 봐야 한다고 자주 당부한다.”

일본 경제성장의 원동력이 독서에 있다는 이야기를 들었는데.

“그런 주장에 전적으로 동의한다. 일본 경제가 성장한 배경은 활자문화 발전에 있다고 본다. 공동체 구성원들이 활자와 문자를 가까이 하면 사회질서를 유지하기가 쉽다. 인간 사회에서 지켜야 할 규칙과 익혀야 할 지식을 공유하기가 쉽기 때문이다. 독서를 활용하여 좀 더 능률적으로 지식을 흡수하고 전달하는 과정이 쌓이면 경제발전의 원동력으로 작용할 수 있다는 말이다. 그래서 일본이 세계 2위의 경제대국이 된 밑거름이 독서력·언어력에 있다고 분석하는 것이다. 사실, 국제적으로 활자문화를 키우면 (자연스럽게 평화의 중요성을 깨닫게 할 수 있어) 전쟁 억지 효과도 낼 수 있다고 본다.”

일본 국회가 2005년에 제정한 활자문화진흥법의 의의를 말한다면.

“현재 일본은 예전처럼 책을 많이 읽지 않는다. 그래서 활자문화진흥법이 생겼다. 그런데 이 법을 부분적으로는 찬성하면서도 한편으로는 안타까운 마음이 든다. 일본이 정부 차원에서 활자문화를 부흥하려고 노력하는 게 속상한 것이다. 굳이 이런 법을 만들어야 문자, 활자를 가까이 할 수 있다는 현실이 바람직하다고 할 수는 없다. 경제대국이 되려면 정신이 빈곤하면 안 된다. 일본에는 천 년 전부터 ‘겐지 모노가타리’라는 세계적인 고전문학이 있었다. 이런 고전을 다시 읽어보는 노력이 필요하다. 그렇게 하지 않고 경제성장에만 집중하면 쉽게 무너질 수 있다."

지방자치단체에서 주민들에게 독서운동을 펼치는 게 신기한데.

"독서운동을 벌여 '독서마을'을 만드는 것은 나의 선거공약이자 다이고 마치의 정책이다. 독서를 활용하여 폭넓고 상상력이 풍부한 인재를 양성한다는 취지에서 이것을 시작했다."

공약을 소개해 달라.

"젊은이들이 도시로 떠나지 않고, 잘살 수 있는, 활기 넘치는 지역으로 만드는 것이 내 공약이다. 이를 위해 첫째는 도시에 활력을 불어넣고, 둘째는 주민 스스로 활력을 기르는 일을 펼치는 것이다."

도시에 활력을 불어넣는 구체적인 방법은 무엇인가.

"기업을 유치하여 고용을 창출하고 관광산업을 육성하는 것이다. 또 시골에서 살고 싶어 하는 도시 주민들을 유치하는 사업도 있다. 이상은 밖에서 활력을 찾아오는 방법이다."

그럼, 주민 스스로 활력을 기르는 일은 무엇인가.

"이것은 안에서 활력을 찾아오는 방법이라고 할 수 있다. '전통 춤추기 축전', '여름 불꽃놀이 축전' 등 여러 가지 행사를 치르는 게 그 예다. 또 젊은 세대의 주택마련 지원하기, 다자녀 가장의 급식비 지원 등 아이들을 육성 지원하는 정책을 시행 중이다. 그다음, '독서마을'

선언도 있다. 어느 중학교 교사가 '집안독서운동'을 제안하여 아예 정책으로 만들어 버렸다.”

독서운동⋯일종의 '세뇌교육'이다

독서의 중요성을 설명한다면.

“독서는 인간을 형성한다. 요즘 일본에서는 부모가 자식을 죽인다든지, 부모가 자식을 죽이는 일이 벌어진다. 혈연으로 맺어진 가족이 아니라 동거인으로 전락한 실정이다. 인간관계가 희박해지는 데 그 원인이 있는 것 같다. 이처럼 안타까운 현실을 보면서 '아기 때부터 그림책으로라도 독서 습관을 들이게 하고, 가족과 친구, 생명의 중요성을 자연스럽게 일깨워준다면 좋겠다'고 생각했다. 좋은 의미의 '세뇌교육'으로 출발했다고 보면 된다.”

독서 효과를 실감한 적이 있나.

“이바라키 현의 공무원으로 일할 때 독서의 효과를 느낀 적이 있다. 독서를 즐기는 직원과 그렇지 않은 직원은 생각하는 폭이 다르다는 것을 알게 되었다. 책을 읽으면 교양이 늘고, 사고력이 좋아져 업무 능률도 오른다. 책을 읽지 않으면 정반대 결과가 나온다.”

독서운동 방법을 자세히 소개해 달라.

“먼저, 어린아이들에게 책을 읽어주는 운동이 있다. 아기들이 건강진단을 받으면서 모자수첩을 만들 때 엄마에게 책을 선물하고 아기들에게 읽어주게 권장한다. 이것은 해외에서도 벌어지고 있는 '북 스타트 운동'이다. 봉사단체 '책 읽어주기회'에서 아기 엄마들에게 '책 읽어주는 방법'을 지도하는 강좌도 연다. 취임 직후부터 이것을 실시하고 있다."

그 다음 어떤 프로그램이 있나.

"보육원과 유치원에서도 책 읽어주는 시간을 늘리도록 장려한다. 이것은 독서습관을 길러주려는 목적에서 시행하는 것이다. 덕분에 현장에서 책을 읽어주는 시간이 부쩍 늘었다. 다이고 마치 자체적으로도 추천도서를 선정하고, 학부모들의 추천도 받아 권장도서 목록을 만들어 배포한다. 구체적인 통계자료는 없지만 우리 지역의 만 4~5세 유아들에게 책을 무척 많이 읽어준다는 소문이 나서 화제다. 다른 지역에서도 독서교육의 효과를 확신하고 따라 하기 시작했다."

초, 중, 고교에서는 어떻게 하나.

"우리 지역의 모든 초등학교, 중학교, 고등학교에서 '아침독서'를 100% 실시한다. 그런데 여기서 그치지 않고 집에서도 온 가족이 독서할 수 있도록 '집안독서운동'을 장려한다. 문부과학성의 어린이독서도시 추진사업의 일환으로 예산도 지원받는다. 학교 단위로 100권씩 한 달 동안 단체대출도 해 주고 있다. 초, 중, 고의 독서환경을 만들기 위해 노력하는 것이다. 도서구입 예산을 확보하여 책을 많이 공급할 수 있도록 하고 있다. 고교생 중에서 책 읽어주기 자원봉사자도 모집 중이다."

‘집안독서운동’도 활발하게 진행하나.

“집안독서운동은 시작 단계다. 초, 중, 고교 중 시범학교를 선정하여 집안독서를 하도록 장려하고 있다.”

학생들이 아닌, 성인들을 위한 독서교육도 하나.

“다이고 마치에 공민관이라는 모임 장소가 있다. 이곳에 도서 코너를 만들어 놓고 책을 대여한다. 성인들을 대상으로 한 독서강연회도 연다. 유명 배우를 초청하여 독서를 장려하는 강연회도 개최한다. 2007년 말에 연 강연회에는 약 400명이 모이기도 했다. 관내 홍보지에 성인들의 독서를 장려하는 정보도 싣는다. 문화교류센터를 만들어 도서실을 설치하려고 한다. 올 가을에 착공한다.”

주민 반응은.

“아주 많은 관심을 기울이고 있다. 6개월 사이에 도서관 이용자가 50%나 증가했다. 특히 부모와 자녀가 같이 도서관을 이용하는 일이 늘고 있다.”

도서관은 어떻게 운영하나.

“도서관 규모는 대부분 작다. 도서관에서 책을 읽기보다는 대출하는 방식을 더 좋아한다. 학교 도서관과 공민관에서도 책을 빌릴 수 있다.”

도서관 운영…예산 확보가 가장 큰 문제

독서운동에 드는 예산을 얼마인가.

"지난해 한화로 약 1억 5,000만 원을 투입했다. 올해는 반으로 줄어든다. 국가 예산이 80%고 자체 예산이 20%다."

가까운 도시에서 다이고 마치의 사례를 본보기로 삼으려고 한다던데.

"다른 지방자치단체에서 많이 문의해 온다. 5월에는 돗토리 현 요나고시에서 독서운동 강연회를 해 달라는 요청이 들어왔다. 독서마을 운영방법을 궁금해 하는 것 같다. 우리를 좇아 독서운동을 선포하는 도시가 있다는 게 반갑다. 다이고 마치가 맨 처음이라는 게 영광스럽다. 그런데 우리 주민들은 이런 반응을 잘 모르고 있다. 언론도 보도하고 있으나 전국으로 독서운동이 퍼지는 줄은 실감하지 못한다."

'독서마을'을 운영하는 데 어려움이 있다면.

"예산 확보가 가장 힘든 문제다. 국가 보조금이 2년치밖에 안 나온다. 3년치부터는 자체 예산으로 해결해야 한다. 그래도 교육사업은 계속해야 의미가 있다. 일부 주민들이 기부하고 있어 그나마 다행이다."

다음 선거에서도 당선하여 연임하면 독서운동이 좀 더 정착할 수 있을 텐데.

"임기는 3년이 남았다. 그런데 정치는 오래 하면 안 된다. 아무리 성실한 사람도 정치하다보면 부패하기 쉽다. 일본은 정치를 오래 하면, 그 자리를 차지하는 게 목적 자체가 되어 버린다. 좋은 정치는 뒷전으로 밀린다. 그런 일은 바람직하지 않다. 임기가 끝나면 욕심을 버리고 열심히 등산이나 하겠다."

이 지역에서 젊은이가 계속 줄고 있다던데.

"다이고 마치의 인구는 4만 3천 명이다. 이바라키 현에는 임업이 발전했다. 한때 윤택한 지역이었다. 그런데 인구가 계속 줄어들어 걱정이다. 젊은 여성들이 도시로 빠져나가 동남아시아 여성들이 이곳으로 시집을 오는 실정이다. 총각도 별로 없고, 아이들도 태어나지 않는다. 그러다보니 고령화 현상이 심각하다. 행정과제가 너무 산더미처럼 쌓여 있다. 만 65세 이상 노인이 전 인구의 35%를 차지하고 있다. 이바라키 현에서 다이고 마치가 노인 인구비율이 가장 높은 지역이다. 지금은 버티고 있지만 5~10년 뒤에는 어떤 사태가 벌어질지 모르겠다. 이를 막기 위해 지금 해야 할 일이 무엇인가 열심히 찾아 실천하고 있다. 한국 관광객을 유치해서 지역 경제를 살리는 방안도 검토 중이다."

… '독서마을' 다이고 마치의 청사.

인구가 줄어 폐교하는 학교도 많을 텐데.

"현재 초등학교 8개에다 중학교

가 4개밖에 없는데 아마 때가 되면 다 없어지고 한 개밖에 남지 않을 것이다. 지난해 5개 학교를 한 학교로 통합했는데도 아직 8개가 남아 있다. 심각한 문제다. 인구 감소 현상 때문에 이런 일이 벌어질 수밖에 없다. 학생들을 통학 버스로 실어 나르는 데 드는 경비 부담도 무척 많다. 1년 예산이 5천만 엔인데 독서 예산보다도 더 많이 든다. 인구가 줄어드는 지역은 다 마찬가지다."

이 문제를 해결하기 위해 어떤 대책을 세웠나.

"기자께서 '독서마을'을 찾아온 것인데 크게 본다면 독서운동은 다이고 마치 정책의 일부에 불과하다. 다이고 마치에서 더 중시하는 정책은 인재육성 프로그램이다. 쓰쿠바 대학과 협력하여 다이고 마치에 맞는 교육 시스템을 구축하려고 한다. 그 과정에서 핀란드의 교육과정을 참고할 수도 있다."

이번 취재 요청을 받고 어떤 생각이 들었나.

"무척 반갑고 영광스러우면서도 당혹스러웠다. 외국에서 취재 올 줄은 상상도 하지 못했다."

온 가족이 책 읽고, 토론… '집안독서' 일본서 확산

출판왕국, 독서강국으로 통하던 일본에서 '활자 이탈현상'이 나타나자 일본 국회는 2005년에 활자문화진흥법을 만들었다. 젊은이들이 책과 신문을 즐겨 읽고, 글쓰기를 장려하도록 지원하고 분위기를 조성하기 위해 제정한 법이다. 이런 움직임에 맞춰 일본에서는 책읽기에 가족 구성원 모두

… "조기 독서교육 필요" 일본 사회를 이끄는 명사들은 한 목소리로 조기 독서교육이 필요하다고 강조한다. 사진은 일본 요코하마에 위치한 한 대형 서점.

… "3대가 책 읽고 토론" 일본 이바라키 현 다이고 마치에 사는 후지타 다카노리 씨 가족이 책을 읽은 소감을 나누고 있다. 일본에서는 온 가족이 책을 읽고 토론하는 '집안독서'가 퍼지고 있다.

참여하는 '집안독서'가 주목받고 있다. 각 급 학교에 정착한 '아침독서'에 이어 새로운 독서 방식으로 '집안독서'를 실천하는 가정이 늘어나는 것이다. '집안독서'는 똑같은 책을 부모와 자녀가 함께 읽고, 그 감상을 이야기하며 토론하는 독서 방식으로, 끊어진 가족 관계를 회복하고 의사소통(커뮤니케이션)을 복원하게 하는 효과를 거두고 있다.

이바라키 현 다이고 마치에서 식품점을 운영하는 고다마(47) 씨는 최근 중학교 1년생 외동딸에게 4권짜리 문고판 책을 권유받았다. 어릴 적 심한 학대를 받고 자라난 미국 남성의 인생 고백을 담은 수기였다. 고다마 씨는 "딸이 이런 책에 흥미를 느끼는 걸 보고 놀랐다. 그런데 읽어보니 나도 책 내용에 빠져들고 말았다"고 말한다.

집안독서 실천방안

● 가족이 똑같은 책을 읽자.

● 읽은 책을 화제로 삼아 서로 이야기하자.

● 독후 감상 공책을 만들자.

● 자기 속도에 맞춰 책을 읽자.

● 가정에 문고를 만들어 보자.

학교에서는 '아침독서', 집에서는 '집안독서' 활기

고다마 씨 가족이 '집안독서'를 시작한 것은 작년부터. 할아버지,
할머니까지 한집에 사는 고다마 씨 집에서는 3대가 각자 읽은 책의 소
감을 말하거나 책을 서로 권한다. '좋아하는 책을 읽는다', '자신의 수

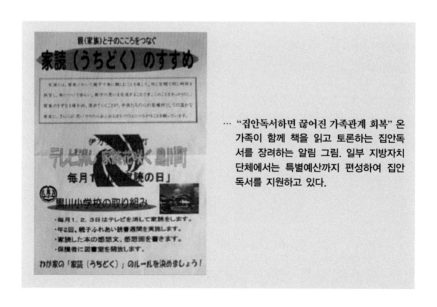

… "집안독서하면 끊어진 가족관계 회복" 온
가족이 함께 책을 읽고 토론하는 집안독
서를 장려하는 알림 그림. 일부 지방자치
단체에서는 특별예산까지 편성하여 집안
독서를 지원하고 있다.

준에 맞춰', '한 달에 한 권씩은 꼭 읽는다' 등 집안독서의 3원칙도 만들었다. 고다마 씨는 "가게 일이 바쁜 탓에 가족 사이에 줄던 대화가 집안독서 덕분에 되살아났다"고 말한다.

다이고 마치에서는 지난해부터 집안독서 추진사업을 실행해 초, 중, 고교 각 1개 교를 거점 학교로 지정하고 집안독서에 필요한 도서를 구입해 희망자에게 무료로 빌려주고 있다. 이 같은 집안독서는 일본 전역으로 확산하는 추세다. 아이치 현의 한 중고교에서는 학생들에게 나눠주는 '도서관 뉴스'에 집안독서를 소개한 기사를 실었고, 도쿄의 한 초등학교에서는 '부모가 하루 10~20분 정도라도 책을 읽자'는 캠페인을 전개 중이다.

다이고 마치에서는 지난해 집안독서를 활성화하기 위해 100만 엔

… '집안독서' 보도한 일본 신문들 활자문화부흥운동을 벌이는 일본에서는, 일선 학교에서 '아침독서'를 하도록 교육하는 데 이어, 각 가정에게는 '집안독서'를 장려하고 있다. 사진은 '집안독서' 활동 사례를 보도한 일본 신문들.

의 특별 예산을 편성하기도 했다. 가정마다 집안독서의 활성화를 위한 구체적인 실천 방안도 마련했다. 똑같은 책을 읽고 가족끼리 감상을 나누는 것은 서로 사고방식과 성격을 이해하거나 마음이 소통하는 효과를 볼 수 있기 때문이다.

다이고 초등학교는 집안독서를 시작하자 처음에는 학부모로부터 "시간이 없다", "어떻게 해야 할지 모르겠다", "읽고 싶은 책을 찾기 어렵다" 등의 의견이 몰려들었지만, 학급 통신문과 독서모임, 강연회 등을 활용하여 집안독서 방법을 전파하는 등 보급에 노력을 기울였다.

끊어진 가족 관계 회복에 효과

현재 학부모들이 집안독서뿐만 아니라 학교에서 실시하는 아침독서에 자원봉사를 하는 등 학교와 가정이 이어진 책읽기 문화가 퍼지고 있다. 최근에 다이고 마치 주민을 대상으로 한 여론조사에서는 집

… "'제1회 문자활자문화추진대상' 수상" '독서마을' 다이고 마치는 2007년도에 일본 전국 출판협회에서 '제1회 문자활자문화추진대상'을 수상했다. 사진은 이 사실을 보도한 신문기사.

안독서에 참여하느냐는 질문에 '그렇다고 생각한다'는 응답이 52%나 나오는 등 구체적인 성과가 나타나고 있다.

와타히키 히사오 다이고 마치 정장(정장은 한국의 군수, 읍장에 해당)은 각 급 학교에서 실시하는 아침독서는 시간이 10~15분 사이로 짧은 반면, 집안독서는 시간에 별다른 구애를 받지 않고 책의 줄거리를 쫓아가는 즐거움을 누릴 수 있다"며 "자녀와 부모가 같은 책을 읽는 것으로 대화가 늘어나고 의사소통도 원활해진다"고 말한다. 다이고 마치는 이 같은 노력을 인정받아 2007년에 일본 전국 출판협회가 제정한 제1회 '문자, 활자문화 진흥대상'을 받기도 했다.

"공부시간 빼앗긴다며 독서 안 하면 바보"

매일 아침 각 급 학교에서 첫 교시 시작 전 실시하는 '아침독서'. 학생들이 아침 책읽기로 차분하게 하루를 시작하는 '아침독서'는 이제 일본 전역으로 퍼지고 있다. 2007년 4월 13일 기준으로, 2만 4,394개 학교에서 '아침독서'를 실시하는 것(일본 공명신문 4월 26일자).

'아침독서'의 성과를 확인한 일본에서는 이제 그 2탄 격으로 '집안독서' 운동을 벌이고 있다. 온 가족이 TV나 인터넷, 게임을 멀리하고 가정 안 책읽기를 하는 것이다. '집안독서'의 성과는 '아침독서' 만큼이나 대단하다는 평가다. 책을 매개로 한 가족 사이 의사소통 증대, 아이들의 학업성적 향상, 정서 함양, 배경지식 확대, 사고력 증진 등……

기자는 실제로 '집안독서' 현장을 살펴보기 위해 일본의 한 평범한 가정을 찾아봤다. 기자가 방문한 곳은 이바라키 현의 다이고 마치 기획과 직원인 후지타 다카노리(43)씨 자택. 도쿄에서 기차를 타고 4시간가량 가야 하는 한적한 시골 마을의 가정이다('마치'는 한국으로 치면 읍, 면에 해당. 후지타 씨는 읍사무소에 근무하는 공무원으로 보면 된다).

후지타 씨 가족은 목련, 개나리, 벗꽃이 흐드러지게 핀 다이고 마치가 훤히 내려다보이는, 전망 좋은 2층 단독주택에서 할머니를 포함해 3대가 단란하게 살고 있었다. 아버지 다카노리 씨와 어머니 아야코(42) 씨는 슬하에 와카코(14, 중2), 유키코(10, 초4), 하나코(8, 초2)를 둔 딸부자였다.

1층 다다미방 한편에 조상의 위패와 제단을 모신, 전형적인 일본식 응접실에서 할머니가 내온 다과를 앞에 두고 온 가족이 둘러앉아 '집

… "우리는 독서 가족" 일본 이바라키 현 다이고 마치에 사는 후지타 씨(오른쪽 두 번째) 가족 다섯 명이 책을 읽고 이야기를 나누고 있다. 후지타 씨 가족은 집안독서를 실천하는 모범 사례로 소문났다.

안독서'의 실제 적용 사례를 이야기했다. 후지타 씨네 아이들과 부모는 한 목소리로 '집안독서'의 으뜸 효과로 학업성적 향상을 꼽았다. 처음부터 성적을 올리기 위해 책읽기를 시작한 것은 아니었는데, 뜻밖에 독서 덕분에 성적이 오르는 경험을 했다며 사뭇 신기한 표정이었다.

큰딸인 중학교 2년생 와카코 양은 "국어 수업 때도 모르는 단어가 없고, 시험 문제도 잘 이해한다"며 '집안독서'의 효과에 관해 엄지손가락을 치켜세웠다. '집안독서'를 하면서 수업시간에 선생님 설명이 귀에 쏙쏙 들어오고, 시험지를 받아 봐도 문제의 핵심이 머릿속에서 명쾌하게 정리되더라는 얘기다. 또 일본 문화생활에서 필수인 한자도 친구들에 비해 많이 알게 돼 수업시간에 자신이 생겼다고 한다.

둘째인 초등학교 4년생 유키코 양도 언니의 말에 손뼉을 맞춘다. 유키코 양은 "작년에 학년에서 3명인 교내 독서 대표로 뽑혔는데, 정말 기분 좋았다"며 "언니처럼 수업이 끝난 뒤에도 책을 많이 읽다보니 모르던 한자를 많이 알게 돼 선생님들에게 칭찬받는다"고 신바람을 냈다. 막내이자 셋째인 초등학교 2년생 하나코 양은 "책을 읽어가면서 줄거리가 점점 밝혀지는 게 아주 재미있다"며 짐짓 어른스러운 독서 예찬을 했다.

아이들은 집안에서 읽는 도서를 고를 때도 자유로웠다. 학교 도서관에서 각자 읽고 싶은 책을 집으로 빌려와 어머니와 함께 읽는 방식이었다. 큰딸 와카코 양은 "요즘 읽는 책"이라며 기자에게 〈나의 음악 단련 일기〉라는 책 표지를 들어 보여줬다. 클라리넷 연주가 취미인 와카코 양은 세계적인 지휘자인 오자와 세이지가 쓴 책에 푹 빠진 모습이다.

둘째인 유키코 양은 급우들 사이에 인기 있는 〈해리포터 연속물〉을 읽는단다. 유키코 양은 "책읽기가 싫던 적이 있느냐"는 질문에 "그런 적은 한 번도 없었다"고 도리질을 친다. 낯선 기자의 질문에 웃기만 할 뿐 주로 엄마 얼굴만 쳐다보던 막내 하나코 양은 "1년에 100권 정도의 책을 읽고 싶다"고 말해 기자를 놀라게 했다. 그런데 맏딸 와카코 양이 초등학생 때 1년간 책 300권을 다 읽어 학교에서 표창을 받은 적이 있다는 어머니의 설명을 듣자 초등학교 2년생 막내의 '100권 책 읽기' 계획이 전혀 허풍으로 들리지 않았다.

이런 아이들의 가정 안 독서 습관 확립에는 어머니 아야코(42) 씨의 노력이 컸다. 평범한 전업주부인 아야코 씨가 '집안독서'에 신경을 쓴 것은 2년쯤 전부터다. 단순히 아이들을 먹이고 입히고 보살피는 것

··· "세 딸의 독서삼매경" 집안독서를 실천하고 있는 후지타 씨의 세 딸이 독서삼매경에 빠져있다. 왼쪽부터 큰딸 와카코(14세, 중2), 유키코(10, 초4), 하나코(8, 초2).

이상으로 이들의 미래에 보탬이 될 것이 무엇일까 생각한 끝에 '집안 독서' 유도를 결심한 것이다.

아야코 씨는 아이들이 학교 도서관에서 책을 빌려오면 자신도 자녀들과 함께 그 책을 꼭 읽는다고 한다. 첫째와 둘째가 각각 한 권씩 매일 두 권을 빌려오면 자신도 이 두 권을 다 읽고 다음날 책을 반납한다는 것. 이렇게 해야 아이들과 읽은 책을 공통의 화제로 삼아 대화할 수 있기 때문이다. 아이들도 엄마와 책 읽은 소감을 토론하기 위해 더 열심히 책 내용에 몰입한다는 설명이다. 아이들이 도서관에서 빌린 책을 하루 두 권씩 읽는 아야코 씨는 "그나마 아이들이 보는 책이라 글씨가 크고 그림도 있어 다행"이라며 활짝 웃는다.

··· "독서 공주의 눈빛" 초등학교 4학년인 둘째 딸 유키코(왼쪽) 양과 2학년인 막내 딸 하나코 양. 유키코 양은 "2007년에 학년에서 세 명인 교내 독서대표로 뽑힌 적이 있다"고 하고 "책을 많이 읽다보니 한자 실력이 늘어 선생님들에게 칭찬을 받는다"고 말했다.

··· "책 읽으니까 재밌지?" 아야코 씨(왼쪽)가 초등학교 2학년인 막내 딸 하나코 양과 책 읽은 소감을 이야기하고 있다. 아야코 씨는 자녀들이 읽는 책을 모두 읽으면서 독서 지도를 한다고 밝혔다.

이 가정에는 특이하게 TV를 보는 사람이 없다고 한다. 가장인 후지타 씨에 따르면 TV를 켜놓기도 하고 특별히 금지하는 것도 아닌데 보는 사람이 없다는 것. 어머니 아야코 씨는 "아이들이 TV에 관심이 없어 안 보는 것 같다"며 "가급적 TV 대신 책읽기 쪽으로 아이들의 흥미를 이끌다보니 이제는 TV에 만화영화 등 아이들이 좋아할 만한 프로그램이 나와도 잘 보려하지 않는다"고 말한다.

아버지 후지타 씨는 "사람은 TV를 아무 생각 없이 보게 된다. 그런데 책이란 것은 스스로 의지를 갖고, 의식해서 읽어야만 흡수가 가능한 것이라 TV보다 더 주체적인 매체"라며 "직장 동료 가운데는 아예 TV가 없는 집이 있는데 그 집 아이들이 공부를 무척 잘한다"는 말도 곁들였다. 후지타 씨도 직장생활로 여유가 많지 않지만, 퇴근 뒤 그림과 도자기에 관한 취미서적을 즐겨 읽으며 항상 아이들에게 '책 읽는 아빠'의 모습을 보여주려 노력한다며 너털웃음을 터트린다.

엄마 아야코 씨에 따르면 아이들이 원래 공부를 잘했던 것이 아니다. "둘째 아이는 산수 성적이 좋지 않았는데, 책읽기 습관이 생기면서 산수 성적이 눈에 띄게 올랐고, 첫째도 초등학교 저학년 때는 성적이 좋지 않았는데 책읽기를 본격적으로 시작한 것에 맞춰 학업성적이 눈에 띄게 올라갔다"고 흐뭇해 한다. 학교에서 실시하는 아침독서에 이어 '집안독서'까지 습관이 된 뒤 아이들의 심성이 더 고와지고 차분해졌다는 말도 빼놓지 않는다.

이들 부부는 '집안독서'의 성과에 관해 한 목소리로 "아이들의 성적이 오른 것 외에 식구들 사이에 책이란 공통 화제를 중심으로 대화가 많이 늘어났다"며 단란한 가정을 지켜주는 '집안독서'에 고마움을 나타냈다.

취재를 마친 뒤 숙소가 있는 도쿄로 돌아가려는 기자에게 가장 후지타 씨는 "서두르지 않으면 도쿄행 열차를 놓칠 수 있다"며 손수 승용차를 운전해 다이고 마치 역까지 바래다주었다. 돌아오는 열차 안에서 후지타 씨 일가의 행복한 독서 생활과 밝은 표정이 한국의 교육과 책읽기 현실에 중첩되면서 내내 부러운 심정과 착잡한 마음이 겹쳐졌다. 다음은 후지타 씨 부부 일문일답 면접 취재이다.

왜 집안독서를 시작했나.

아야코 "무엇보다 학교에서 실시한 '아침독서' 영향이 컸다. 저학년 때에는 책을 별로 안 읽던 아이들이 고학년이 되면서 점점 책을 많이 읽었다. 물론 부모로서 독서를 권장하고 적극 유도한 측면도 있지만, 학교에서 진행하는 '아침독서' 덕분에 아이들이 책읽기에 흥미를 느꼈고, 이것을 계기로 자연스럽게 '집안독서'까지 하게 되었다."

'집안독서'를 어떻게 운영하는지.

아야코 "초등학생 아이 둘이 학교 도서관에서 날마다 책을 한 권씩 빌려 온다. 아이들이 책을 읽고 다음 날 반환해야 하는데 엄마인 나도 꼭 읽는다. 두 아이가 가져오는 책이 두 권이기 때문에 나도 날마다 두 권씩 꼭 읽는데 그것이 규칙이 됐다. 거기서 찾은 공통 화제를 중심으로 독후감을 서로 얘기한다. 막내는 한 학년 동안 50권, 그리고 둘째 애는 100권을 읽고서 둘 다 학교에서 독서상을 받아왔다. 참 기뻤다."

아이들이 독서를 많이 하는데 학업성적은.

아야코 "막내는 글씨를 읽게 된 것 자체가 큰 자신감으로 이어진 경우다. 원래 산수를 잘 못했는데 독서를 활용한 독해력 향상 때문인지, 시험 문제가 요구하는 핵심을 잘 파악할 수 있게 돼 산수 성적이 부쩍 올랐다. 둘째 아이는 한자검정시험에 도전할 만큼 어려운 한자도 잘 읽어내 주위를 놀라게 한다. 물론 중학생 첫째는 성적이 아주 좋다."

한국은 워낙 대학입시 준비가 벅차다보니 '책 읽을 시간이 있으면 참고서 한 번 더 보라'는 사람이 많은데 그건 어떻게 생각하나.

아야코 "나도 처음에는 그것과 같은 생각이었다. 그러나 독서를 하면서 정보를 모으는 능력이나 감정 표현 능력이 커지는 것을 확인한 지금은 공부와 독서를 같이 하는 것이 더 상승효과가 있다고 굳게 믿는다(쉽게 말하면, '책을 읽는 바람에 공부할 시간을 빼앗긴다'고 보는 것은 바보 같은 생각이라는 이야기)."

독서가 학업성적 이외에 자녀 교육에 어떤 보탬이 되나.

다카노리 "'아침독서'나 '집안독서'를 안 한다면 우리 아이들도 책을 멀리 하고, TV 많이 보는 아이들로 남아 있을 것이다. 그런데 TV나 인터넷에서 얻는 지식과는 달리 책에서 얻은 지식은 개개인의 상상력과 사고능력을 키워준다. 부모로서 아이들에게 독서습관이 생긴 것이 매우 고맙다."

그밖에 '집안독서'에서 무엇을 얻을 수 있는가.

다카노리 "뭐니뭐니해도 우리 가정 안 의사소통이 원활해졌다는 점이다. 그 이유는 책을 중심으로 한 공통 화제가 생겼기 때문이다."

책읽기와 같은 활자문화가 왜 중요하다고 보나.

다카노리 "원래 TV는 말과 영상이 그냥 흘러나와 시청자들이 그것을 생각 없이 받아들인다. 그러나 문자는 읽는 사람이 각양각색이고, 정보를 수용하는 과정에서 상상력이 필요하다. 특히 일본어에는 한자가 있는데, 한자 하나하나마다 쓰임새가 모두 다르다. 또 같은 말이라도 의미가 완전히 다른 경우가 있고, 표현이 여러 가지일 수 있다. 이런 것은 책을 읽어야만 알 수 있다. 곧 활자를 알아야 이해를 한다는 점이다."

일본에 활자문화진흥법이 생겼는데 이 법을 알고 있는지.

다카노리 "솔직히 이런 법안이 있다는 정도만 알고 있다. 학교의 아침독서와 가정의 집안독서를 널리 퍼뜨리는 좋은 법안이라고 본다."

아야코 "나는 잘 모르겠다."

"10대 시절 책에서 얻은 감동은 평생 경쟁력"

오늘날 일본 사회를 떠받치는 여론 주도층 인사들은 한 목소리로 책읽기 중요성과 조기 독서교육 필요성을 강조하고 있다. 일본 주요 언론 보도에 따르면, 이들은 일본이 전후 잿더미를 딛고 세계 경제 규모 제2위 선진 대국으로 떠오른 데는 책읽기의 힘이 컸기 때문으로 보고 있다. 또 일본이 서구 선진국들에 뒤지지 않는 문화 강국으로 입지를 굳힌 데도 책읽기와 독서교육이 든든한 배경이 됐다고 입을 모은다.

지난 99년 일본 문화훈장을 수상한 유명 작가 아가와 히로유키 씨는 "내 나이가 85세인데 아직도 10대 시절 읽은 '만엽집(일본의 고대가요를 모은 책)' 감동을 잊을 수 없다"며 "자신의 문학적 자양분은 어릴

… "막내도 독서에 동참" 후지타 씨의 막내 딸 하나코 양은 "책을 읽어가면서 줄거리를 밝히는 게 재미있다"고 말했다. 하나코 양은 두 언니가 독서를 많이 하는 바람에 자연스럽게 책과 친해질 수 있었다.

… 엄마 아빠의 독서지도 후지타 씨(뒷줄 왼쪽)와 아야코 씨 부부가 둘째 딸 와카코 양(앞줄 오른쪽)과 셋째 딸 하나코 양의 책읽기를 지도하고 있다.

적 읽은 책에서 고스란히 나왔다"고 단언했다. 독서를 하면서 동서고금의 인물들이 되어 볼 수도 있고, 책 저자를 상대로 일문일답을 나눌 수도 있다는 것이다. 이는 일방적인 정보 전달 기능만 있는 텔레비전과는 비교할 수 없는 책의 입체적 정보 전달력 덕분이란 설명도 빼놓지 않는다.

일본 최고 장사꾼이자 자수성가형 부자로 존경받는 사이토 히토리 씨. 다이어트 식품인 '슬리도칸'을 제조, 판매하는 건강식품업체 긴자마루칸의 창업자인 사이토 히토리 씨는 10년 연속 일본 고액 납세자 최상위 집단에 든 갑부 중 한 명이다. 그는 어릴 적 어려운 집안 형편으로 정규교육을 제대로 받지 못했지만, 세상과 삶에 관해 해박한 지식을 갖춘 인물로 정평이 나 있다. 그가 단순한 갑부가 아닌 일본 사회 대표적 지성인으로까지 존경받는 이유는 전적으로 책읽기 덕분이다.

사이토 히토리 씨는 "나는 책에서 이 세상이 돌아가는 이치를 깨우

쳤다"면서 "내 사업은 이제까지 밤새워 읽은 책에서 영감을 얻었고, 그 덕분인지 벌인 사업마다 성공을 거뒀다"고 말했다. 중학교 졸업이 최종 학력인 그의 성공 열쇠는 책과 활자라는 고백이다.

〈카디스의 붉은 별〉을 발표하여 지난 87년 나오키 문학상과 일본 추리작가 협회상 등을 수상한 우오사카 고우 씨는 입시 경쟁에 따른 청소년들의 활자 이탈과 독서 기피 현상에 심각한 우려를 나타냈다.

"내 딸도 마찬가지지만, 소학교(초등학교)를 다닐 때까지는 곧잘 책을 읽는다. 그런데 중, 고교에 진학할수록 입시 교육에 치여 책을 잘 안 읽는다. 가장 책을 열심히 읽어야 할 청소년 시절에 오히려 교과서와 참고서만 붙잡고 있는 청소년들 현실이 안타깝다."

우오사카 고우 씨는 "가치관이 확립돼 가는 시기인 10대 시절에 읽은 책이야말로 머릿속에 교양으로 흡수된다"면서 "하지만 대학에 들어가거나 성인이 된 뒤 읽은 책은 단순한 지식은 될지언정 삶의 토대가 되는 교양은 되지 않는다"고 조기 독서교육의 중요성을 강조했다.

동경대학 의대 명예교수로 해부학 권위자이자 사회, 문화 비평가로 유명한 요우로우 다케시 씨는 독서 방법론으로 '소리높여 책읽기'를 설파하고 있다.

"언어에 있어 표현기능만큼이나 자신이 한 말을 자기 귀로 듣는 것도 중요하다. 자기 목소리로 말한 것이 다시 귀를 통해 머릿속으로 들어오는 과정을 반복하다보면 두뇌의 신피질이 활성화되기 때문이다. 책읽기도 마찬가지다. 어릴 적부터 소리내어 책을 읽는 것은 가장 효과적이고 손쉬운 두뇌 훈련법이다."

[출처:요미우리신문, 마이니치신문, 성공한 사람들의 독서습관(나무한그루)]

"책은 훌륭한 선생님…하루 한 권씩 독서"

독서와 활자문화 강국 일본에서 당당히 이름을 날리는 작가들의 책읽기 세계는 어떨까. 쟁쟁한 문학상을 석권하고, 까다롭기로 정평이 난 일본 독자들을 사로잡으며 인기작품을 내는 일본 유명 작가들의 책읽기는 우리와 어떻게 다를까. 일본 독서 전문 누리집(www.webdokusho.com)에서 소개한

… "어려서부터 독서에 몰두" 일본 유명 작가들은 한결같이 어려서부터 지독한 책벌레였고, 그 덕분에 글쓰기에도 큰 도움을 받았다고 입을 모은다. 사진은 일본 도쿄 소카 초등학교 도서관 서가.

일본 유명 작가들의 독서 이력과 독서 방법을 살펴본다.

● 유미리

재일교포 작가. 고교를 중퇴한 뒤 88년 연극집단 '청춘 5월당'을 만듦. 96년 '풀하우스'로 노마문예 신인상을 받음. 97년 '가족 시네마'로 아쿠다가와상 등을 받음.

"어릴 적 집안이 가난해 부모님이 어린이 그림책을 사 준 기억이 없다. 대신 집에 세계문학전집이나 일본의 옛날 설화집 같은 책이 있었다. 부모님께서 책은 무조건 두꺼운 게 좋다고 생각하는 쪽이었고, 책은 읽기보다는 동경의 눈으로 바라보는 대상이었다. 그래도 세계문학전집에는 삽화가 있어 유치원 때부터 책장에서 꺼내 그림책 대신 봤다.

그 뒤 '아라비안나이트', '소공녀' 등을 읽기 시작했다. '아라비안나이트'의 스토리 전개는 매우 재미있었다. 부모님이 생업으로 바빴기 때문에 책을 읽어줄 사람이 없어 유치원 때 스스로 글을 깨우쳐 책을 읽었고 초등학교 때는 독서실에서 살다시피 했다.

어린 시절 집단따돌림을 당했기 때문에 독서실은 좋은 피난처였다. 책을 읽으면 내 몸 안에서 또 다른 사람이 무럭무럭 자라나는 느낌이 들었고 이게 무척 기분 좋았다. 책읽기를 좋아하다보니 자연 글쓰기에도 흥미가 생겼고 몇 시간 글을 써도 싫증나지 않았다. 초등학교 생활기록부에 '작가'가 장래 희망이라고 쓸 정도였다.

중학교에 진학해서도 독서실은 제2의 집이나 마찬가지였다. 그런데 독서실에서 책을 빌린 일은 별로 없었다. 두꺼운 노트를 가져가 책 내용을 그대로 옮겨 적었기 때문이다. 그러면 책을 빌렸다 되돌려주는 번거로움도 없고, 작가들의 생각과 주장이 머릿속에 더 잘 들어왔다. 사춘기에 겪은 집단따돌림과 그에 따른 자기혐오를 극복하고 작가로 성공할 수 있었던 것은 모두 책읽기 덕분이다. 작가가 된 지금도 손닿는 대로 책을 많이 읽는다."

● 오리하라 미토

청소년기인 85년에 만화가로 데뷔. 87년 소설가 데뷔. 90년 고단샤에서 간행한 '빛나는 시절'이 110만 부 팔림. 그밖에 에세이, 시집, 요리책 등 일본 문화 여러 방면에서 활약 중.

"책은 비교적 어린 나이인 2살 때부터 접했다. 물론 직접 읽은 것은 아니고, 어머니가 읽어줬다. 언니, 오빠가 있어 집에 책이 많았고 부모님도 책읽기를 좋아해 집안독서 분위기가 자연스레 만들어졌다. 이 때문인지 어릴 적부터 책을 좋아하게 됐다. 장르를 가리지 않고 닥치는 대로 책을 읽다보니 초등학교 4학년 때는 SF 소설에 빠져든 적도 있다.

책은 한마디로 선생님이다. 학교 선생님이나 부모님에게도 가르침을 받지만, 책에서 배우는 것도 정말 많다. 좋아하는 책은 몇 번이나 반복하여 읽는다. 지금도 지하철이나 비행기, 미용실 등 책을 읽을 수 있는 곳이라면 장소를 가리지 않고 독서한다. 이것도 병인지 책이 없으면 불안하다. 밤에도 꼭 책을 읽으면서 잠든다. 여행을 떠날 때 책을 깜박해 챙겨 넣지 않으면 근처 매점에서 문고판이라도 사야 안심한다. 책에 나타나는 작가의 인간성과 절묘한 표현은 돈으로 살 수 없는 것들이다."

● 가와카미 히로미

94년 '신神'으로 제1회 파스칼 단편문학 신인상 받음. 96년 '뱀을 밟다'로 제115화 아쿠다가와상 받음. '선생님의 구두'로 제37회 타니자키 준이치로상 받음.

"거리를 나설 때면 반드시 서점을 찾는다. 꼭 새로 나온 책을 사기 위해서가 아니라 그냥 서점에 들어가면 마음이 편하고 푸근하기 때문이다. 한 달에 20~30권 정도 책을 산다. 글을 쓰는 것보다는 읽기를 더 좋아해서 틈만 나면 독서한다. 텔레비전을 보면 왠지 조급해지는 느낌이 들어 잘 보지 않는다. 책이야말로 자기 수준에 맞춰 읽고 즐길 수 있는 매체다. TV의 속도에 맞추려면 왠지 호흡이 가빠지는 느낌이다.
나는 새로운 책을 갈구하기보다는 좋아하는 책을 반복해 읽으며 음미하는 편이다. 특히 좋아하는 대목을 골라 여러 번 읽는 것을 좋아한다. 인생에서 잊어버리고 살던 많은 것을, 책을 읽으면서 다시 깨닫는다. 이 얼마나 고마운 일인가."

● 가키네 료스케

2000년 '오전 3시의 루스터'로 산토리 미스터리 대상과 독자상 2관
왕. 2004년 '와일드 소울'로 요시카와에이지 문학 신인상, 일본 추리
작가협회상 등 받음.

"비교적 늦게 독서 즐거움에 빠져들었다. 고교 때까지는 감각적인
흥미만 쫓는 데 바빠 제대로 책을 읽지 않았다. 사회에 나와 광고 만
드는 일을 했는데 아무래도 독서량이 부족하다보니 맛깔난 광고 카피
나 영상을 만들어내기도 어려웠고, 동료들보다 뒤처지는 느낌을 받았
다. 그래서 결심한 게 하루에 한 권씩 책을 읽는 것이었다. 순수 문학
에는 좋은 문장이 많을 것이라고 생각해 이쪽 분야를 집중적으로 파
고들었다.

다소 무모한 계획이었지만 2년간 약 700권을 독파하고 말았다. 물
론 보통 일이 아니었다. 왕복 출퇴근 전철에서 2시간과 잠들기 전 1시
간 동안 책을 읽어야 가까스로 하루 1권을 읽을 수 있었다. 토, 일요
일에도 거의 밖에 나가지 않고 집에서 책을 읽었다. 중, 고교 때 한 해
겨우 10권의 책도 다 읽지 않고 글쓰기를 지옥 가는 것 마냥 싫어했던
내가 짧은 시간에 작가로 발돋움할 수 있었던 것은 모두 독서 덕분이
다. 일을 잘 하려는 의무로 시작한 독서에 푹 빠진 것이다. 독서는 나
같이 글쓰기 재주가 없는 사람도 작가로 만들어내는 위대한 힘이 있
다. 작가는 태어나는 것이 아니다. 책읽기로 탄생하는 것이다.

[출처:일본 독서 전문 사이트 www.webdokusho.com]

신 우 성

저자는 글쓰기를 활용한 의사소통 교육을 연구하는 논증적 글쓰기 전문가다. '신문 글의 구성과 단락 전개에 관한 연구'란 논문으로 연세대학교에서 석사학위(언론학 전공)를 수여했다. 석사 졸업 때 우수논문상을 받은 이 논문은 11쪽 분량으로 요약되어 서울대 1학년들이 공통 필수로 배우는 '대학국어' 교과서에 모범 보고서 예문으로 실렸다. 저자의 학문 탐구 역량과 문장력을 연세대와 서울대에서 동시에 인정한 셈이다.

그는 조선일보 계열사인 〈스포츠조선〉과 경향신문사가 대주주였던 〈굿데이신문〉에서 10여 년간 신문기자로 일했다. 주로 편집부와 체육부 기자(차장)로 활약했으며, '히딩크 감독 한국 축구대표팀 사령탑 확정' 보도로 '특종 1급상'을 받는 등 특종 기자로 이름을 떨쳤다. '한글날 국경일 제정 필요성'도 집중 보도하여 '한글을 빛낸 큰 별 상'(한글날 국경일 제정 범국민 추진위)을 받기도 했다.

기자 초년병 시절 취재원으로 만난 한국문장교육학회의 고 서정수 교수에게 문장론의 이론과 실제를 배웠다. 2002년에 자진해서 신문사를 떠난 저자는 국어·어문 정책과 글쓰기·독서교육을 주제로 글을 쓰는 독립기자(프리랜서 기자)로 활약하면서 중·고교생들과 일반인들에게 논리적 글쓰기(논술)와 논문·보고서 작성법을 지도했다.

2007년 9~10월에 미국 하버드대학교와 MIT대학교, UMASS대학교의 〈Writing Center〉 등에서 미국의 글쓰기 교육을 심층 취재한 바 있다. 2008년 4월과 10월엔 일본 문부과학성과 도쿄 지역의 각급 학교, 이바라키 현의 독서마을 등에서 일본 독서교육과 활자문화부흥운동을 취재하기도 했다.

현재는 2014년에 창립 11주년을 맞는 서울 강남 대치동의 〈신우성논술학원〉 원장이자 〈신우성글쓰기본부〉의 대표로 있다. 한국인문사회연구원 기획이사로서 전국 고교생들을 대상으로 한 한국논술경시대회와 논술캠프, 자기소개서 캠프도 이끌고 있다.

한편, 저자는 2011년 8월부터 중국 베이징에 있는 북경동화원의료설비유한공사(의료기기 연구개발·생산·유통회사)의 동사장조리(사장급 회장 특보)도 겸하고 있다.

미국 글쓰기 교육 일본 책읽기 교육

초판 1쇄 발행일 2014년 1월 6일

지은이 신우성
펴낸이 박영희
편집 배정옥·유태선
디자인 김미령·박희경
인쇄·제본 에이피프린팅
펴낸곳 도서출판 어문학사
　　　　서울특별시 도봉구 쌍문동 523-21 나너울 카운티 1층
　　　　대표전화: 02-998-0094 / 편집부1: 02-998-2267, 편집부2: 02-998-2269
　　　　홈페이지: www.amhbook.com
　　　　트위터: @with_amhbook
　　　　블로그: 네이버 http://blog.naver.com/amhbook
　　　　　　　　다음 http://blog.daum.net/amhbook
　　　　e-mail: am@amhbook.com
　　　　등록: 2004년 4월 6일 제7-276호

ISBN 978-89-6184-320-1 03370
정가 18,000원

이 도서의 국립중앙도서관 출판시도서목록(CIP)은 e-CIP홈페이지(http://www.nl.go.kr/ecip)와
국가자료공동목록시스템(http://www.nl.go.kr/kolisnet)에서 이용하실 수 있습니다.
(CIP제어번호: CIP2013026061)

※ 잘못 만들어진 책은 교환해 드립니다.